FRANCOPHONIES
D'AMÉRIQUE

FRANCOPHONIES
D'AMÉRIQUE

Automne 2004   Numéro 18

Les Presses de l'Université d'Ottawa

FRANCOPHONIES
D'AMÉRIQUE
Automne 2004   Numéro 18

Directeur :

PAUL DUBÉ
Université de l'Alberta, Edmonton

Conseil d'administration :

GRATIEN ALLAIRE, président
Université Laurentienne, Sudbury

JAMES DE FINNEY
Université de Moncton

PIERRE-YVES MOCQUAIS
Université de Calgary

JEAN-PIERRE WALLOT
CRCCF, Université d'Ottawa

Secrétariat de rédaction :

Centre de recherche en civilisation
canadienne-française
Université d'Ottawa
MONIQUE PARISIEN-LÉGARÉ

Révision linguistique :
ANDRÉ LAROSE
PASCALE RENAUD

Francophonies d'Amérique est indexée
dans :

*Klapp, Bibliographie d'histoire littéraire
française* (Stuttgart, Allemagne)

*International Bibliography of Periodical
Literature (IBZ)* et *International
Bibliography of Book Reviews (IBR)*
(Osnabrück, Allemagne)

*International Bibliography of the Social Sciences
(IBSS), The London School of Economics and
Political Science* (Londres, Grande-Bretagne)

MLA International Bibliography (New York)

Project Muse (Johns Hopkins University Press)

Cette revue est publiée grâce à la contribution financière
des universités suivantes :

UNIVERSITÉ D'OTTAWA
UNIVERSITÉ LAURENTIENNE DE SUDBURY
UNIVERSITÉ DE MONCTON
UNIVERSITÉ DE L'ALBERTA — FACULTÉ SAINT-JEAN
UNIVERSITÉ DE CALGARY

Nous désirons remercier l'Association des universités de la francophonie canadienne pour son
appui financier.

ISBN 2-7603-0603-8

Comment communiquer avec

FRANCOPHONIES
D'AMÉRIQUE

POUR LES QUESTIONS DE DISTRIBUTION OU DE PROMOTION :

Customer Service Inquiries / Services à la clientèle
University of Toronto Press – Journals Division
5201, rue Dufferin
Toronto (Ontario) M3H 5T8
Téléphone : (416) 667-7810
Télécopieur : (416) 667-7881
Courriel : journals@utpress.utoronto.ca
Site Web : www.utpjournals.com

POUR TOUTE QUESTION TOUCHANT AU CONTENU DE LA REVUE :

Paul Dubé
Directeur
Francophonies d'Amérique
Département des langues modernes
et des études culturelles
Université de l'Alberta
Edmonton (Alberta) T6G 2E6
Téléphone : (780) 492-1207
Télécopieur : (780) 492-9106
Courriel : pdube@ualberta.ca

POUR TOUTE QUESTION RELEVANT DU SECRÉTARIAT DE RÉDACTION :

Monique P.-Légaré
Centre de recherche
en civilisation canadienne-française
Université d'Ottawa
145, rue Jean-Jacques-Lussier, bureau 274
Ottawa (Ontario) K1N 6N5
Téléphone : (613) 562-5877
Télécopieur : (613) 562-5143
Courriel : mlegare@uottawa.ca

POUR LES NOUVELLES PUBLICATIONS ET LES THÈSES SOUTENUES :

Francine Bisson
Bibliothèque Morisset
Université d'Ottawa
Ottawa (Ontario) K1N 6N5
Téléphone : (613) 562-5800, poste 3616
Télécopieur : (613) 562-5133
Courriel : fbisson@uottawa.ca

TABLE DES MATIÈRES

PARTIE I : DÉFIS DE L'ÉDUCATION FRANCOPHONE

Actes du colloque du Regroupement pour l'étude de l'éducation francophone en milieu minoritaire, tenu dans le cadre du congrès annuel de la Société canadienne pour l'étude de l'éducation, à Halifax en 2003

PARTIE II : MÉMOIRE ET FRAGMENTATION. L'ÉVOLUTION DE LA PROBLÉMATIQUE IDENTITAIRE EN ONTARIO FRANÇAIS

Actes du colloque annuel 2004 du Centre de recherche en civilisation canadienne-française (CRCCF), tenu à l'Université d'Ottawa, le 5 mars 2004

PARTIE I : DÉFIS DE L'ÉDUCATION FRANCOPHONE

Hermann Duchesne, Collège universitaire de Saint-Boniface
Marie-Josée Berger, Université d'Ottawa

Il n'y a pas si longtemps (Duchesne, 2003) nous reprenions les propos de Caza-bon (1997) en affirmant que l'éducation en milieu minoritaire francophone constituait un domaine de recherche aux contours encore relativement flous. Aujourd'hui, force nous est de constater que ces contours se précisent à une allure impressionnante. À partir du moment où les chercheurs sont de plus en plus conscients que le maintien et le développement de la langue et de la culture françaises passent par la reconnaissance et la valorisation « des langues et des cultures françaises » dans un contexte d'ouverture à la diversité et au monde, la recherche en éducation francophone en milieu minoritaire se libère et prend un nouvel essor. Les communautés francophones en milieu minoritaire commenceraient-elles à se définir non plus tant dans leur rapport à la communauté anglophone dominante, mais plutôt par leur contribution unique et créative à la vitalité de la francophonie mondiale de demain ? Le processus de « dé-minorisation » serait-il donc bien enclenché ?

Dans ce contexte, sept textes présentés dans le présent numéro de la revue *Francophonies d'Amérique* font suite au colloque du Regroupement pour l'étude de l'éducation francophone en milieu minoritaire, tenu dans le cadre du congrès annuel de la Société canadienne pour l'étude de l'éducation, à Halifax en 2003. Ce colloque a réuni des chercheurs de formations diverses, autant débutants que chevronnés, qui sont venus partager le fruit de leurs réflexions et de leurs recherches sur des sujets aussi divers que l'intégration des arts au programme de français, l'enseignement des sciences, le leadership éducatif, le processus et les produits identitaires, les conflits reliés à la mise en œuvre de garanties constitutionnelles. Tous ces textes ont en commun une vision optimiste de l'avenir. Une meilleure compréhension des problèmes auxquels les communautés francophones sont confrontées et des facteurs qui entrent en jeu ne constitue pas une fin en soi, mais déborde sur l'action. Ainsi, les textes présentés ci-après peuvent se regrouper en deux catégories de préoccupations : celles reliées à l'action éducative dans l'école et dans la salle de classe, et celles reliées à l'action sociale et aux effets de la scolarisation dans la communauté.

Dans la première catégorie, Anne Lowe présente d'abord les résultats d'une recherche de type qualitatif qui montrent comment une chercheure universitaire et une praticienne ont su établir un partenariat pour la planification et l'enseignement de cours arts/langue intégrés. L'objectif est de rejoindre les apprenants et apprenantes dans leur vécu émotionnel et ainsi, de contribuer au renforcement des valeurs culturelles et de la vitalité linguistique. Viennent ensuite trois textes qui s'intéressent à la promotion de l'enseignement des sciences en milieu minoritaire. Marianne Cormier, Diane Pruneau, Léonard Rivard et Sylvie Blain présentent un cadre conceptuel pour un tel enseignement, lequel accorde une place importante aux activités langagières et une ouverture au langage vernaculaire des élèves pour favoriser leur évolution conceptuelle en sciences. Donatille Mujawamariya et Nicole Lirette-Pitre, pour leur part, déplorent le manque de matériel didactique pour l'enseignement des sciences et, en particulier, de la chimie au secondaire pour les élèves de milieu minoritaire ontarien. Ces auteures décrivent comment, dans le cadre d'une recherche-action associée à un cours de didactique de la chimie, elles sont parvenues à élaborer un matériel qui fait appel à la langue d'usage des jeunes, qui propose des activités auxquelles les jeunes peuvent s'identifier et qui facilitent la construction de leur savoir en sciences. Nicole Lirette-Pitre, de son côté, dans le cadre de sa thèse de maîtrise, porte attention aux applications pédagogiques de la technologie de l'information et des communications afin d'élaborer des activités qui suscitent l'intérêt et la confiance en soi des jeunes adolescentes à l'égard des études en sciences et en technologie. Enfin le texte de Jeanne Godin, Claire Lapointe, Lyse Langlois et Michel St-Germain analyse les représentations du leadership éducationnel des directions d'écoles en milieu minoritaire. La création et le maintien d'un climat organisationnel favorable à l'épanouissement linguistique des élèves et de la communauté reposent sur une meilleure compréhension des types de leadership en œuvre dans les écoles et sur la reconnaissance du rôle spécifique des leaders « ancrés dans un patrimoine vivant ».

La deuxième catégorie sur l'action sociale inclut le texte de Georges Duquette qui présente les résultats d'une enquête réalisée auprès des jeunes fréquentant les écoles françaises de l'Ontario afin de connaître l'importance qu'ils accordent à diverses facettes identitaires. Il appert que les jeunes franco-ontariens sont bien ancrés sur leur territoire, se considérant Canadiens et Ontariens avant tout, et qu'ils accordent une très haute importance à leur bilinguisme. L'école franco-ontarienne doit donc prendre en compte ces particularités de sa clientèle si elle ne veut pas contribuer à l'aliénation d'une proportion significative des jeunes. Enfin, le texte de Kenneth Deveau, Paul Clarke et Rodrigue Landry analyse les débats qui entourent la création d'écoles secondaires homogènes francophones en Nouvelle-Écosse. Du côté juridique, les garanties constitutionnelles sont clairement énoncées en faveur de telles écoles. Du côté de la communauté, une majorité de parents acadiens et francophones s'opposent à cette décision. Une action sociale visant à sensibiliser les parents des ayants droit aux bénéfices d'une éducation française s'impose.

Pour terminer, il convient de souligner l'importance grandissante du Regroupement pour l'étude de l'éducation francophone en milieu minoritaire comme lieu de rencontre et d'échanges entre les chercheurs dispersés sur le territoire canadien. Le colloque annuel de cet organisme a déjà permis à plusieurs de mieux se connaître et de créer des liens de collaboration interprovinciaux. Les communautés minoritaires se rapprochent ainsi les unes des autres, et aidées en cela par les nouvelles technologies de la communication, peuvent davantage se soutenir et s'enrichir mutuellement. Mais il reste encore beaucoup de travail à faire pour rejoindre les communautés francophones minoritaires éparpillées à travers le monde...

NOTE

---

* Note du directeur. Je tiens à remercier les auteurs et les organisateurs des deux colloques qui on donné lieu à la publication des textes du présent numéro, mais surtout les éditeurs invités – Hermann Duchesne et Marie-Josée Berger pour une série, et Jean-Pierre Wallot pour l'autre. On sait ce que représente le travail d'édition : encore une fois, l'on peut dire qu'on a vu se déployer un grand professionnalisme chez nos distingués collègues-éditeurs/préfaciers, dont la méticulosité et l'exigence de qualité ont permis aux auteurs de donner le meilleur d'eux-mêmes. Nos remerciements les plus sincères s'adressent aussi au Secrétariat du CRCCF à l'Université d'Ottawa, surtout à Monique Parisien-Légaré et Pascale Renaud qui travaillent directement avec l'équipe de *Francophonies d'Amérique*, et dont les tâches nombreuses et lourdes n'entravent pas leur efficacité et capacité de mener à terme l'aventure que devient chaque numéro; aussi, à M. André LaRose, notre lecteur et « vérificateur » de la dernière heure, dont la méticulosité et la rigueur nous permettent d'atteindre un niveau de qualité qui fait l'envie de tous.

Erratum : Nous avons indiqué dans le nº 17, publié en 2004, que Glenn Moulaison était l'auteur de l'article suivant : « La "problématique" de l'altérité dans l'Ouest francophone : la "culture mère" dans *La Forêt* de Georges Bugnet et la "culture sœur" dans *Cantique des plaines* de Nancy Huston ». Nous avons même fait une faute dans l'épellation du nom de M. Moulaison à la page 141 du volume. Nous voulons par la présente corriger les bévues, et nous en excuser formellement. Glenn Moulaison, de l'Université de Lethbridge, est le coauteur de l'article qu'il a cosigné avec son auteur principal, Robin Hepher, travaillant maintenant en bibliothéconomie à l'Université Western.

BIBLIOGRAPHIE

CAZABON, Benoît, « L'enseignement en français langue maternelle en situations de minorité », *Revue des sciences de l'éducation*, vol. 23, nº 3, 1997, p. 483-508.
DUCHESNE, Hermann, *Recherche en éducation francophone en milieu minoritaire : regards croisés sur une réalité mouvante*, Winnipeg, Les Presses universitaires de Saint-Boniface, Regroupement pour l'étude de l'éducation francophone en milieu minoritaire, 2003.

INTÉGRATION DES ARTS AU PROGRAMME DE FRANÇAIS EN MILIEU FRANCOPHONE MINORITAIRE : BÉNÉFICES POUR TOUS LES APPRENANTS ET APPRENANTES

Anne Lowe
Université de Moncton

À l'aube du XXIe siècle, éducateurs, éducatrices et parents d'élèves vivant en milieu francophone minoritaire s'interrogent sur le genre d'éducation qui répondra le mieux aux problèmes liés à l'identité et au sentiment d'appartenance culturelle vécus par la population francophone en milieu minoritaire. Il va sans dire que toute éducatrice et tout éducateur en milieu francophone minoritaire veulent, *a priori*, que l'élève soit à l'aise au sein de la culture francophone et que l'utilisation de la langue française soit naturelle pour lui. Or, quand l'enseignante ou l'enseignant fait le lien entre la langue française et un enseignement pertinent et intéressant pour l'élève, il aide cet élève à développer un sentiment d'appartenance et d'identification personnelle à cette culture. Le défi, pour l'enseignante ou pour l'enseignant, consiste donc à savoir choisir les stratégies pédagogiques qui, d'une part, assureront l'apprentissage du français grâce à des activités constructives et intéressantes pour l'élève et qui, d'autre part, stimuleront l'identité et le sentiment d'appartenance culturelle.

Plusieurs éducatrices et éducateurs, ayant à cœur la vitalité linguistique en milieu minoritaire, ont relevé certaines pratiques pédagogiques qui ont eu un effet sur la conscience et l'identité culturelle. Parmi celles-ci figurent des activités où les arts (arts visuels, musique, danse et art dramatique) sont intégrés à la journée scolaire et plus particulièrement au programme de langue. De fait, plusieurs guides pédagogiques, employés au primaire et au secondaire pour éveiller le sentiment culturel chez l'apprenant ou l'apprenante ou pour le sensibiliser au multiculturalisme, contiennent des activités artistiques, musicales et théâtrales (Duffy et Duffy, 1997 ; McCluskey, 1992 ; Nichols et Honig, 1997). Bien des recherches montrent qu'une des raisons d'insérer les arts dans les matières scolaires est que l'interprétation dans tous les domaines artistiques est un moyen d'expression intéressant et agréable pour les élèves qui a pour effet de stimuler et de motiver ceux-ci à apprendre leur langue et les mœurs de leur culture (Dominguez, 1991 ; Failoni, 1993 ; Foster, 1993 ; Lowe, 1997a et b, 1998a, 1998b ; Ortuno, 1994 ; Purcell, 1992 ; Nuessel et Cicogna, 1991 ; Silnutzer et Watrous, 1990 ; Suthers et Larkin, 1997).

Problématique

S'il existe des études interdisciplinaires qui font état de certains bénéfices du point de vue de l'apprentissage, de l'enseignement et du développement identitaire, les études systématiques déterminant les éléments contextuels qui doivent être présents afin de garantir le succès global de l'expérience interdisciplinaire arts/langue font quand même défaut. De plus, il faudrait plus précisément déterminer les stratégies et les activités pédagogiques arts/langue qui contribuent le mieux à l'apprentissage et au développement identitaire tout en respectant les résultats d'apprentissage des programmes de langues et des arts. Aussi avons-nous effectué une étude sur l'intégration de la musique, des arts et des langues dans l'enseignement d'une classe de 3e année (N = 26) en milieu francophone minoritaire, de manière à accroître la recherche déjà amorcée dans le domaine (Failoni, 1993 ; Kite, Smucker, Steiner et Bayne, 1994 ; Lowe, 1997a, 1997b, 1998a, 1998b, 1998c, 2000, 2002a, 2002b). Dans le but d'établir des comparaisons avec les études réalisées auparavant, cette étude en trois volets avait pour objet :

1. de déterminer les éléments contextuels qui contribuent au succès d'une expérience interdisciplinaire arts/langue ;

2. de vérifier si les stratégies pédagogiques ont contribué à l'apprentissage en français et dans toutes les formes d'art (musique, art visuel, art dramatique, danse) ;

3. de déterminer si l'apprentissage interdisciplinaire arts/langue a eu une influence sur le sentiment d'appartenance, l'identité culturelle et la motivation d'apprendre et de vivre en français en milieu francophone minoritaire.

Méthodologie

Schème de recherche

Une recherche collaborative de type qualitatif a été menée à la suite d'un effort de partenariat entre le milieu universitaire et le milieu scolaire dans lequel le praticien du milieu et la chercheure se sont tous deux inscrits dans une démarche de réflexion sur la pratique (Cole et Knowles, 1993 ; Davidson Wasser et Bresler, 1996 ; Desgagné, 1997 ; Schön, 1983, 1987, 1994). Cette approche collaborative favorise une harmonisation des activités de production de connaissances et des activités de développement professionnel (Desgagné, 1997). Ainsi, cette étude nous permet-elle à la fois de tenter de répondre aux questions de recherche et d'appuyer l'enseignante en lui offrant une formation pratique qui comprend une expérience vécue d'intégration des arts et de la langue dans l'enseignement.

Intervention pédagogique

Dix-huit plans de cours musique/arts/langue ont été dressés par la chercheure et l'enseignante titulaire de la classe de 3e année. Quant à l'enseignement, il s'est échelonné sur une période de six semaines, à raison de trois rencontres par semaine. En français, les résultats visés comprenaient la compréhension orale et écrite, la lecture orale, les stratégies de lecture, l'écriture, le vocabulaire, les genres littéraires, la grammaire ainsi que la composition orale et écrite. En musique, par ailleurs, les élèves ont intériorisé les concepts du timbre, du style, du rythme, de la mélodie et de la forme musicale. De plus, des éléments communs à la langue et aux arts (par exemple, les moyens de communication, les stratégies de composition orale et écrite) ont fait l'objet de discussion. Le mime, le jeu théâtral, les effets sonores, le poème rythmé, l'accompagnement instrumental, le chant, la danse active et critique, le dessin et la composition ont été choisis comme activités pédagogiques pour renforcer les concepts abordés tant en arts qu'en français.

Collecte et analyse de données

Pour la collecte des données, nous avons eu recours à l'enregistrement vidéo de toutes les interventions en classe, à la prise de photos en classe, à l'enregistrement audio des entrevues structurées et semi-structurées avec l'enseignante, les élèves et l'assistante de recherche, au journal de bord de la chercheure, aux plans de cours, aux copies de chants et aux autres activités faisant partie des interventions en classe. Cette forme de triangulation méthodologique (Mucchielli, 1996) nous a permis de faire appel à plusieurs techniques de collecte de données afin d'obtenir des formes d'expression et des discours variés. Ces données ont été analysées principalement au moyen de la comparaison constante (Glaser et Strauss, 1967 ; Huberman et Miles, 1991 ; Strauss, 1987), de l'énumération-construction (Lincoln et Guba, 1985) et de la triangulation (Bresler et Stake, 1992 ; Mathison, 1988).

La collecte des données quantitatives pour connaître l'influence des plans de cours interdisciplinaires sur l'identité, le sentiment d'appartenance, la valorisation ainsi que la motivation envers la langue de la minorité s'est effectuée auprès de tous les élèves (N = 26), avant et après l'expérimentation, à l'aide d'un questionnaire adapté de celui dressé par Landry et Allard (1987) (appendice A). Puisque ce questionnaire avait été distribué et validé auprès d'une population d'élèves de 12e année, les questions ont été reformulées en fonction du développement langagier d'élèves de 3e année. De plus, le questionnaire au complet a été validé auprès d'une population d'élèves de 2e année d'une étude antérieure (Lowe, 2002b). Pour l'analyse des données du questionnaire, nous avons effectué des analyses de corrélation ainsi que le test t (appendice B).

Résultats

Sept thèmes sont ressortis pendant l'investigation et ont été groupés afin de montrer l'évolution du développement des apprenants et des apprenantes tout au long du processus expérimental. Nous traiterons de ces thèmes dans les paragraphes qui suivent.

Préparation du contexte pédagogique

Plusieurs éducatrices et éducateurs affirment que l'apprentissage s'effectue dans un contexte où les stratégies pédagogiques utilisées sont porteuses de sens pour les apprenants et les apprenantes (Drake, 1998). De fait, les données de cette recherche montrent que les activités pédagogiques interdisciplinaires planifiées et conçues par l'enseignante et la chercheure et employées pendant l'intervention ont contribué au succès de l'étude.

D'abord, les cours interdisciplinaires arts/langue ont été mis au point et donnés par l'enseignante en collaboration avec la chercheure. Les cours basés sur l'approche constructiviste de l'apprentissage ont été conçus afin de favoriser une pédagogie centrée sur l'élève, amenant celui-ci à bâtir ses apprentissages à partir d'expériences antérieures et à découvrir, de façon autonome, de nouveaux apprentissages (Heuwinkel, 1996). L'enseignante prépare donc l'environnement afin de favoriser l'utilisation des habiletés métacognitives.

> On est allé les chercher dans leur vécu, dans le connu des élèves. Ils devaient toujours, en partageant leurs idées, discuter des moyens qu'ils avaient pris pour arriver à leurs constatations, dit l'enseignante.

Les cours interdisciplinaires ont aussi été élaborés en y intégrant des activités artistiques qui favorisaient le travail d'équipe. Par exemple, après la lecture collective d'un texte littéraire, l'élève a eu le choix de témoigner de sa compréhension du texte au moyen d'instruments de musique, du mime ou d'un tableau artistique. Des équipes ont donc été formées d'après les choix faits par les élèves. Ce travail d'équipe a exigé la négociation et la prise de décisions afin que les élèves puissent interpréter leur produit final devant la classe. Les élèves ont aussi travaillé deux à deux dans le but de discuter du sens d'un texte, de dessiner et de créer leur jeu de table arts/langue, jeu qui a obligé les élèves à faire la synthèse de l'expérience interdisciplinaire. Voici quelques commentaires des élèves :

> Oui, on a bien travaillé ensemble. Moi, je faisais les cases, et lui, les questions et puis là, un a colorié cinq cases chacun et on a écrit les questions là-dessus.

> Des fois, on s'entendait pas, des fois, on s'entendait et on faisait de très belles choses ensemble.

Il est important de noter que les activités choisies pour stimuler l'apprentissage ont intéressé tous les participants et participantes. De fait, les activités créatrices semblent avoir été celles qui ont été le mieux appréciées des élèves. Après un cours, deux élèves sont venues nous dire que ce qu'elles avaient le mieux aimé pendant l'expérience arts/langue, c'était que toutes les idées venaient d'elles. De fait, les sources de données concordent sur ce point : toutes les activités où les élèves devaient composer ou créer (chansons, jeu de table, activité intégratrice, art dramatique, théâtre, danse et musique) figurent parmi leurs préférées.

> Ça été très plaisant ! J'ai aimé composer notre chanson « La rivière Petcodiac » […] nous avons tout composé : les mots et la musique, dit un élève.

> J'ai aimé nos mégaperformances où nous avons tous mis nos créativités (art visuel, danse, musique, théâtre) ensemble […] ceci nous a aidés à mieux comprendre l'histoire étudiée dans notre livre de français.

Il est intéressant de noter que chaque enfant pouvait se retrouver dans l'une ou l'autre des activités arts/langue choisies pour l'intervention en classe et était ainsi motivé à participer activement aux cours interdisciplinaires.

Rôles des intervenantes

Dans cette recherche collaborative, la chercheure et l'enseignante ont été appelées à exercer deux rôles. Bref, pendant les interventions en classe, la chercheure est devenue enseignante au même titre que la titulaire de la classe tandis que pendant la collecte et l'analyse des données et la diffusion orale des résultats, l'enseignante est devenue chercheure. Par exemple, la chercheure, ayant des connaissances spécialisées en musique et en théâtre, a animé ces genres d'activités en classe alors que l'enseignante, qui possédait des compétences en langue et en arts visuels, prenait l'initiative dans les activités de ce genre. Même si les deux intervenantes se partageaient l'animation des activités, chaque leçon a été donnée en équipe par les deux enseignantes, chacune agissant au moment approprié. Les données ont révélé que les styles d'enseignement étaient compatibles.

> Nous avons une philosophie de l'enseignement et de l'apprentissage très semblable, dit l'enseignante. C'est nécessaire pour qu'un projet comme celui-ci se réalise.

Harmonisation des exigences liées à la recherche et au programme d'études

Les résultats obtenus à la suite de recherches précédentes (Lowe, 2002a, 2002b) nous ont amenées à soulever quelques préoccupations en ce qui a trait au processus de recherche et aux objectifs du programme de français. Ces préoccupations ont souvent guidé les décisions prises pendant le déroulement de l'étude.

D'abord, il fallait se préoccuper de la collecte des données. La chercheure devait donc, pendant la planification des cours interdisciplinaires avec l'enseignante ou pendant les entrevues non structurées avec l'enseignante, les élèves ou d'autres acteurs éventuels, enregistrer les conversations en vue d'une analyse future. De plus, il fallait s'assurer d'enregistrer tous les cours sur vidéocassette, prendre des photos et allouer du temps pour les entrevues structurées avec les élèves et l'enseignante afin de pouvoir construire les savoirs résultant de l'expérience interdisciplinaire. D'autre part, la chercheure était sensible au fait de donner à l'enseignante son créneau. Aussi a-t-elle cherché à créer un environnement propice, dans lequel celle-ci se sentirait à l'aise, soit dans ses interventions en classe soit dans ses partages d'opinions contribuant à la construction commune des savoirs qui se dégageaient de l'expérience vécue.

La chercheure a aussi été très attentive au programme visé en français : elle a constamment vérifié avec l'enseignante si les objectifs de celui-ci étaient atteints. Les données révèlent également un souci d'atteindre tous les élèves dans le but de les amener plus loin dans le développement de la pensée critique.

> Nous n'avons pas encore rejoint Pierre, dit la chercheure. Il faut les amener à établir plus de liens entre la langue et les arts.

Il est très important d'ajouter que ces préoccupations ont existé tout au long de l'expérimentation.

Apprentissage cognitif

Toutes les sources de données indiquent que les élèves ont atteint les objectifs d'apprentissage en français et en musique. Les élèves ont écrit de la prose et des poèmes, ont enrichi leur vocabulaire, ont su appliquer plusieurs règles de grammaire, ont développé des habiletés en lecture, en écriture et en compréhension du français. De plus, ils ont développé ces aptitudes tout au long de l'étude.

En musique, les élèves ont pu nommer plusieurs instruments de types différents employés en classe, ils ont aussi été capables d'en jouer et de discuter de certaines œuvres des compositeurs suivants : Händel, Bach, Mozart, Haydn, Beethoven, Chopin, Schubert et Bartók. De plus, ils ont manifesté des habiletés pour l'appréciation de la musique et, dans certains cas, un changement d'attitude envers les cours de musique à l'école.

Pendant le processus d'apprentissage, les élèves ont aussi développé des habiletés en peinture, en théâtre, en danse et en mathématiques (ils devaient calculer l'âge de la mort des compositeurs et de certains inventeurs). De plus, ils ont été capables de faire les liens entre les stratégies utilisées pour la composition littéraire et la composition musicale, entre les moyens de communication en langue et en arts, et entre l'accentuation en langue et en musique. Bref, l'enseignante a affirmé que les résultats d'apprentissage atteints par les élèves à la suite des cours interdisciplinaires avaient dépassé les objectifs visés par le programme de français.

Valorisation de soi

Les écoles ne sont pas seulement des milieux d'apprentissage. Elles sont aussi des habitats où l'on favorise le développement d'habiletés créatives ainsi que l'épanouissement personnel afin que les élèves deviennent des citoyens capables de vivre dans un monde toujours en évolution (Gardner, 1983). D'ailleurs, les résultats de la présente étude abondent en ce sens. En effet, tout en approfondissant leur apprentissage en français et en arts, les élèves ont amélioré leurs habiletés créatives et sont devenus motivés envers la langue française et fiers de leurs réussites pendant l'étude. Voici quelques commentaires des élèves :

> Je me rappelle la journée où l'on a composé notre chanson. Nous avions dit que nous écrivions trois couplets et finalement, nous en avons composé sept. Je savais que l'on pourrait le faire ! [...] J'ai composé la phrase "Le coucher du soleil brille à merveille".

> Je me sentais très bien et heureuse après d'avoir réussi l'invention de notre jeu arts/langue. Avec Karine, je savais que l'on réussirait – WOW !

Les données de l'étude révèlent que cette valorisation de soi sentie par les élèves a contribué au succès de l'étude. De fait, Goleman (1996) affirme que les compétences intrapersonnelles sont des facteurs essentiels au succès à l'école, au travail ou dans les autres circonstances de la vie. Il ajoute que lorsque les enseignantes ou les enseignants utilisent des stratégies d'apprentissage favorisant ce type d'intelligence (Gardner, 1983), le programme d'études devient interdisciplinaire et permet aux élèves ayant divers styles d'apprentissage de réussir à l'école.

Bénéfices

a) Pour les élèves

Tous les participants à l'étude ont ressenti des bénéfices à la suite de l'expérience interdisciplinaire arts/langue, à commencer par les élèves. Premièrement, ces apprenants et apprenantes ont été encouragés à s'engager dans une étude approfondie d'un texte ou d'une création littéraire, à reconnaître des liens entre les apprentissages, donc à construire leurs connaissances au lieu de simplement accumuler de l'information souvent hors contexte. Par exemple, pendant les activités créatrices arts/français, les élèves ont établi des liens entre certaines habiletés linguistiques et artistiques et ont construit de nouveaux apprentissages à la suite d'une approche axée sur l'expérience de l'étude des concepts propres à chaque matière. De plus, ils ont acquis des compétences qui les ont aidés à transférer les connaissances d'une matière à l'autre.

> J'ai remarqué qu'ils étaient capables de faire le transfert et les liens entre les apprentissages, dit l'assistante de recherche. Une élève ajoute : Nous avons utilisé les mêmes stratégies pour créer notre chanson et notre texte littéraire.

Deuxièmement, les élèves ont développé un respect les uns pour les autres ainsi que pour les deux intervenantes en classe.

> J'ai observé le développement d'un climat de respect dans la salle de classe.

Ils devaient travailler ensemble, bâtir ensemble. Ça n'a pas été facile au début, mais j'ai été émerveillée de la qualité du travail collaboratif pendant la création du jeu de table arts/langue, dit l'enseignante.

Troisièmement, les élèves ont appris à exprimer leur compréhension d'une histoire par l'intermédiaire des arts. Ils se sont rendu compte que les arts sont des moyens privilégiés de communication, autant que la parole orale ou écrite, qui peuvent contribuer à améliorer la compréhension d'un texte oral ou écrit.

La musique ajoute de la couleur au texte. Notre histoire devient plus complète lorsque l'on ajoute le dessin, l'art dramatique et la danse, réplique un élève.

Quatrièmement, les activités interdisciplinaires ont semblé toucher tous les apprenants et apprenantes selon leur style d'apprentissage respectif, les kinesthésiques autant que les visuels et les auditifs. Les visuels se sont engagés dans les activités de lecture ; les auditifs, dans les écoutes actives où ils devaient exprimer leur compréhension de la musique à l'oral ou par la création artistique ; les kinesthésiques, dans les interprétations musicales, théâtrales ou d'expression corporelle. De plus, les données révèlent que tous les élèves, y compris ceux éprouvant des difficultés d'apprentissage, ont participé aux activités interdisciplinaires. Ainsi, tous les élèves se sont exprimés dans la forme d'art qui se rapprochait le plus de leur talent ou de leur intérêt.

En somme, la chercheure et l'enseignante ont observé que les enfants apprenaient sans le savoir. Un enfant éprouvant des troubles d'apprentissage a fait ce commentaire :

J'ai aimé le projet parce qu'on n'avait pas besoin de travailler ! L'enseignante ajoute : Éric, qui ne voulait pas écrire, est en train d'écrire...

b) Pour l'enseignante et la chercheure

Un des buts de la recherche collaborative consiste à combler un besoin de perfectionnement professionnel. De fait, l'enseignante a indiqué qu'elle avait reçu la formation voulue et qu'elle serait en mesure de poursuivre par elle-même plusieurs activités arts/français vécues pendant le projet. Par exemple, elle a déclaré qu'elle serait à l'aise d'entreprendre plusieurs activités musicales telles que le chant et les fonds sonores et, qu'avec l'aide de la spécialiste en musique de l'école, elle pourrait contribuer aux compositions musique/langue. De plus, elle se sentirait capable d'amener les élèves à faire les liens entre la langue et les arts.

Le projet a exigé une énergie extraordinaire et un engagement fidèle de la part de l'enseignante et de la chercheure. Les données montrent que les deux intervenantes ont amélioré, par ce travail de collaboration, leurs connaissances en matière d'apprentissage, d'enseignement et de recherche. Elles ont eu la chance de s'observer et de se critiquer mutuellement tout au long de l'intervention interdisciplinaire. Elles ont aussi eu le défi de construire ensemble les savoirs résultant de cette recherche. L'enseignante et la chercheure ont toujours été enthousiastes et contentes de travailler en collaboration, et cet élan positif s'est maintenu et se maintient encore pendant la période de diffusion des résultats. Bref, le projet interdisciplinaire arts/français a été très bénéfique pour tous les participants et participantes.

Identité culturelle

Les résultats du test t qui mesurait la différence sur le plan de l'identité culturelle, de la valorisation, du sentiment d'appartenance et de la motivation des élèves envers leurs cours de français et de musique avant et après l'intervention ont révélé quelques scores significatifs, mais c'est au prétest que l'on obtient la moyenne la plus élevée (appendice B, tableaux 1 et 3). Quant aux analyses de corrélation, elles ont produit des résultats peu acceptables (de r = 0,268 à r = 0,749). Après l'analyse de ces résultats, nous constatons que les élèves ont répondu de façon plus ou moins cohérente au prétest et au post-test. Il faudrait donc en conclure que le questionnaire utilisé auprès de la population de cette étude manquait de fiabilité et qu'une autre façon d'évaluer ces effets devra être utilisée dans une recherche ultérieure.

Même si les résultats quantitatifs ne témoignent pas d'un progrès à la suite de l'intervention arts/langue, les données qualitatives indiquent que les élèves étaient déterminés et motivés à apprendre le français. En effet, l'enseignante a observé un progrès important en lecture et en écriture. Certains parents ont même révélé que leurs enfants lisaient et écrivaient davantage à la maison et qu'ils composaient des chansons et des danses ayant trait aux histoires lues à l'école ou à la maison. De plus, pendant leur cours de français, les élèves voulaient continuer de faire des compositions écrites et orales arts/langue après la fin du projet. En outre, un mois plus tard, les élèves ont créé un poème rythmé accompagné de danse et d'un fond sonore qui a été interprété pour les parents lors d'une soirée parents-maîtres. En nous faisant part de cette information, l'enseignante a ajouté que les enfants avaient développé un amour pour la langue et la culture françaises et qu'ils n'oublieront jamais cette expérience.

Liens avec les études antérieures

D'abord, il est important de signaler quelques comparaisons entre les résultats de cette recherche et ceux des recherches effectuées par Lowe (1997b, 1998a, 1998c, 2002a, 2002b) auprès d'élèves de 2e année (élèves du programme d'immersion française, de langue maternelle anglaise et de langue maternelle française, vivant en milieu linguistique minoritaire).

Premièrement, toutes les études montrent qu'il y a eu apprentissage en langue et en arts. Elles révèlent en outre que les activités arts/langue et les stratégies pédagogiques favorisées dans les cours interdisciplinaires ont su motiver les élèves et ont contribué par conséquent au succès des études. Par contre, les résultats du questionnaire sur l'identité culturelle, auquel avaient aussi répondu les élèves d'une classe de 2e année de la même école que celle des participantes et participants à la présente étude, sont différents. De fait, les résultats du questionnaire utilisé pour l'étude antérieure (Lowe, 2002b) ont révélé une identité francophone un peu plus forte que celle qu'on observe au terme de la présente étude. Les élèves qui ont fait l'objet, de cette étude-ci ont eu du mal à répondre alors que ceux de l'année 2002 répondaient spontanément et sans hésitation. La variation des résultats pourrait donc être attribuable à la fiabilité du questionnaire même. D'un autre côté, les données qualitatives témoignent dans les deux cas d'une amélioration marquée sur le plan de la motivation envers la langue française. Ces constatations nous indiquent que, dans les recherches futures auprès des jeunes de 7 à 9 ans, il faudrait soigner davantage la formulation des questions à poser aux élèves lors d'entrevues structurées ou semi-structurées au lieu de présenter des réponses au moyen d'un questionnaire semblable à celui utilisé dans la présente étude. De plus, il faudrait chercher un moyen de vérifier le changement à long terme, car une période de six semaines semble courte pour déterminer l'effet de l'intervention sur l'identité culturelle et le sentiment d'appartenance à la communauté francophone en milieu minoritaire.

Plusieurs éléments contextuels favorisent le succès d'une intervention musique/arts/langue semblable d'une étude à l'autre ; toutefois, certaines petites nuances émergent lors de l'analyse des données. Par exemple, le choix d'activités pédagogiques par opposition à la préparation du contexte pédagogique, l'attitude des participants et des participantes par opposition au rôle des intervenants et des intervenantes, la médiation entre le milieu universitaire et le milieu scolaire par opposition à l'harmonisation de la recherche et du programme d'études et les avantages de l'intervention musique/arts/langue par opposition aux bénéfices ressentis par les élèves ainsi que par les enseignantes et les chercheures sont des thèmes qui reviennent dans toutes les études. Cependant, la nouvelle connaissance qui se dégage de cette étude se situe sur le plan intrapersonnel. Toutes les sources de données signalent que l'intervention interdisciplinaire arts/langue a eu un effet sur l'estime de soi chez les élèves. De fait, ces derniers étaient fiers de leurs succès ; ils ont d'ailleurs souvent exprimé cette fierté par des applaudissements, des sourires et des affirmations vocales expressives. Cet effet s'est tout particulièrement fait sentir chez quelques élèves en difficulté d'apprentissage qui se sentaient dépourvus devant les exigences scolaires, sociales ou autres. Ces élèves ont reçu des applaudissements pour leurs réussites créatives soit en langue, en arts ou en activités intégrées. À vrai dire, certains d'entre eux se sentaient bien à l'école pour la première fois : voilà un bel exemple de la façon dont les arts peuvent atteindre les gens dans leur intelligence émotionnelle et donc, leur permettre d'apprendre (Oddleifson, 1989). De plus, l'estime de soi positive semble être un préalable à l'acquisition d'une véritable identité et d'un véritable sentiment d'appartenance culturelle (Landry et Allard, 1987). Effectivement, Landry et Allard incluent la valorisation dans leur questionnaire comme variable ayant un effet sur le développement d'une identité culturelle.

Conclusion

Les résultats de cette recherche interdisciplinaire arts/langue témoignent de certains bénéfices pour tous les participants et participantes. D'abord, les élèves ont atteint les résultats d'apprentissage visés en français et en musique et ils se sont engagés avec enthousiasme dans les activités interdisciplinaires. De plus, la titulaire de la classe a obtenu le perfectionnement professionnel recherché et la chercheure, tout en vivant une expérience d'apprentissage et d'enseignement des plus enrichissantes, a atteint les objectifs de sa recherche.

Plusieurs éléments contextuels ont contribué au succès de l'étude. En premier lieu, les cours basés sur l'approche constructiviste ainsi que les activités et les stratégies pédagogiques arts/langue choisies pour les interventions en classe, surtout les activités de composition langagière/artistique, ont contribué à l'apprentissage des apprenantes et des apprenants et à leur motivation. De plus, ces activités par lesquelles on explorait toutes les formes artistiques (musique, danse, arts visuels, art dramatique) ont touché tous les élèves en fonction de leurs intérêts personnels. Il est aussi primordial de noter que le sentiment de la valorisation de soi chez les élèves a été reconnu comme élément nouveau contribuant au succès de l'étude et que la préoccupation des objectifs programme d'études et de la recherche a été prise en compte tout au long du processus de recherche. En dernier lieu, nonobstant le manque de fiabilité du questionnaire utilisé pour mesurer l'identité culturelle, les données qualitatives ont quand même montré que les élèves étaient déterminés et motivés à apprendre le français et qu'ils avaient développé un amour pour la langue et la culture françaises.

Cette étude semble avoir confirmé les bénéfices scolaires, intrapersonnels et interpersonnels de l'intégration des arts au programme de français en milieu minoritaire. Toutefois, plusieurs éducatrices et éducateurs sont encore sceptiques à l'égard de ce mode d'apprentissage. Cette résistance peut être attribuable au fait que l'approche interdisciplinaire demanderait un changement dans les méthodes pédagogiques et les genres d'évaluation utilisés. Pour effectuer des changements majeurs nécessaires dans ces moyens d'enseignement qui aideront à sauvegarder la vitalité linguistique en milieu minoritaire, il faudra entreprendre plus de projets pilotes qui comportent une forte dimension recherche. Les résultas de ces recherches nous permettront peut-être de nous rendre compte que, par l'intermédiaire des arts, nous pouvons atteindre l'apprenant ou l'apprenante dans son moi émotionnel et le sensibiliser aux valeurs culturelles qui contribuent à la vitalité linguistique en milieu minoritaire.

Appendice A

Questionnaire mesurant l'identité, la valorisation (ce dont je suis capable), le sentiment d'appartenance et la motivation envers les cours de français et de musique

	JAMAIS	DES FOIS	SOUVENT	TOUJOURS	?
			Identité		

1. Est-ce que tu écoutes de la musique française à la maison ?

	1	2	3	4	5

2. Est-ce que tu chantes en français à la maison ?

	1	2	3	4	5

3. Est-ce que tu regardes la télévision de langue française ?

	1	2	3	4	5

4. Est-ce que tu parles français à la maison ?

	1	2	3	4	5

5. Est-ce que tu parles français avec tes amis ?

	1	2	3	4	5

6. Est-ce que tu aimes la musique, les films et la télévision de langue française ?

	1	2	3	4	5

7. Est-ce que tu penses que tu es une personne française ?

	1	2	3	4	5

8. Est-ce que tu penses que tu es une personne qui est à la fois anglaise et française ?

	1	2	3	4	5

Valorisation (ce dont je suis capable)

1. Est-ce que tu te sens capable d'avoir du plaisir lorsque tu écoutes un film ou la TV en français ?

	1	2	3	4	5

2. Est-ce que tu te sens capable de parler français à tes amis ?

	1	2	3	4	5

3. Est-ce que tu te sens capable de parler français à ton enseignante ?

	1	2	3	4	5

	JAMAIS	DES FOIS	SOUVENT	TOUJOURS	?

Sentiment d'appartenance

1. Est-ce que tu penses que tu es français parce que tu aimes la musique, les films et la TV de langue française ?

    1   2   3   4   5

2. Est-ce que tu penses que tu es anglais parce que tu aimes la musique, les films et la TV de langue anglaise ?

    1   2   3   4   5

3. Est-ce que tu penses que tu es français parce que tu vas à l'école française ?

    1   2   3   4   5

4. Est-ce que tu penses que tu es français parce que tu parles français à la maison ?

    1   2   3   4   5

5. Est-ce que tu penses que tu es anglais parce que tu parles anglais à la maison ?

    1   2   3   4   5

6. Est-ce que tu penses que tu es anglais et français parce que tu parles les deux langues à la maison ?

    1   2   3   4   5

Motivation envers les cours de français et de musique

1. Aimes-tu lire en français ?

    1   2   3   4   5

2. Aimes-tu apprendre des nouveaux mots en français ?

    1   2   3   4   5

3. Aimes-tu parler en français en classe ?

    1   2   3   4   5

4. Aimes-tu le cours de musique avec ton enseignante ?

    1   2   3   4   5

Appendice B

Tableaux des résultats statistiques

Tableau 1

Moyennes et écarts types des variables mesurées par le questionnaire (identité, valorisation, sentiment d'appartenance et motivation) lors des prétests et des post-tests.

	N	Moyenne du prétest	Moyenne du post-test	Prétest É.T.	Post-test É.T.
Identité	24	2,97	2,94	0,278	0,343
Valorisation	24	3,91	3,66	0,282	0,511
Sentiment d'appartenance	24	2,78	2,42	0,416	0,511
Motivation	24	3,58	3,65	0,540	0,548

Tableau 2

Corrélation des scores des moyennes pour chaque variable mesurée par le questionnaire – identité (I), valorisation (V), sentiment d'appartenance (SA) et motivation (M) – lors du prétest et du post-test

	N	Corrélation	P
Paire 1 – Pré I et Post I	24	0,578	0,003*
Paire 2 – Pré V et Post V	24	0,268	0,205
Paire 3 – Pré SA et Post SA	24	0,460	0,024*
Paire 4 – Pré M et Post M	24	0,749	0,000*

*$p < 0,05$

Tableau 3

Test t entre le prétest et le post-test pour chaque variable mesurée par le questionnaire : identité (I), valorisation (V), sentiment d'appartenance (SA) et motivation (M)

	Moyenne	Écart type	Erreur type moyenne	Score t	dl	Probabilité (test bilatéral)
Paire 1 – Pré I et Post I	0,028	0,292	0,060	0,467	23	0,645
Paire 2 – Pré V et Post V	0,250	0,513	0,105	2,387	23	0,026*
Paire 3 – Pré SA et Post SA	0,361	0,488	0,099	3,624	23	0,001*
Paire 4 – Pré M et Post M	–0,066	0,385	0,079	–0,848	23	0,405

*p < 0,05

BIBLIOGRAPHIE

BRESLER, Liora, et Robert STAKE, « Qualitative Research Methodology in Music Education », dans Richard Colwell (dir.), *Handbook of Research on Music Teaching and Learning*, New York, MacMillan, 1992, p. 75-90.

COLE, Ardra L., et J. Gary KNOWLES, « Teacher Development Partnership Research: A Focus on Methods and Issues », *American Educational Research Journal*, vol. 30, n° 3, 1993, p. 473-495.

DAVIDSON WASSER, Judith, et Liora BRESLER, « Working in Interpretive Zone: Conceptualizing Collaboration in Qualitative Research Teams », *Educational Researchers*, vol. 25, n° 5, 1996, p. 5-15.

DESGAGNÉ, Serge, « Le concept de recherche collaborative : l'idée d'un rapprochement entre chercheurs universitaires et praticiens chercheurs », *Revue des sciences de l'éducation*, vol. 23, n° 2, 1997, p. 371-395.

DOMINIGUEZ, D., « Developing Language through a Musical Program and Its Effect on the Reading Achievement of Spanish Speaking Migrant Children ». Thèse de doctorat, Kalamazoo (Michigan), Western Michigan University, 1991.

DRAKE, Susan M., *Creating Integrated Curriculum. Proven Ways to Increase Student Learning*, Thousand Oaks (Californie), Corwin Press Inc., 1998.

DUFFY, Michael, et D'Neil DUFFY, « A Model of Integrative Planning for Cultural Curriculum », *Montessori – Live*, vol. 9, n° 4, 1997, p. 24-25.

FAILONI, Judith W., « Music as Means to Enhance Cultural Awareness and Literacy in the Foreign Language Classroom », *Mid-Atlantic Journal of Foreign Language Pedagogy*, vol. 1, 1993, p. 97-108.

FOSTER, M., « Suivez le rythme », *Le Français dans le monde*, vol. 261, 1993, p. 58-63.

FRYER, T. Bruce, et Frank W. MEDLEY, Jr. (dir.), *Language in Action: Theory and Practice*, Columbia, (Caroline du Sud), Southern Conference on Language Teaching, 1989.

GARDNER, Howard, *Frames of Mind*, New York, Basic Books, 1983.

GLASER, Barney G., et Anselm L. STRAUSS, *The Discovery of Grounded Theory: Strategies for Qualitative Research*, Chicago, Aldine Publishing Company, 1967.

GOLEMAN, Daniel, *Emotional Intelligence*, New York, Bantam, 1996.

HEUWINKEL, Matthias, « New Ways of Teaching = New Ways of Learning », *Childhood Education*, 1996, p. 27-31.

HUBERMAN, A. Michael, et Matthew B. MILES, *Analyse des données qualitatives : recueil de nouvelles méthodes*, trad. Catherine De Backer et Vivian Lamongie, Bruxelles, Presse universitaire de Boeck, 1991.

KITE, Thomas S., Thomas SMUCKER, Stan STEINER et Mina BAYNE, « Using Program Music for Interdisciplinary Study », *Music Educators Journal*, vol. 80, n° 5, 1994, p. 33-36.

LANDRY, Rodrigue, et Réal ALLARD, « Étude du développement bilingue chez les Acadiens des provinces maritimes », dans Raymond Théberge et Jean Lafontant (dir.), *Demain, la francophonie en milieu minoritaire ?*, Saint-Boniface, Centre de recherche du Collège de Saint-Boniface, 1987, p. 63-111.

LINCOLN, Yvonna S., et Egon G. GUBA, *Naturalistic Inquiry*, Beverly Hills (Californie), Sage publications, 1985.

LOWE, Anne, « A Model for the Integration of Music and Second-Language Learning », *The Canadian Music Educator*, vol. 38, n° 3, 1997a, p. 17-23.

LOWE, Anne, « The Effect of the Incorporation of Music Learning into the Second-Language Classroom on the Mutual Reinforcement of Music and Language », *Canadian Journal of Research in Music Education*, vol. 38, n° 4, 1997b, p. 7-16.

LOWE, Anne, « L'enseignement de la musique et de la langue seconde : pistes d'intégration et conséquences pour les apprentissages », *The Canadian Modern Language Review/La Revue canadienne des langues vivantes*, vol. 54, n° 2, 1998a, p. 218-239.

LOWE, Anne, « Integration of Music and French: A Successful Story », *International Journal of Music Education*, vol. 32, 1998b, p. 33-51.

LOWE, Anne, « L'intégration de la musique et du français au programme d'immersion française : avantages pour l'apprentissage de ces deux matières », *Revue des sciences de l'éducation*, vol. 24, n° 3, 1998c, p. 621-647.

LOWE, Anne, « The Integration of Music into the Core French Second-Language Program: What Can Be Achieved ? », *The Canadian Music Educator*, vol. 41, n°s 3 et 4, 2000, p. 21-31.

LOWE, Anne, « Toward Integrating Music and other Art Forms into the Language Curriculum », *Research Studies in Music Education*, vol. 18, 2002a, p. 12-23.

LOWE, Anne, « Recherche collaborative musique/arts/langue en milieu linguistique minoritaire : apprentissage interdisciplinaire et développement de l'identité », *Revue canadienne de linguistique appliquée*, vol. 5, n°s 1 et 2, 2002b, p. 93-116.

MATHISON, Sandra, « Why Triangulate ? », *Educational Researcher*, vol. 17, n° 2, 1988, p. 13-17.

McCLUSKEY, Murton, *A Curriculum Guide to Learning about American Indians*, Helena (Montana), Montana State Department of Public Instruction, 1992.

MUCCHIELLI, Alex (dir.), *Dictionnaire des méthodes qualitatives en sciences humaines et sociales*, Paris, Armand Colin, 1996.

NICHOLS, B., et Alice STERLING HONIG, « Music Teaches Children about Themselves and Others », *Early Childhood Educational Journal*, vol. 24, 1997, p. 213-216.

NUESSEL, F., et C. CICOGNA, « The Integration of Songs and Music into the Italian Curriculum », *Italica*, vol. 68, n° 4, 1991, p. 473-486.

ODDLEIFSON, Eric, *Music Education as a Gateway to Improved Academic Performance in Reading, Math and Science*, Hinghan, Massachusetts, South Shore Conservatory, 1989.

ORTUNO, M., « Teaching Language Skills and Cultural Awareness with Spanish Paintings », *Hispania*, vol. 77, n° 3, 1994, p. 500-511.

PURCELL, J., « Using Songs to Enrich Secondary Class », *Hispania*, vol. 75, n° 1, p. 92-96.

SCHÖN, Donald A., *The Reflective Practitioner*, New York, Basic Books, 1983.

SCHÖN, Donald A., *Educating the Reflective Practitioner*, San Francisco, Jossey Bass, 1987.

SCHÖN, Donald A., *Le praticien réflexif : à la recherche du savoir caché dans l'agir professionnel*, trad. Jacques Heynemand et Dolorès Gagnon, Montréal, Éditions Logiques, 1994.

SILNUTZER, R., et B. WATROUS (dir.), *Drawing from the Well. Oral History and Folk Arts in the Classroom and Community*, Montague (Massachusetts), Pioneer Valley Folklore Society, 1990.

STRAUSS, Anselm L., *Qualitative Analysis for Social Scientists*, Cambridge, Cambridge University Press, 1987.

SUTHERS, Louie, et Veronicah LARKIN, « An Examination of a Young Child's Responses to Performance: Implications of Arts Curricula », *Journal of Australian Research in Early Childhood Education*, vol. 1, 1997, p. 115-122.

UN MODÈLE PÉDAGOGIQUE POUR AMÉLIORER L'APPRENTISSAGE DES SCIENCES EN MILIEU LINGUISTIQUE MINORITAIRE

Marianne Cormier, Université de Moncton
Diane Pruneau, Université de Moncton
Léonard Rivard, Collège universitaire de Saint-Boniface
Sylvie Blain, Université de Moncton

Lors de tests nationaux (Conseil des ministres de l'Éducation (Canada), 1999) et de tests internationaux (Programme international pour le suivi des acquis des élèves, 2001), les élèves du milieu minoritaire francophone canadien ont obtenu de plus faibles résultats en sciences que ceux du milieu majoritaire anglophone. Étant donné l'importance des sciences dans la société contemporaine, ces difficultés chez les élèves du milieu minoritaire francophone sont préoccupantes. De nos jours, les médias couvrent souvent des sujets polémiques tels le clonage humain, les manipulations génétiques, l'effet de serre, etc. Des connaissances de base en sciences, une compréhension des démarches de construction du savoir et un intérêt pour le domaine s'avèrent aujourd'hui nécessaires pour capter et analyser ces informations de façon critique et participer aux débats sociétaux (Osborne, Simon et Erduran, 2002). De même, l'acquisition de connaissances approfondies en sciences et en technologie faciliterait la participation à l'économie contemporaine (The National Commission on Mathematics and Science Teaching for the 21st Century, 2000). Comme les minorités linguistiques ont souvent été désavantagées sur le plan économique comparativement aux majorités (Wagner et Grenier, 1991), les difficultés en sciences pourraient augmenter ces désavantages ou les perpétuer.

Plusieurs raisons pourraient expliquer les difficultés en sciences des élèves du milieu linguistique minoritaire, qu'il s'agisse de difficultés de nature universelle ou de limites particulières liées à ce type de milieu. Ainsi, en général, on constate souvent l'existence de problèmes d'apprentissage en sciences, en raison de l'enseignement magistral, du manque de formation des enseignants en sciences ou en didactique des sciences et de l'importance excessive accordée en classe aux mathématiques et au français (The National Commission on Mathematics and Science Teaching for the 21st Century, 2000).

Les limites langagières s'ajoutent aux difficultés générales de l'apprentissage des sciences chez les élèves du milieu minoritaire et elles pourraient s'expliquer par le contact peu fréquent de ces élèves avec les aspects « littératiés » de la langue minoritaire (Hamers et Blanc, 2000). Ces limites langagières se concrétisent par un manque de vocabulaire et, surtout, par une compréhension partielle des messages scientifiques (Norris et Phillips, 2003). En effet, durant les cours de sciences, les élèves du milieu minoritaire ont des obstacles à surmonter puisque le langage y est hautement abstrait et à densité lexicale, c'est-à-dire qu'il y a une proportion élevée de mots difficiles dans chaque phrase (Lemke, 1990 ; Wellington et Osborne, 2001).

Krashen (1998) et Boudreau et Dubois (1992) ont constaté pour leur part la présence d'une insécurité linguistique chez les élèves du milieu minoritaire. L'insécurité linguistique qui se manifeste quand les individus se sentent incapables de bien parler leur langue occasionne une baisse de l'estime de soi et une réduction de l'expression et de la productivité écrites (Boudreau et Dubois, 1992). Cette insécurité peut être causée par les corrections et les critiques que l'individu reçoit en utilisant la langue de la minorité. Ainsi, au lieu de risquer de faire des erreurs et d'être corrigé, l'individu parlera plutôt la langue de la majorité (Krashen 1998).

Dans le but d'améliorer l'apprentissage des sciences en milieu minoritaire, nous avons commencé à élaborer un modèle pédagogique pour l'enseignement des sciences adapté à ce type de milieu. Dans le présent article, nous examinons d'abord certaines spécificités de la pédagogie en milieu minoritaire. Nous proposons ensuite une démarche visant le changement et l'évolution conceptuels en sciences. Nous présentons enfin les divers apports des éléments langagiers à l'apprentissage des sciences. Ces propos théoriques nous amènent à élaborer un modèle pour améliorer l'apprentissage des sciences en milieu minoritaire, modèle qui sera expérimenté dans une recherche ultérieure.

Cadre théorique

Une pédagogie qui tient compte de l'insécurité linguistique

Pour contrer l'insécurité linguistique et encourager les élèves à parler et à communiquer leurs conceptions scientifiques, il faut privilégier une attitude ouverte à la variation linguistique. Cette attitude consiste à accepter le langage vernaculaire des élèves dans le but de provoquer des changements dans les représentations linguistiques (Boudreau et Dubois, 2001). Notons que les élèves du milieu minoritaire adoptent souvent une attitude négative envers leur langue, en pensant que celle-ci a un statut inférieur à celui de la langue de la majorité. Une stratégie de base pour agir sur les représentations linguistiques négatives se situe dans le type de discours entretenu. Il importe de délaisser le discours qui exclut la légitimité du vernaculaire au profit d'un discours qui l'inclut et qui le légitimise. Les enseignants qui acceptent le langage vernaculaire deviennent des agents de changement linguistique car « la parole longtemps stigmatisée se libère et [...] les locuteurs minorés deviennent à leur tour des producteurs de sens » (Boudreau et Dubois, 2001, p. 56). Le premier objectif est avant tout d'inviter les personnes à communiquer, c'est-à-dire à utiliser la langue. Il s'agit alors d'accepter le langage vernaculaire et de construire à partir de celui-ci. Une telle attitude favorisera la création d'un environnement non menaçant et motivant, qui contribuera à diminuer le stress et l'anxiété (Echevarria et Graves, 1998). Il faut toutefois reconnaître qu'à l'intérieur de ce climat, les stratégies pédagogiques pour favoriser l'apprentissage auront une importance capitale.

L'évolution et le changement conceptuels

En enseignement des sciences, on définit les conceptions[1] des enfants comme des croyances personnelles au sujet des phénomènes naturels, croyances auxquelles ceux-ci ont recours pour résoudre des problèmes, tirer des conclusions et faire des généralisations à propos des faits de la vie quotidienne. Les conceptions des enfants peuvent être considérées comme naïves et différentes de celles des scientifiques mais pourtant, elles sont issues de modes de raisonnement organisés et elles sont fermement basées sur leurs connaissances antérieures (Inagaki et Hatano, 2002).

L'un des objectifs de l'enseignement des sciences au primaire est l'évolution des conceptions initiales des enfants vers des conceptions plus réfléchies ou plus proches de celles des scientifiques, ou les deux à la fois. Cette évolution est parfois appelée *changement conceptuel* (Duit, 1999). Durant ce processus progressif, les structures conceptuelles initiales, basées sur les interprétations enfantines des expériences quotidiennes, sont continuellement enrichies et restructurées (Vosniadou et Ioannides, 1998). Le processus cyclique se caractérise par de multiples phases de travail inductif et déductif (Hewson, Beeth et Thorley, 1998). C'est ainsi que le changement conceptuel suppose une importante modification des idées initiales des enfants au sujet d'un phénomène, au profit de conceptions plus reconnues par les scientifiques. Cette modification des idées initiales peut être complète, l'ancienne conception étant remplacée par une nouvelle (Hallden, 1999), ou périphérique, l'idée initiale persistant et étant incluse dans la nouvelle structure cognitive (Duit, 1999). Plus précisément, les conceptions initiales des enfants peuvent subir plusieurs transformations durant un changement conceptuel, soit par addition ou soustraction de concepts[2] (Nersessian, 1991), par ajout ou suppression de liens entre les concepts ou par modification radicale de la structure des idées initiales (di Sessa et Sherin, 1998).

En enseignement des sciences, le fait de noter un changement conceptuel constitue la preuve tangible d'un apprentissage réussi. Le but du changement conceptuel n'est toutefois pas facile à atteindre, car plusieurs situations peuvent limiter ce type de changement :

la compréhension du phénomène étudié peut être trop difficile (Garrison et Bentley, 1990) ;

les élèves comprennent parfois une nouvelle théorie mais ne croient pas en celle-ci ;

les élèves peuvent aussi soutenir fermement que leur idée initiale est exacte et ignorer certaines données pour préserver leur première opinion (Duit, 1999) ;

les élèves peuvent manifester peu d'intérêt pour le phénomène étudié (Duit, 1999) ;

les membres de la communauté dans laquelle vivent les élèves partagent parfois des opinions différentes de celles qu'on veut faire acquérir aux élèves, et les idées véhiculées dans leur milieu interfèrent avec l'apprentissage (Inagaki et Hatano, 2002).

Les stratégies pédagogiques qui favorisent le changement conceptuel

Plusieurs stratégies pédagogiques susceptibles de favoriser le changement conceptuel ont été proposées (Vosniadou et Ioannides, 1998 ; Hewson, Beeth et Thorley, 1998, Macbeth, 2000 ; Nersessian, 1991 ; Strike et Posner, 1992 ; etc.). Le modèle de changement conceptuel de Posner, Strike, Hewson et Gertzog (1982) a été l'un des plus expérimentés et des plus critiqués. Selon Posner *et al.* (1982), plusieurs conditions sont nécessaires pour qu'un apprenant décide de modifier une conception. Celui-ci doit d'abord éprouver de l'insatisfaction à l'égard de sa conception initiale. Il doit ensuite comprendre la nouvelle conception proposée et la trouver plausible. Il doit enfin considérer que la nouvelle conception est fructueuse et susceptible d'enrichir ses connaissances. Hewson et Thorley (1989), s'inspirant du modèle de Posner *et al.* (1982), précisent quant à eux qu'au cours du processus de changement conceptuel, la conception initiale, considérée comme pertinente au départ, perd progressivement son statut pour être remplacée par une conception qui se rapproche davantage de celle des scientifiques. Dans ce paradigme, l'intervention pédagogique recommandée pour l'enseignant consiste principalement à créer un conflit cognitif chez les apprenants. Il s'agit d'abord d'inviter les élèves à exprimer leurs conceptions par rapport à un phénomène donné, puis de leur présenter une démonstration opposée à leurs conceptions. Le conflit cognitif qui en résulte provoque alors de l'insatisfaction, et le reste du processus de changement conceptuel s'effectue naturellement (Macbeth, 2000).

Le modèle de Posner *et al.* (1982) a toutefois été remis en question par plusieurs chercheurs au cours des dix dernières années. Duit (1999) affirme que les conceptions initiales sont arrêtées, ancrées, et qu'elles résistent souvent au conflit cognitif. Selon Pintrich, Marx et Boyle (1993), le modèle de Posner *et al.* (1982) ne tient pas assez compte des composantes motivationnelles et affectives des apprenants. Hewson, Beeth et Thorley (1998) ajoutent que l'enseignant doit, durant la démarche d'apprentissage, favoriser l'expression d'une variété d'idées provenant de différentes personnes dans la classe et qu'il doit inviter ces personnes à bien expliquer leurs idées. Il doit également mettre à profit la métacognition et demander aux élèves de réfléchir à la valeur de leurs idées. Vosniadou et Ioannides (1998) insistent également sur l'importance de cette étape de la métacognition dans le processus du changement conceptuel en expliquant que les élèves ne sont pas toujours conscients de la nature hypothétique de leurs idées préconçues et de leurs croyances. Il importe alors de fournir aux élèves un environnement d'apprentissage qui encourage l'expression de leurs conceptions et croyances puis de leur faire vivre des expériences signifiantes qui leur permettent de comprendre les limites de ces conceptions et de ces croyances et, par conséquent, d'être motivés à les réviser. D'autres stratégies propices au changement conceptuel sont également proposées par les chercheurs. L'apprentissage expérientiel, ou contact réel avec les personnes et les objets de l'environnement, est l'un de ces moyens. Pruneau et Lapointe (2002) définissent l'apprentissage expérientiel comme un processus pendant lequel les participants façonnent leurs conceptions par l'intermédiaire de transactions affectives et cognitives avec leurs milieux biophysique et social. Les étapes de l'apprentissage expérientiel ont été définies par Sauvé (1994) : l'expérimentation concrète, l'observation réflexive, la conceptualisation (l'apprenant pense, façonne et édifie ses conceptions) et l'expérimentation active (le transfert des apprentissages). L'apprentissage expérientiel permet aux élèves de ressentir différentes émotions comme le défi, le plaisir, le désir de partager leurs impressions, l'émerveillement, la compassion… (Pruneau et Lapointe 2002), tout en suscitant une remise en question des conceptions grâce à une confrontation avec la réalité extérieure et avec les pairs qui, eux aussi, interprètent cette réalité (Inagaki et Hatano, 2002).

La discussion est également une stratégie qui encourage le développement conceptuel (Driver, 1989). Les interactions verbales avec les pairs permettent aux élèves d'exprimer leurs idées ainsi que leurs opinions et, par le fait même, leurs conceptions. Les interactions sociales créent une dissonance cognitive et une argumentation entre les élèves, ce qui les amène à prendre conscience de l'existence d'idées différentes des leurs. Cette contradiction peut les amener à modifier leurs idées initiales (Fleer, 1992).

L'écriture en sciences est finalement une stratégie qui facilite le changement conceptuel. Ainsi, le fait de devoir écrire leurs idées permet aux élèves de les approfondir, de les évaluer et de les réviser (Rivard, 1994).

À la lumière des propos de ces auteurs, nous proposons une démarche d'évolution et de changement conceptuels en sept étapes (voir tableau 1). Au cours de ces étapes, les élèves ont l'occasion d'exprimer leurs conceptions initiales, de les expliquer puis de les comparer avec celles de leurs pairs. Ils vivent alors des expériences directes en lien avec le phénomène scientifique à l'étude (apprentissage expérientiel), ce qui assure une seconde confrontation de leurs idées, mais cette fois avec le monde extérieur. Ils ont ainsi la possibilité de réviser leurs conceptions. L'enseignant leur présente ensuite le point de vue scientifique et encourage une nouvelle remise en question des conceptions. La conclusion suit, ainsi que l'application ou le transfert des nouveaux apprentissages, ou les deux à la fois.

Tableau 1

Démarche de changement conceptuel

1. Expression et explicitation des conceptions à propos d'un phénomène naturel

2. Comparaison des conceptions dans le groupe, questionnement

3. Vécu de diverses expériences directes en lien avec le phénomène, questionnement

4. Comparaison et révision des conceptions, questionnement

5. Contact avec le point de vue scientifique

6. Comparaison des conceptions avec le point de vue scientifique ; conclusion

7. Consolidation des nouvelles connaissances : application et transfert

La place fondamentale de la langue dans l'enseignement des sciences

Dans notre modèle, la langue occupe une place primordiale et s'intègre de façon constitutive à l'apprentissage des sciences et au changement conceptuel. De plus, la présence importante de la langue dans notre modèle vise à réduire l'insécurité linguistique et les limites langagières des élèves de milieu minoritaire. Nous croyons en effet que dans l'enseignement des sciences en général, particulièrement en milieu linguistique minoritaire, il est essentiel d'accorder une place de première importance à l'apprentissage de la langue.

Les activités langagières de communication orale, d'écriture et de lecture font partie de ce qu'on entend par *faire* des sciences. Les scientifiques, dans leurs démarches quotidiennes, échangent entre eux par la discussion et l'argumentation et par la lecture des écrits de leurs collègues. Ils mettent leurs idées et leurs observations par écrit. Ils rédigent des rapports pour communiquer leurs résultats. La langue est donc une partie fondamentale et constitutive de l'activité scientifique ; elle en fait partie intégrante (Laplante, 2001 ; Lemke, 1990, 1998 ; Norris et Phillips, 2003 ; Osborne, 2002 ; Wellington et Osborne, 2001).

Pour *faire* des sciences, il faut donc s'engager dans des activités langagières telles la communication orale, la lecture et l'écriture, en conjonction et de façon complémentaire avec des activités empiriques et expérientielles. En effet, la diffusion de résultats scientifiques implique un processus complexe comprenant des actions plus élaborées que la formulation de généralisations à la suite d'observations empiriques. Habituellement, pour un phénomène donné, au moins deux modèles explicatifs cohabitent et entrent en concurrence. L'acte scientifique consiste à évaluer les observations et les conclusions afin de déterminer le modèle qui est le plus plausible. Ces activités d'évaluation commencent par un contact direct avec l'objet d'étude, mais les décisions sont prises surtout à l'occasion de communications orales, de lectures et de la rédaction d'articles, de présentations et d'échanges électroniques. Ces étapes d'analyse, de réflexion et de synthèse sont tout autant essentielles que le contact avec le phénomène lors de l'apprentissage expérientiel (Pruneau et Lapointe, 2002). Le langage scientifique s'intègre alors fondamentalement aux déclarations scientifiques (Norris et Phillips, 2003 ; Osborne, 2002).

Nous reconnaissons que l'apprentissage des sciences s'effectue principalement lors d'une approche active et expérientielle. Les cours de sciences sont conçus pour *faire* des sciences et les *vivre*. Les élèves ont ainsi l'occasion de manipuler, d'observer, de mesurer et de vérifier leurs opinions au sujet des divers phénomènes étudiés. Le but est de *faire* des sciences, en imitant les *vrais* scientifiques (Laplante, 2001 ; Pruneau et Lapointe, 2002). Notons cependant que l'apprentissage expérientiel ne se limite pas uniquement au contact direct avec l'objet à l'étude. Le processus se poursuit par une réflexion critique portant sur les expériences vécues ainsi que par une synthèse ou une application des connaissances acquises dans un autre contexte. Par ailleurs, lors du processus expérientiel, une relation affective et cognitive avec le phénomène à l'étude tend à se développer. L'élève a l'occasion non seulement de recevoir des informations, mais il a également l'occasion de vivre des émotions telles que l'émerveillement, la frustration, le défi, le plaisir, la curiosité et le désir de partager ses connaissances (Pruneau et Lapointe, 2002). La langue devient ainsi le véhicule parfait pour l'expression et la communication des découvertes, des conceptions et des émotions. La langue a donc une position de choix dans l'approche expérientielle proposée pour l'apprentissage des sciences.

Par ailleurs, le but de l'intégration explicite des activités langagières à l'apprentissage des sciences est non seulement l'apprentissage des concepts, mais également une solide acquisition du langage scientifique. En effet, pour faire des sciences, il faut apprendre à *parler sciences* (Laplante, 2001 ; Lemke, 1990). Cette approche visant l'appropriation du langage scientifique formera des élèves qui seront aptes à critiquer activement un texte et à reconnaître la différence entre une affirmation et un argument, entre une hypothèse et une conclusion, et entre l'évidence et la spéculation (Wellington et Osborne, 2001).

La langue, selon Wellington et Osborne (2001), présente toutefois des difficultés importantes en sciences pour la plupart des élèves, qu'ils soient de milieu majoritaire ou minoritaire. Ces auteurs soutiennent donc que l'enseignement explicite du langage scientifique devient un but prioritaire pour améliorer la qualité de l'apprentissage en sciences. En effet, les développements conceptuel et langagier sont inéluctablement liés. La pensée exige la langue et la langue exige la pensée.

La plupart des enseignants de sciences pensent que le langage scientifique est essentiellement transparent et capable de représenter les connaissances scientifiques de façon claire et sans ambiguïté (Lemke, 1990). Par contre, il s'agit d'un langage plutôt ambigu, multisémiotique, technique et intellectuel. Il est ambigu puisque les mots courants peuvent prendre un sens particulier en sciences (énergie, travail, friction).

Pour bien expliquer un phénomène, un processus ou un concept, l'élève doit, en raison de la nature multisémiotique du langage scientifique, avoir recours à diverses formes de représentations qui peuvent être des mots, des images, des graphiques, des tableaux, des équations mathématiques, des gestes explicatifs ou bien des diagrammes. De plus, le langage scientifique est technique dans son utilisation fréquente de mots spécifiques à ce domaine (vélocité, trachée, ion, électrolyse). Finalement, il est hautement intellectuel puisqu'on s'y sert de mots employés seulement dans des contextes scolaires et non dans des contextes courants (exemples : initial, estimé, conséquemment) en plus d'avoir une nette préférence pour un style dépersonnalisé (Lemke, 1998 ; Wellington et Osborne, 2001).

À ces difficultés du langage scientifique s'ajoute la conception commune que son appropriation et son utilisation se font spontanément et naturellement. En effet, les bons lecteurs ont souvent l'impression que la lecture est un processus simple et que les textes sont transparents. Pourtant, la formulation d'inférences à la suite de la lecture d'un texte scientifique n'est pas aussi simple que le décodage des mots et leur prononciation adéquate (Norris et Phillips, 2003). Wellington et Osborne (2001) déclarent que le premier pas dans l'appropriation du langage scientifique est la reconnaissance et la conscience des difficultés présentes ainsi que la manifestation d'un intérêt à porter attention à ces difficultés. Nous présentons ainsi l'apport de chacun des éléments de la langue à l'étude des sciences.

La communication orale en sciences

Plusieurs chercheurs soutiennent que promouvoir la discussion en petits groupes constitue une bonne façon d'étayer le développement du langage intellectuel et de favoriser simultanément le développement conceptuel en sciences (Mason, 1998 ; Rivard et Straw, 2000 ; Simich-Dudgeon, 1998 ; Wellington et Osborne, 2001). Il est ainsi important de fournir aux élèves des occasions de s'exprimer puisque la verbalisation de leurs idées et de leurs conceptions naissantes fait partie intégrante de la construction de sens (Reddy, Jacobs, McCrohon et Herrenkohl, 1998).

Selon Wells et Chang-Wells (1992), l'éducation est un dialogue dans lequel les apprentissages sont construits, définis et négociés. L'élève, par sa participation aux conversations avec des adultes et des pairs, construit une signification autour de l'objet étudié. Ainsi, dans un processus d'interactions sociales, le langage devient un outil de médiation pour construire la signification et les apprentissages. Alexopoulou et Driver (1996) laissent entendre que les actions et la communication avec les autres amènent les élèves à intérioriser les pratiques et les discours de la communauté. Cette intériorisation du langage permet de le transformer en outil de cognition (Edwards et Westgate, 1994).

La langue est ainsi un outil qui soutient la pensée et le savoir (Mason, 1998). Cet étayage de la pensée par le langage peut se faire entre l'enseignant et l'élève, ou avec les pairs. En dialoguant et en discutant avec des pairs, le partage des connaissances est possible et par conséquent, les diverses idées des membres du groupe facilitent la résolution de problèmes (Rivard et Straw, 2000). L'étayage de la construction de sens par le dialogue s'effectue également grâce à l'écoute active des autres, qui évaluent verbalement ou non ce qui est dit. À ce moment, le locuteur doit être explicite et son expression verbale doit être cohérente. La verbalisation des idées exige l'élaboration d'arguments logiques et pertinents ; elle permet de constater les incohérences et ainsi d'autoévaluer les arguments personnels (Wells et Chang-Wells, 1992). En expliquant des concepts scientifiques en ses propres mots, l'élève a l'occasion de clarifier et d'évaluer ses idées et ainsi de développer ses connaissances (Rivard, 1998 ; Rivard et Straw, 2000).

Wellington et Osborne (2001), en rappelant la nature difficile et ambiguë du langage scientifique, stipulent que l'appropriation d'une langue se fait en la pratiquant en contexte. Ainsi, précisent-ils, devant un vocabulaire nouveau, les élèves doivent avoir l'occasion de s'exercer à la prononciation des nouveaux mots et de se les approprier en les utilisant en contexte. De même, l'apprentissage du raisonnement et de l'argumentation scientifique s'effectue par la pratique, en petits groupes de discussion.

L'hypothèse de Rivard (1998) est que « la discussion en groupe facilite la construction du savoir chez l'apprenant, tandis que la discussion en groupe suivie de la rédaction individuelle améliore la rétention des apprentissages » (p. 33). Cette hypothèse souligne l'interdépendance des différents aspects de la langue en sciences.

L'écrit en sciences

Les élèves passent sans doute beaucoup de temps à écrire pendant les cours de sciences. La plupart du temps, par contre, l'écriture se limite à une simple copie des notes au tableau ou du manuel scolaire. Souvent, les tâches écrites exigées sont simples et nécessitent peu de réflexion (Wellington et Osborne, 2001). Les autres tâches écrites ont surtout pour objectif d'évaluer les connaissances des élèves. Rivard (1994) et Yore (2000) nomment ce type d'écriture *communication du savoir*.

Une autre façon de procéder consisterait à écrire pour apprendre ou pour transformer son savoir (Rivard, 1994 ; Yore, 2000). Klein (1999), Rivard (1994) et Rowell (1997) attribuent un potentiel très important à l'écriture pour apprendre en sciences, même si les preuves empiriques ne réussissent pas à en isoler son effet particulier.

Écrire, c'est manipuler l'information et jouer avec le contenu, en articulant sa pensée sur papier. Après avoir ainsi noté et développé ses idées sur papier, l'élève peut alors accéder à sa conscience métacognitive pour les évaluer (Mason, 1998 ; Rivard, 1994). En effet, en manipulant le contenu à l'écrit, l'élève transforme ses pensées rudimentaires en des entités plus cohérentes et mieux organisées. L'écrit permet en fait de structurer les connaissances. Il faut donc que l'élève comprenne bien un sujet pour être capable d'écrire à propos de celui-ci. Alors, s'il a du mal à écrire, l'élève sera en mesure de constater son manque de compréhension, ce qui favorisera la métacognition. L'écrit permet ainsi de surveiller la compréhension, ce qui rend le processus à la fois cognitif et métacognitif (Rivard et Straw, 2000). La permanence du mot écrit facilite la réflexion et la révision des idées à longue échéance (Rowell, 1997). De même, l'action d'écrire prolonge la réflexion sur les idées. Par ailleurs, le fait de poser ses idées sur papier étaye le travail de la mémoire à court terme. Il y aurait donc possibilité de produire de nouvelles idées lors de l'écriture (Tynjälä, Mason et Lonka, 2001).

Certains auteurs proposent aussi l'écriture expressive comme moyen de favoriser l'apprentissage. L'écriture expressive est une activité spontanée durant laquelle le scripteur se soucie peu du jugement des autres. L'écriture expressive permet de faire des liens avec les connaissances antérieures, de clarifier la compréhension tout en favorisant l'exploration individuelle d'un phénomène (Klein, 1999 ; Hamerlink, 1998 ; Rivard, 1994). Ce type d'écriture peut se faire au moyen de journaux d'apprentissage grâce auxquels on encourage les élèves à réfléchir à leur processus scientifique, à mettre leurs habiletés de communication en pratique et à penser aux problèmes de sciences de façon créative. L'écriture expressive améliorerait l'apprentissage en raison de sa nature constructive et réflexive (Harmelink, 1998).

Certains auteurs stipulent qu'il faut plutôt enseigner le genre scientifique aux élèves (Keys, 1999 ; Rowell, 1997 ; Wellington et Osborne, 2001). Il existe divers genres d'écriture scientifique, entre autres les rapports de laboratoire, les explications, l'argumentation, les descriptions et les exposés avec prise de position (Osborne, Simon et Erduran, 2002 ; Rivard, 2001 ; Wellington et Osborne, 2001). Pour les tenants du genre scientifique, ce type d'écriture permet l'activité scientifique réelle et l'acquisition du langage scientifique (Keys, 1999 ; Rowell, 1997 ; Wellington et Osborne, 2001). Rappelons que le langage scientifique est hautement intellectuel. Cette écriture et ce langage devraient ainsi être enseignés de façon explicite (Keys, 1999 ; Rowell, 1997 ; Wellington et Osborne, 2001). Il est possible de cette façon d'étayer l'apprentissage des divers genres scientifiques en suggérant des mots clefs, des plans préliminaires et des idées de questionnement (Wellington et Osborne, 2001).

Enfin, si les tenants du genre scientifique exposent une dichotomie entre l'écriture expressive et l'écriture du genre scientifique, nous y notons plutôt un rapport dialectique. Dans cette optique, l'écriture expressive prend le rôle d'outil cognitif qui permet l'étayage de l'écriture en genre scientifique. L'écriture du genre scientifique favorise un regard métacognitif sur l'écriture expressive et permet à l'élève d'évaluer ce qu'il a écrit pour arriver à exposer ses idées de façon cohérente et concise lors de l'écriture finale. Alors, dans le processus, l'écriture expressive serait en quelque sorte une préécriture permettant de préciser les idées avant d'entamer l'écriture en genre scientifique.

La lecture en sciences

La compréhension en lecture, selon une vision constructiviste, consiste en un processus d'interaction entre les connaissances antérieures de l'élève, ses stratégies cognitives et métacognitives, sa motivation et son but de lecture, le texte et le contexte. En sciences, la lecture est un processus interactif et constructif durant lequel le lecteur construit un sens en arrimant sa compréhension du texte, ses expériences en lien avec le phénomène scientifique à l'étude et ses connaissances des conventions littéraires dans un contexte socioculturel spécifique (Dole, Duffy, Roehler et Pearson, 1991 ; Rivard et Yore, 1993 ; Yore, 2000). Le but ultime de la lecture scientifique est de former des lecteurs critiques qui peuvent évaluer l'importance des textes écrits (Wellington et Osborne, 2001).

Modèle d'enseignement des sciences en milieu linguistique minoritaire

À la suite de l'exploration de ces diverses perspectives de l'enseignement des sciences, nous proposons maintenant un modèle pour améliorer l'apprentissage des sciences en milieu minoritaire. Notre but est de montrer comment les différentes perspectives s'agencent et se complètent pour en arriver à une approche dynamique et intégrée. Notre modèle relie les éléments langagiers à la démarche de changement conceptuel, dans le contexte d'une pédagogie visant à réduire l'insécurité linguistique des élèves.

Nous avons précédemment proposé sept étapes pour susciter le changement conceptuel. À cette démarche, nous intégrons explicitement les éléments langagiers de l'oral, de l'écrit et de la lecture. Ces trois éléments sont interdépendants et complémentaires (Holliday, Yore et Alvermann, 1994 ; Rowell, 1997 ; Staples et Heselden, 2001), ce qui justifie leur juxtaposition dans notre modèle.

La mise en place de stratégies langagières s'effectue à partir du langage informel pour arriver à un langage formel. Lors de leur initiation au phénomène à l'étude, les élèves font surtout usage de la langue commune. Au fur et à mesure que les élèves progressent dans leur démarche de changement conceptuel, les activités langagières mises à contribution deviennent plus formelles.

Lors de la première étape du modèle, c'est-à-dire l'expression des conceptions, nous préconisons l'écrit informel, préférablement dans un journal de bord, pour permettre aux élèves d'explorer leurs idées sur le phénomène. À cette étape, l'écriture est employée pour manipuler l'information et jouer avec celle-ci (Mason, 1998 ; Rivard, 1994).

Le même principe se poursuit à la deuxième étape du modèle, mais cette fois, à l'oral. Nous souhaitons que les élèves comparent entre eux leurs conceptions oralement. Ce genre de discussion rend légitime la langue vernaculaire des élèves et installe les fondements pour construire à partir de celle-ci.

Lors de la troisième étape, les élèves expérimentent concrètement le phénomène (si possible). Durant cette expérimentation, les élèves discutent entre eux afin de comparer leurs impressions et leurs observations. L'écriture prend une place de première importance car ils notent leurs réflexions, leurs observations, leurs mesures et leurs idées dans leur journal. On leur fournit également l'occasion de lire autant des œuvres expressives que des œuvres informatives sur le phénomène.

À la quatrième étape portant sur la comparaison et la révision des conceptions, l'écriture et la communication orale occupent une place de premier choix. La discussion informelle, en petits groupes, est encouragée, ainsi que l'expression des idées par écrit avant et après la discussion.

Lors de la cinquième étape, c'est-à-dire le contact avec le point de vue scientifique, les élèves continuent de travailler en employant un langage informel. Néanmoins, nous proposons, à ce moment, un passage à un langage plus formel. On fournit aux élèves des lectures bien choisies, dans un langage scientifique et rigoureux, pour leur permettre d'accéder au contenu scientifique.

À la sixième étape, on poursuit ce passage vers une langue formelle. Ainsi, la conclusion écrite, demandée aux élèves, adopte un genre plus scientifique. Ils rédigeront des rapports de recherche ou des explications scientifiques du phénomène.

Lors de la septième et dernière étape du modèle, nous prévoyons que la mise en application des connaissances s'effectuera par une communication plutôt publique : affichage dans le corridor, invitation d'une autre classe lors de présentations, communication des résultats à la communauté... Cette communication publique mettra possiblement à profit l'écrit, l'oral ou les deux.

Finalement, nous stipulons que, simultanément à l'apprentissage des notions scientifiques à l'étude, les élèves s'approprieront, de façon graduelle et sécurisante, le vocabulaire spécifique employé spontanément et de façon précise à toutes les étapes de la démarche proposée.

C'est ainsi que, dans le modèle, on intègre et on gère divers éléments pour former une synergie qui favorise un meilleur apprentissage en sciences par les élèves du milieu linguistique minoritaire. Le schéma 1 illustre comment la démarche du changement conceptuel est au cœur du modèle proposé. Les éléments langagiers s'y incorporent de façon constitutive. Dans ce schéma, la gradation de gris au noir dans les éléments langagiers représente la progression du langage informel vers un langage formel. Le schéma est en forme de cercle pour illustrer que le processus pédagogique est fluide et cyclique. Le nouveau modèle a fait l'objet d'une expérimentation et d'une évaluation auprès d'élèves de cinquième année, en milieu minoritaire, à l'automne 2003. Les résultats de cette expérimentation seront présentés dans un article ultérieur.

Conclusion

Le modèle pédagogique proposé s'inspire des fondements théoriques du rôle de la langue en tant qu'outil d'apprentissage en sciences. En effet, les trois éléments de la langue, soit la communication orale, l'écriture et la lecture, peuvent contribuer efficacement à consolider l'apprentissage des sciences. Ce rôle de la langue est particulièrement bénéfique en milieu linguistique minoritaire où l'on constate la présence d'une insécurité linguistique et d'attitudes négatives envers la langue vernaculaire. Cette place primordiale accordée à la langue comme outil d'apprentissage peut aider à diminuer cette insécurité et à renverser ces attitudes. Dans la démarche de changement conceptuel proposée, on exploite spécifiquement les éléments langagiers en progressant d'une langue informelle vers une langue formelle. De plus, les étapes de la démarche permettent une ouverture au changement conceptuel et une évolution progressive vers des conceptions plus scientifiques. Cet arrimage des éléments langagiers à la démarche de changement conceptuel représente une première tentative holistique d'amélioration de l'apprentissage des sciences en milieu minoritaire.

À l'automne 2003, le modèle pédagogique proposé a fait l'objet d'une expérimentation dans une classe de cinquième année, à l'intérieur d'une unité portant sur les marais salés. Nous prévoyons présenter les résultats de cette expérimentation dans un article ultérieur, mais, dans l'intervalle, une première analyse nous a permis de constater que le modèle pédagogique suscite la curiosité, la motivation et le désir d'apprendre chez les élèves. En effet, dans la démarche de changement conceptuel incluse dans le modèle, l'enseignante ou l'enseignant ne présente le point de vue scientifique qu'à la cinquième étape. Avant d'atteindre cette étape, les élèves ont eu l'occasion d'expliciter leurs conceptions à propos des marais, de comparer leurs idées entre eux, de s'interroger, de réviser leurs idées et de vivre diverses expériences relatives au marais. Les questions initiales des élèves, restées sans réponses, ont semblé provoquer chez ceux-ci une forte curiosité. L'enseignante de la classe a déclaré que les élèves cherchaient des livres au sujet des marais lors de leurs périodes à la bibliothèque, qu'ils discutaient des marais pendant les autres cours et qu'ils consultaient le site Web mis à leur disposition. De même, lors de l'expérimentation, nous avons remarqué que les élèves exprimaient et partageaient leurs conceptions librement et spontanément. Les élèves ont utilisé couramment des mots scientifiques se rapportant à la biodiversité du marais (exemple : détritus, spartine alterniflore et chevalier à pattes jaunes). Nous émettons l'hypothèse que l'usage spontané et sécurisant de ces mots par les chercheurs qui enseignaient la matière de l'unité a permis aux élèves de s'approprier plus facilement ce vocabulaire. Les conceptions des élèves au sujet des marais ont enfin évolué au cours de l'expérimentation.

Il serait ainsi intéressant d'associer les enseignantes et les enseignants de ce milieu à un projet ultérieur de recherche participative au cours duquel ces acteurs du milieu scolaire pourraient expérimenter le modèle, le modifier et le personnaliser pour se l'approprier et en accroître l'efficacité. Ce projet ultérieur contribuera sûrement à l'amélioration de la réussite en sciences des élèves du milieu linguistique minoritaire.

Schéma 1

Modèle pédagogique pour l'enseignement et l'apprentissage des sciences en milieu minoritaire

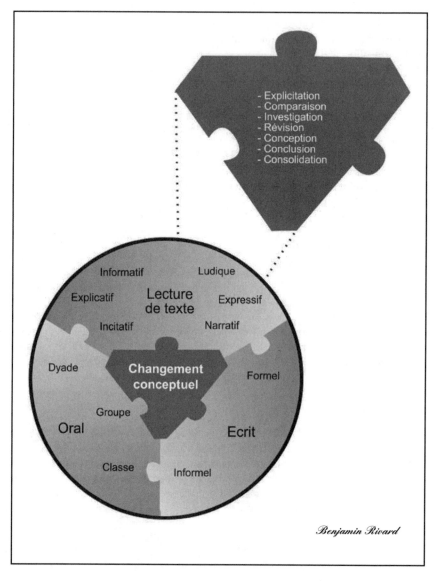

Schéma conçu par Marianne Cormier, Diane Pruneau, Léonard Rivard et Sylvie Blain et préparé par Benjamin Rivard.

NOTES

1. Dans le présent article, les termes *conceptions* et *idées* sont utilisés en alternance pour désigner les conceptions des enfants. La définition du terme *conceptions* est tirée de Laplante (1997) : « Ces conceptions correspondent aux connaissances personnelles des élèves par rapport à un phénomène quelconque ; elles marquent également leur façon de penser et de raisonner face à des situations qui y font référence. Il faut donc voir ces conceptions en tant que produits et outils de la pensée. Ces conceptions sont souvent différentes de celles généralement acceptées par les scientifiques ».

2. Legendre (1988) définit un concept comme « la représentation mentale et générale des traits communs d'une catégorie d'objets directement observables qui peuvent généralement s'appliquer à tous les objets présentant les mêmes caractéristiques » (p. 111).

BIBLIOGRAPHIE

ALEXOPOULOU, Evinella, et Rosalind DRIVER, « Small-Group Discussion in Physics: Peer Interaction Modes in Pairs and Fours », *Journal of Research in Science Teaching*, vol. 33, 1996, p. 1099-1114.

BOUDREAU, Annette, et Lise DUBOIS, « Insécurité linguistique et diglossie : étude comparative de deux régions de l'Acadie du Nouveau-Brunswick », *Revue de l'Université de Moncton*, vol. 25, 1992, p. 3-22.

BOUDREAU, Annette, et Lise DUBOIS, « Langues minoritaires et espaces publics : le cas de l'Acadie du Nouveau-Brunswick », *Estudios de Sociolingüística*, vol. 2, 2001, p. 37-60.

CONSEIL DES MINISTRES DE L'ÉDUCATION (CANADA), *Apprentissage des sciences : contexte canadien*, Toronto (Ontario), le Conseil, 1999.

DI SESSA, Andrea A., et Bruce L. SHERIN, « What Changes in Conceptual Change? », *International Journal of Science Education*, vol. 20, 1998, p. 1155-1191.

DOLE, Janice A., Gerald G. DUFFY, Laura R. ROEHLER et P. David PEARSON, « Moving from the Old to the New: Research on Reading Comprehension Instruction », *Review of Educational Research*, vol. 61, 1991, p. 239-264.

DRIVER, Rosalind, « Student's Conceptions and the Learning of Science », *International Journal of Science Education*, vol. 11, 1989, p. 481-490.

DUIT, Reinders, « Conceptual Change Approaches in Science Education », dans Wolfgang Schnotz, Stella Vosniadou et Maria Carretero (dir.), *New Perspectives on Conceptual Change*, New York, Pergamon, 1999, p. 263-282.

ECHEVARRIA, Jane, et Anne GRAVES, *Sheltered Content Instruction: Teaching English-Language Learners with Diverse Abilities*, Boston, Allyn and Bacon, 1998.

EDWARDS, Anthony Davies, et David P. G. WESTGATE, *Investigating Classroom Talk*, 2e éd., London, Falmer Press, 1994.

FLEER, Marilyn, « Identifying Teacher-Child Interaction which Scaffolds Scientific Thinking in Young Children », *Science Education*, vol. 76, no 4, 1992, p. 373-397.

GARRISON, James W., et Michael L. BENTLEY, « Science Education Conceptual Change and Breaking with Everyday Experience », *Studies in Philosophy and Education*, vol. 10, 1990, p. 19-35.

HALLDEN, Olle, « Conceptual Change and Contextualisation », dans Wolfgang Schnotz, Stella Vosniadou et Maria Carretero (dir.), *New Perspectives on Conceptual Change*, New York, Pergamon, 1999, p. 12-48.

HAMERS, Josiane F., et Michel H. A. BLANC, *Biliguality and Bilingualism*, Cambridge, Cambridge University Press, 2000.

HARMELINK, Kimberly, « Learning the Write Way », *The Science Teacher*, vol. 65, 1998, p. 36-38.

HEWSON, Peter W., et N. Richard THORLEY, « The Conditions of Conceptual Change in the Classroom », *International Journal of Science Education*, vol. 11, 1989, p. 541-553.

HEWSON, Peter W., Michael E. BEETH et N. Richard THORLEY, « Teaching for Conceptual Change », dans Brian J. Fraser et Kenneth G. Tobin (dir.), *International Handbook of Science Education*, Dordrecht et Boston, Kluwer Academic Publishers, 1998, p. 199-218.

HOLLIDAY, William G., Larry D. YORE et Donna E. ALVERMANN, « The Reading-Science Learning-Writing Connection: Breakthroughs, Barriers, and Promises », *Journal of Research in Science Teaching*, vol. 31, 1994, p. 877-893.

INAGAKI, Kayoko, et Giyoo HATANO, *Young Children's Naive Thinking about the Biological World*, New York, Psychology Press, 2002.

KEYS, Carolyn W., « Revitalizing Instruction in Scientific Genres: Connecting Knowledge Production with Writing to Learn in Science », *Science Education*, vol. 83, 1999, p. 115-130.

KLEIN, Perry D., « Reopening Inquiry into Cognitive Processes in Writing-To-Learn », *Educational Psychology Review*, vol. 11, 1999, p. 203-270.

KRASHEN, Stephen, « Language Shyness and Heritage Language Development », dans Stephen Krashen, Lucy Tse et Jeff McQuillan (dir.), *Heritage Language Development*, Culver City (Californie), Language Education Associates, 1998, p. 41-49.

LAPLANTE, Bernard, « Le constructivisme en didactique des sciences – dilemmes et défis », *L'apprentissage et l'enseignement des sciences et des mathématiques dans une perspective constructiviste, Éducation et francophonie*, vol. 25, no 1, 1997, [En ligne], http://www.acelf.ca/revue/auteurs.html (16 mai 2002).

LAPLANTE, Bernard, « Des élèves de sixième année apprennent à parler des réactions chimiques », dans Diana Masny (dir.), *La culture de l'écrit : les défis à l'école et au foyer*, Outremont, Éditions Logiques, 2001, p. 105-141.

LEGENDRE, Renald, *Dictionnaire actuel de l'éducation*, 2e édition, Montréal, Guérin, 1988.

LEMKE, Jay L., *Talking Science: Language, Learning and Values*, Norwood (New Jersey), Ablex Pub. Corp., 1990.

LEMKE, Jay L., « Teaching All the Language of Science: Words, Symbols, Images and Actions ». International Conference on Ideas for a Scientific Culture », Museo de Ciencia / Fondacion La Caixa, Barcelone, 1998, [En ligne], [http://academic.brooklyn.cuny.edu/education/jlemke/papers/barcelon.htm] (20 juin 2002).

MACBETH, Douglas, « On an Actual Apparatus for Conceptual Change », *Science Education*, vol. 84, 2000, p. 228-260.

MASON, Lucia, « Sharing Cognition to Construct Scientific Knowledge in School Context: The Role of Oral and Written Discourse », *Instructional Science*, vol. 26, 1998, p. 359-389.

NERSESSIAN, Nancy J., « Conceptual Change in Science and in Science Education », dans Michael R. Matthews (dir.), *History, Philosophy and Science Teaching: Selected Readings*, Toronto, OISE Press ; New York, Teachers College Press, 1991, p. 126-142.

NORRIS, Stephen. P., et Linda M. PHILLIPS, « How Literacy in Its Fundamental Sense is Central to Scientific Literacy », *Science Education*, vol. 87, 2003, p. 224-240.

OSBORNE, Jonathan, « Science without Literacy: a Ship Without a Sail? », *Cambridge Journal of Education*, vol. 32, 2002, p. 203-218.

OSBORNE, Jonathan, Shirley SIMON et Sibel ERDURAN, « Enhancing the Quality of Argumentation in School Science », communication présentée à la conférence internationale « Ontological, epistemological, linguistic and pedagogical considerations of language and science literacy: empowering research and informing instruction », Victoria (Colombie-Britannique), septembre 2002.

PINTRICH, Paul R., Robert W. MARX et Robert A. BOYLE, « Beyond Cold Conceptual Change: The Role of Motivational Beliefs and Classroom Contextual Factors in the Process of Conceptual Change », *Review of Educational Research*, vol. 63, 1993, p. 167-199.

POSNER, George J., Kenneth A. STRIKE, Peter W. HEWSON et William A. GERTZOG, « Accomodation of a Scientific Conception: Toward a Theory of Conceptual Change », *Science Education*, vol. 66, 1982, p. 211-227.

PROGRAMME INTERNATIONAL POUR LE SUIVI DES ACQUIS DES ÉLÈVES, *À la hauteur : la performance des jeunes du Canada en lecture, en mathématiques et en sciences*, 2001, [En ligne], [http://www.pisa.gc.ca/pisa/brochure_f.shtml] (10 décembre 2001).

PRUNEAU, Diane, et Claire LAPOINTE, « Un, deux, trois, nous irons au bois… L'apprentissage expérientiel et ses applications en éducation relative à l'environnement », *Éducation et francophonie*, vol. 30, no 2, 2002, [En ligne], [http://www.acelf.ca/revue] (12 janvier 2004).

REDDY, Maureen, Patty JACOBS, Caryn McCROHON et Rupert R. HERRENKOHL, *Creating Scientific Communities in the Elementary Classroom*, Portsmouth (New Hampshire), Heinemann, 1998.

RIVARD, Léonard P., « A Review of Writing to Learn in Science: Implications for Practice and Research », *Journal of Research in Science Teaching*, vol. 31, 1994, p. 969-983.

RIVARD, Léonard P., « La langue : outil pour construire son savoir en sciences », *Spectre*, vol. 28, no 1, 1998, p. 32-36.

RIVARD, Léonard P., « Beyond Simply Writing: Argument and Persuasion in the Science Classroom », *The Manitoba Science Teacher*, vol. 43, no 2, 2001, p. 19-24.

RIVARD, Léonard P., et Larry D. YORE, « Review of Reading Comprehension Instruction: 1985-1991 », ERIC Document Reproduction Service, ED354144, 1993.

RIVARD, Léonard P., et Stanley B. STRAW, « The Effect of Talk and Writing on Learning Science: An Exploratory Study », *Science Education*, vol. 84, 2000, p. 566-593.

ROWELL, Patricia M., « Learning in School Science: The Promises and Practices of Writing », *Studies in Science Education*, vol. 30, 1997, p. 19-56.

SAUVÉ, Lucie, *Pour une éducation relative à l'environnement*, Montréal, Guérin, 1994.

SIMICH-DUDGEON, Carmen, « Classroom Strategies for Encouraging Collaborative Discussion », dans Patricia Anne DiCerbo (dir.), *Directions in Language and Education*, n° 12, Washington, National Clearinghouse for Bilingual Education, 1998.

STAPLES, Rebecca, et Russ HESELDEN, « Science Teaching and Literacy, part 1: Writing », *School Science Review*, vol. 83, 2001, p. 35-46.

STRIKE, Kenneth A., et George J. POSNER, « A Revisionist Theory of Conceptual Change », dans Richard Alan Duschl et Richard J. Hamilton (dir.), *Philosophy of Science, Cognitive Psychology, and Educational Theory and Practice*, Albany (New York), State University of New York Press, 1992, p. 147-176.

THE NATIONAL COMMISSION ON MATHEMATICS AND SCIENCE TEACHING FOR THE 21ST CENTURY, *Before It's Tou Late: A Report to the Nation from the National Commission on Mathematics and Science Teaching for the 21st century*, 2000, [En ligne], [http://www.ed.gov/inits/Math/glenn/toolate-execsum.html] (11 décembre 2001).

TYNJÄLÄ, Päivi, Lucia MASON et Kirsti LONKA (dir.), *Writing as a Learning Tool: Integrating Theory and Practice*, Dordrecht (Pays-Bas), Kluwer Academic Publishers, 2001.

VOSNIADOU, Stella, et Christos IOANNIDES, « From Conceptual Development to Science Education: a Psychological Point of View », *International Journal of Science Education*, vol. 20, 1998, p. 1213-1230.

WAGNER, Serge, et Pierre GRENIER, *Analphabétisme de minorité et alphabétisation d'affirmation nationale, à propos de l'Ontario français*, Toronto, ministère de l'Éducation de l'Ontario, 1991.

WELLINGTON, Jerry, et Jonathan OSBORNE, *Language and Literacy in Science Education*, Buckingham (Royaume-Uni), Open University Press, 2001.

WELLS, Gordon, et Gen Ling CHANG-WELLS, *Constructing Knowledge Together: Classrooms as Centers of Inquiry and Literacy*, Portsmouth (New Hampshire), Heinemann, 1992.

YORE, Larry D., « Enhancing Science Literacy for All Students with Embedded Reading Instruction and Writing-To-Learn Activities », *Journal of Deaf Studies and Deaf Education*, vol. 5, 2000, p. 105-122.

DU MATÉRIEL DIDACTIQUE DE SCIENCES CONÇU POUR DES ENSEIGNANTS EN MILIEU FRANCOPHONE MINORITAIRE : MISE À CONTRIBUTION DU POTENTIEL DES ÉTUDIANTS MAÎTRES

Donatille Mujawamariya, Université d'Ottawa
Nicole Lirette-Pitre, Université de Moncton

Au Canada, des études récentes ont montré que les élèves de milieux francophones minoritaires obtiennent de moins bons résultats en sciences que leurs homologues anglophones et que les élèves francophones en milieu majoritaire et qu'ils ont une attitude négative à l'égard des sciences (Bussière, Cartwright, Crocker, Ma, Oderkirk et Zhang, 2001 ; Conseil des ministres de l'Éducation, 1999, 1996). Les quelques chercheurs qui se sont penchés sur la question pour expliquer cette situation (Laplante, 2001a ; Pruneau et Langis, 2000 ; Rivard et Straw, 2000 ; Rivard, 1998) évoquent des facteurs telles la nature de l'apprentissage scientifique et la faiblesse des compétences langagières des élèves des milieux minoritaires. Toutefois, la question de l'enseignement et de l'apprentissage des sciences n'est pas une problématique qui se limite au Canada, encore moins aux milieux francophones minoritaires. Pour faire face aux exigences tant scientifiques que technologiques de la société du XXIe siècle, beaucoup de chercheurs et de praticiens de l'enseignement des sciences, d'ici et d'ailleurs, s'accordent sur un nouveau mot d'ordre : « la science pour toutes et tous ». Parmi les lacunes dont souffrirait l'enseignement des sciences, figurent l'insuffisance de la formation des enseignants en sciences, laquelle entraîne l'insécurité des enseignants face à cette matière, l'insuffisance de matériel de manipulation, l'insuffisance de ressources financières et matérielles, le recours aux méthodes pédagogiques traditionnelles, etc. (voir Pruneau et Langis, 2000). Dans le contexte canadien, en plus de ces facteurs qui nous paraissent communs aux milieux majoritaires et minoritaires, les milieux francophones minoritaires souffrent d'une carence de matériel didactique en sciences et particulièrement d'un matériel didactique en langue française.

Nous explorons ici tout d'abord les raisons qui nous ont conduites à confectionner du matériel didactique pour des enseignants de chimie, en collaboration avec des étudiants en formation des maîtres. Nous examinons certains problèmes et conséquences de l'utilisation de matériel didactique scientifique en langue anglaise chez les futurs enseignants et leurs élèves des milieux minoritaires francophones. Ensuite, nous considérons l'importance du matériel didactique scientifique en langue française et conçu pour ces milieux. En guise d'illustration, nous décrivons le matériel que nous avons mis au point et analysons son utilisation en milieu scolaire francophone minoritaire ainsi que ses effets, à court et moyen termes, sur l'enseignement et l'apprentissage des sciences (chimie) dans une perspective socioconstructiviste.

Contexte francophone minoritaire et enseignement des sciences

Cette contribution tire son origine de l'expérience de l'une des auteures à titre de didacticienne des sciences depuis déjà huit ans. Au cours de ses premières années d'enseignement universitaire, elle était placée devant le dilemme de trouver un matériel d'enseignement en langue française pour ses étudiants, futurs enseignants de sciences au secondaire dans les écoles franco-ontariennes, dont la clientèle ne compte que pour 5 p. 100 de la population étudiante de la province (l'Ontario). Un des cours qui lui est confié « Problématique de l'enseignement des sciences », traite des éléments suivants : « Concepts de base (épistémologie, didactique, stratégies d'enseignement) et historique du développement de l'enseignement des sciences ; approches contemporaines à l'enseignement des sciences ; identification et analyse des principales problématiques ». À l'intérieur du cours, les activités d'enseignement et l'apprentissage consistent en une réflexion historique et critique sur l'enseignement des sciences. Les futurs enseignants cernent les multiples facettes de l'enseignement des sciences, analysent les raisons de cet enseignement et, finalement, se familiarisent avec les diverses manières d'enseigner les sciences. Dans ce processus, les étudiants s'appuient, d'une part, sur les discussions qui ont lieu pendant la leçon sur le contenu du cours et enrichies de leurs expériences personnelles antérieures à l'école et, d'autre part, sur l'analyse critique d'articles scientifiques qui traitent de l'enseignement des sciences. Chaque étudiant doit apporter un article qui ne date pas de plus de cinq ans[1]. À la fin de la session, chaque étudiant présente à ses condisciples (qui doivent commenter et évaluer) une synthèse réflexive dans laquelle il expose et discute sa pratique enseignante de demain. À leur grande surprise, année après année, les étudiants constatent la presque quasi-absence d'écrits scientifiques en français sur la problématique de l'enseignement et de l'apprentissage des sciences qui tiennent compte du contexte local. Il est très rare en effet qu'un étudiant arrive avec un article en français – un par année, sur une moyenne de 12 étudiants inscrits à ce cours. Voici à titre d'exemples les quelques articles sur lesquels ces étudiants ont pu mettre la main, dans le cadre de ce cours : 1) « L'histoire des sciences : un outil pour l'enseignement des sciences », *Vie pédagogique*, 1993, n° 84, p. 45-48 ; 2) « Comment humainement enseigner les sciences ? », *Spectre*, avril-mai 1996, p. 10-17 ; 3) « La formation scientifique : une composante essentielle de l'éducation des jeunes », *Spectre*, 1997, p. 14-20 ; 4) « La résolution des problèmes comme recherche : une contribution au paradigme constructiviste de l'apprentissage des sciences », *ASTER*, 1994, n° 19, p. 87-99 ; 5) « La langue : outil pour construire son savoir en sciences », *Spectre*, 1998, vol. 28, n° 1, p. 32-36 ; 6) « Le constructivisme en didactique des sciences : dilemmes et défis », *Éducation et francophonie*, vol. 25, n° 1, 1997) ; 7) « Les classes villette : exploitation pédagogique de la Cité des sciences et de l'Industrie », *Éducation et pédagogies*, 1992, p. 62-68 ; 8) « Problématique de l'apprentissage et de l'enseignement des sciences au secondaire : un état de la question », *Revue des sciences de l'éducation*, 1994, vol. 20, n° 4, p. 657-677. Comme on peut le constater, plus de la moitié de ces articles, cinq sur huit, proviennent des revues de vulgarisation telles que *Spectre*, *Vie pédagogique* et *Éducation et pédagogies*. Rares sont donc les articles récents qui portent sur des données empiriques. Ce problème ne se pose pas lorsqu'on se tourne vers des publications en langue anglaise. Au chapitre de la recherche effectuée en français, la problématique de l'enseignement des sciences fait donc piètre figure.

Sans devoir nous étendre longuement sur cette triste réalité, il n'est un secret pour personne que l'anglais est aujourd'hui la langue des sciences. Trouver du matériel didactique de sciences en langue française, et du matériel de bonne qualité, semble un défi de taille pour les enseignants œuvrant en milieu minoritaire (Bussière *et al.*, 2001). La plupart du temps, lorsqu'il existe, ce matériel est une traduction de l'anglais au français, ce qui comporte une série de problèmes, entre autres le manque de fidélité au contenu et l'inexactitude de la terminologie surtout lorsqu'il s'agit de la nomenclature des formules chimiques. À ce sujet, les manuels de chimie 11e (traduit par Charbonneau, Lapalme et Riendeau, 2002) et 12e (traduit par Courteau et Fluet, 2003) utilisés dans les écoles francophones de l'Ontario sont tous deux des traductions de l'anglais au français. Nos étudiants ont fait face à cette triste réalité dans leur cours de didactique de la chimie, cours dans lequel ils sont invités à concevoir ou à adapter des protocoles expérimentaux et à préparer des scénarios de cours pour leurs futurs élèves en chimie. L'utilisation du matériel didactique traduit d'une langue à l'autre entraîne des conséquences néfastes chez l'élève. Celles-ci se manifestent par un sentiment de dévalorisation des contributions de sa communauté au patrimoine scientifique, la baisse de l'estime de soi, le manque d'intérêt et de confiance en sciences, des échecs ou des faibles résultats lors des évaluations et des compétitions de tout genre, l'impossibilité d'envisager de poursuivre des études poussées ou des carrières en sciences, les élèves n'ayant pas la formation de base nécessaire (Duran, Dugan et Weffer, 1998 ; Levasseur-Ouimet, 1994 ; Masny, 2001 ; Pruneau et Langis, 2000). Les conséquences chez l'enseignant pourraient se traduire par un certain désintérêt à l'égard de l'enseignement des sciences, un investissement en temps et en énergie exagéré pour l'adaptation du matériel, une réduction du temps investi dans la qualité des interventions avec les élèves, un enseignement de piètre qualité (Bureau de la minorité de langue officielle, 1999 ; Fradd et Okee, 1999 ; Fradd, Okee, Sutman et Saxton, 2001 ; Laplante, 2001b ; Spurlin,1995). Ce sont entre autres ces problèmes qui nous ont poussées à construire du matériel didactique en chimie, avec l'aide des futurs enseignants de chimie dans les écoles franco-ontariennes.

Mais pourquoi accordons-nous autant d'importance à du matériel didactique de sciences dans la langue d'usage des élèves ? Nous croyons, à l'instar d'autres chercheurs et enseignants de sciences, que la langue est un outil pour construire son savoir en sciences (Duran, Dugan et Weffer, 1998 ; Lemke, 1990 ; Rivard, 1998). La science étant elle-même une construction, elle véhicule en elle les valeurs du contexte social qui lui a donné naissance. Un matériel didactique conçu en langue française pour et par les milieux francophones concernés ne peut que tenir compte des réalités locales auxquelles les élèves pourraient facilement s'identifier. C'est dans leurs propres mots qu'ils peuvent accéder au langage scientifique (Laplante, 2001a ; Lemke, 1990 ; Pruneau et Langis, 2000). Et quoi de mieux que de mettre à contribution les futurs enseignants dans la confection d'un matériel didactique, dont les conceptions influent sur l'apprentissage chez leurs élèves (Beeth, 1998 ; Schoon et Boone, 1998). Dans ce sens, notre initiative s'apparente à une recherche-action selon Ley (1979), pour qui le projet de recherche-action veut élargir la conscience collective en vue de rendre possible le changement social. Ainsi que renchérit Auclair (1980), les activités de recherche-action améliorent la qualité de l'information et le jugement critique :

> Le terme de recherche-action est employé pour désigner une méthodologie susceptible de permettre aux individus de s'informer sur le milieu dans lequel ils vivent et sur eux-mêmes ; de diffuser la bonne information qui les amènera à penser correctement, de faire appel à leur sens […] pour qu'ils découvrent des solutions originales à leurs problèmes quotidiens.

Dans le cas qui nous intéresse, ces activités de recherche font partie intégrante des activités de formation.

Construction d'un matériel didactique en chimie : mise à contribution du potentiel des étudiants maîtres

L'aventure commence en 2000. L'auteure qui l'a amorcée en était alors à sa cinquième année d'enseignement universitaire. Comme on peut le lire dans l'annuaire du programme de formation à l'enseignement (Université d'Ottawa, 2003), le cours « Didactique de la chimie au cycle supérieur » consiste, d'une part, en une analyse détaillée des programmes-cadres en sciences et plus particulièrement en chimie au cycle supérieur et, d'autre part, en la préparation d'unités au cycle supérieur (11e-12e/ CPO[2], cours préuniversitaires de l'Ontario). À partir de cette description de cours, nous avons formulé les objectifs généraux en fonction d'activités pédagogiques qui permettraient à l'étudiant maître de s'imprégner des programmes de sciences – en particulier des programmes de chimie – en vigueur dans les écoles francophones de l'Ontario[3] ; de découvrir différentes ressources pédagogiques adaptées à un enseignement adéquat de la chimie au cycle supérieur ; de s'approprier les différentes approches contemporaines de l'enseignement des sciences (chimie) ; d'être sensibilisé à son rôle déterminant de futur enseignant de chimie ; enfin de développer sa réflexion critique à l'égard de l'enseignement de la chimie en milieu minoritaire francophone.

De façon spécifique, pour ce qui est des programmes-cadres, il est prévu une analyse des programmes de sciences et de chimie proposés par le Ministère (MEO) et des documents d'appui correspondants, la mise en œuvre [sur le plan théorique] ainsi que l'évaluation de ces programmes. Pour ce qui est des ressources pédagogiques, le cours consiste à déterminer les moyens pédagogiques dont peut disposer l'enseignant de chimie dans sa pratique, dans les écoles franco-ontariennes. De plus, le cours est conçu de façon à amener le futur enseignant à tenir compte du quotidien de ses futurs élèves. D'où la nécessité de l'intégration ou du rapprochement des courants modernes en enseignement des sciences au cours de chimie. Parmi ces courants figurent l'histoire des sciences, les représentations, les relations science-technologie-société-environnement/STSE, les sciences et les cultures, les femmes et les sciences ; nous en analysons d'ailleurs les incidences pédagogiques et la mise en œuvre en salle de classe de chimie. Bref, il s'agit des stratégies et des moyens à utiliser dans l'enseignement de la chimie conformément à ces théories modernes de l'apprentissage et en fonction des besoins diversifiés des élèves, compte tenu de leurs valeurs individuelles et culturelles. C'est ce qui justifie l'orientation pédagogique socioconstructiviste qui sous-tend ce cours. Le futur enseignant est appelé à tenir compte du bagage de l'élève francophone de l'Ontario, car si tous « les élèves apprennent et comprennent en donnant un sens qui leur est propre à une expérience, en rattachant une nouvelle expérience à leurs idées antérieures et en modifiant leurs idées par confrontation avec celles de leurs camarades » (Pruneau et Langis, 2000, p. 7), les élèves franco-ontariens constituent une clientèle unique, d'où l'importance de préparer les futurs enseignants en conséquence.

La perspective dans laquelle s'inscrit ce cours de didactique de la chimie s'éloigne considérablement de celle qui consiste à présenter aux candidats un ensemble de recettes, un « prêt-à-porter » scientifique en toute occasion. Elle laisse plutôt une grande place aux préoccupations pratiques liées directement aux besoins et aux intérêts de chacun des étudiants maîtres en fonction des élèves qui vivent en milieu minoritaire francophone, en particulier en Ontario. Ainsi, l'intervention pédagogique est principalement axée sur la participation active (implication) de l'étudiant maître tandis que quelques exposés interactifs servent d'introduction aux différents concepts à l'étude ou de synthèse des discussions faites sur lesdits concepts. C'est dans cette même perspective que sont conçues les activités d'évaluation dont est issu le matériel didactique qui fait l'objet de présent article. Parmi ces activités, on trouve un travail sur une *étude d'expériences de chimie* et un autre sur la *préparation d'un cours*.

Le premier travail consiste à préparer une séance de laboratoire au complet, afin de mettre en évidence les habiletés que développe l'élève franco-ontarien, au cours de sa formation, lors des expériences effectuées en chimie. Cinq étapes sont suggérées : 1) prélaboratoire ; 2) directives aux élèves (mode opératoire et cahier de bord) ; 3) jeu questionnaire ; 4) feuille de route de l'enseignant ; 5) critères d'évaluation du laboratoire. Pour chacune de ces étapes, le futur enseignant doit veiller à ce que chaque élève ait l'occasion de prendre une part active à son apprentissage et réinvestisse ses connaissances de la vie quotidienne afin de s'approprier les connaissances dites scientifiques (Kennedy, 2004 ; Pruneau et Langis, 2000). Quant au deuxième travail, il est ainsi formulé : « Pour une unité d'enseignement (de ton choix) d'un des programmes-cadres de chimie cycle supérieur, planifier, préparer et présenter une leçon. Le travail pourrait être effectué selon les quatre étapes suivantes : 1) planification complète (objectifs, ressources, stratégies d'enseignement et d'apprentissage, évaluation des apprentissages de l'élève ; 2) préparation de la démonstration (s'il y a lieu) ; 3) matériel de montage (s'il y a lieu) ; 4) notes de cours à l'intention des élèves ». Encore une fois, le futur enseignant est appelé à donner une grande place à l'élève dans son apprentissage. C'est pourquoi nous insistons beaucoup sur la créativité au moment de l'évaluation de la leçon, lorsque l'étudiant maître rend compte de son travail au groupe-classe. Créativité signifie, d'une part, la nouveauté des formules pédagogiques, de préférence celles qui permettent à l'élève de prendre part à son apprentissage en confrontant ses idées à celles de ses camarades de classe et, d'autre part, l'originalité des exemples et des idées apportées faisant appel au quotidien de l'élève (Kennedy, 2004 ; Pruneau et Langis, 2000).

Ces deux travaux exigent non seulement une implication individuelle mais aussi une implication collective, dans la mesure où le produit de chaque étudiant maître est présenté oralement au groupe-classe qui a la responsabilité de le commenter, de suggérer des améliorations à y apporter et de l'évaluer selon une grille conçue et adaptée à chacun des travaux. À travers l'évaluation par les pairs, l'étudiant maître reçoit une rétroaction à la fois sur le contenu scientifique et sur sa capacité de communiquer ce contenu, en tenant compte des réalités de sa clientèle, c'est-à-dire les élèves de 11e et de 12e années. Bien qu'inspirées d'autres ressources existantes, les ressources pédagogiques conçues dans ce cours sont une contribution originale, car elles tiennent compte des besoins, des intérêts et des préoccupations d'une clientèle francophone minoritaire : celle de l'Ontario à laquelle elles sont justement destinées. Par cette implication collective, nous cherchons à mettre les étudiants maîtres dans une situation d'échange, de partage et de collaboration qui, comme le soulignent plusieurs auteurs (Beeth, 1998 ; Jobin, 2004 ; Kennedy, 2004 ; Pouliot, 2004 ; Pruneau et Langis, 2000 ; Rivard, 1998), favorise une meilleure compréhension des concepts scientifiques chez l'apprenant.

Barth (1993) soutient quant à lui que le processus d'enseignement-apprentissage doit être assujetti à cinq conditions : rendre le savoir accessible, exprimer le savoir dans une forme concrète, engager l'apprenant dans un processus d'élaboration de sens, guider le processus de construction de sens, et préparer au transfert des connaissances et à la capacité d'abstraction. Ces conditions, qui privilégient la construction du savoir scientifique chez l'apprenant, ne peuvent pas être réunies si ce dernier n'a pas la possibilité d'explorer des connaissances qui ont une signification pour lui (Beeth, 1998 ; Kennedy, 2004). D'où la nécessité de disposer d'un matériel didactique adapté aux réalités des élèves (Barab et Luehmann, 2003), qui soit en particulier dans leur langue d'usage (Duran, Dugan et Weffer, 1998). Comme tous ces étudiants maîtres ont vécu l'expérience du cours « Problématique de l'enseignement des sciences » où plus de 90 p. 100 du matériel didactique pertinent est en anglais, leur préoccupation est de prendre une longueur d'avance afin de s'assurer d'offrir à leurs élèves de meilleures perspectives d'avenir dans leur langue d'usage, le français.

Conscients des défis qui les attendent une fois dans les écoles, les étudiants maîtres[4] ont discuté de la possibilité de mettre sur pied un système qui leur permettrait d'avoir accès au matériel de chacun des condisciples intéressés, matériel qu'ils avaient contribué à améliorer par leurs remarques et suggestions au moment de sa présentation au groupe-classe (Kennedy, 2004). De la version papier, nous sommes vite passés à une version électronique sur disquette et finalement à la création d'un cédérom. Toutefois, nous avons dû procéder au triage du matériel confectionné pour nous assurer de ne retenir que les activités qui présentent un défi pour les élèves et qui répondent dans une certaine mesure aux conditions énoncées par Barth (1993).

Description du matériel didactique : expériences de laboratoire et leçons théoriques

Le matériel didactique que nous proposons consiste en une série d'expériences de laboratoire et de leçons théoriques portant sur les différents cours de chimie offerts dans les écoles francophones de l'Ontario. Ces activités s'inscrivent dans une perspective socioconstructiviste, dans la mesure où elles ont été conçues en vue de permettre à l'enseignant de s'assurer que l'élève participe à son apprentissage en tenant compte des conceptions initiales de celui-ci, conceptions que l'élève confronte à celles de ses condisciples. Nous allons d'abord présenter les expériences de laboratoire suivies des leçons théoriques qu'on trouve sur ce cédérom. Nous traiterons ensuite de quelques aspects techniques du matériel élaboré.

Les expériences de laboratoire

Au tableau 1, nous présentons les différents cours de chimie et les titres des expériences de laboratoire que nous avons retenues parce qu'elles respectent l'approche socioconstructiviste de l'enseignement des sciences. Toutes les expériences de laboratoire sont accompagnées d'une description de l'expérience et d'une série de documents pour l'enseignant et pour l'élève. La description se trouve sur la première page et donne des indications sur la durée de l'expérience, les attentes et les objectifs de l'expérience, l'approche pédagogique proposée, les préalables et les ressources suggérées (livres, sites Web, etc.) pour approfondir la théorie. Nous trouvons aussi un aménagement du temps proposé qui vise à aider l'enseignant dans sa gestion du temps et des liens hypertextes permettant de consulter les divers documents d'accompagnement inclus dans le cédérom. Dans les documents d'accompagnement à l'usage de l'enseignant, il y a, entre autres, une liste du matériel, une description des activités d'enseignement, des notes de cours, des jeux questionnaires, des grilles d'observation des comportements des élèves au laboratoire[6] et les corrigés des exercices ou des jeux questionnaires. La série de documents d'accompagnement destinés à l'élève comprend les consignes de sécurité, le protocole expérimental, les activités préalables et postérieures à l'expérimentation, un exemple du tableau d'observation et du cahier de laboratoire.

Tableau 1

Cours de chimie offerts par les écoles francophones de l'Ontario et expériences de laboratoire élaborées pour chacun de ces cours

Cours de chimie	Expériences de laboratoire
11ᵉ générale (SCA3G)	– Les acides et les bases – La conductivité et la solubilité
11ᵉ avancée (SCH3A)	– La formule d'un hydrate – L'effet de la température sur la solubilité des solides
11ᵉ préuniversitaire (SCH3U)	– La courbe de solubilité du chlorure de potassium – L'élaboration des courbes de solubilité – Les réactions chimiques – Le titrage d'une pastille antiacide – La constante des gaz parfaits : trois expériences
12ᵉ précollégiale (SCH4C)	– La concentration d'acide acétique dans le vinaigre – Le pourcentage de rendement – Les piles électrochimiques
12ᵉ préuniversitaire (SCH4U)	– La production du Plexiglas – L'estérification – À la découverte du béton – La chaleur de réaction et la calorimétrie – Le principe de Le Châtelier – La galvanoplastie (ou placage)

Les leçons théoriques

Au tableau 2, nous indiquons les différents cours de chimie et les titres des leçons qui ont été préparées pour chacun des cours. Comme pour les expériences, chaque leçon est assortie d'une description et de documents d'accompagnement. La description est semblable à celle des expériences. Toutefois, les documents d'accompagnement diffèrent. La série de documents destinés à l'usage de l'enseignant comporte les descriptions des activités d'enseignement, les notes de cours, les jeux questionnaires, les grilles d'évaluation des activités des élèves et les corrigés des exercices et des devoirs, susceptibles d'être ajustés pour permettre à l'enseignant d'adapter le cours aux réalités de l'élève. Les documents de l'élève comprennent les notes de cours, les exercices, les activités d'apprentissage, etc.

Tableau 2

Cours de chimie offerts et leçons théoriques retenues pour chacun des cours

Cours de chimie	Leçons théoriques
11e générale (SCA3G)	– L'industrie et la société
11e avancée (SCH3A)	– Les lois des gaz – Les calculs chimiques (réactif limitant)
11e préuniversitaire (SCH3U)	– Le concept de la mole
12e précollégiale (SCH4C)	– La stœchiométrie et les équations chimiques – La mole – Les groupements fonctionnels – Le principe de la distillation – La notation de Lewis
12e préuniversitaire (SCH4U)	– La spectroscopie – Les groupements fonctionnels – Les polymères – Les changements d'énergie – Les piles galvanique et électrolytique

Aspects techniques

Afin de simplifier l'utilisation du matériel didactique pour les enseignants, nous avons choisi de programmer tout le matériel en HTML (hypertext markup language) ou sous forme de page Web. Cette façon de procéder réduit le nombre de logiciels dont on aurait besoin autrement afin d'utiliser ce matériel. Le seul logiciel nécessaire est un navigateur Internet – Microsoft Explorer, Netscape ou autre. Par conséquent, le matériel est compatible avec les microordinateurs PC (IBM) et Macintosh. De plus, nous avons évité de recourir à une programmation complexe nécessitant des plugiciels ; nous avons ainsi rendu notre matériel compatible avec les nouveaux aussi bien qu'avec les anciens microordinateurs, en tenant compte du fait que les écoles en milieu minoritaire ont souvent des budgets très restreints pour l'équipement informatique (Bureau de la minorité de langue officielle, 1999 ; IsaBelle, 2002 ; Laplante, 2001b). C'est dans cette optique que nous avons choisi de distribuer le matériel sous forme de cédérom au lieu de l'afficher sur Internet. La plupart des expériences de laboratoire et des leçons théoriques sont en lien avec des sites Web de langue française pertinents. Ces ressources peuvent enrichir l'enseignement de la chimie et servir d'aide à l'apprentissage. De plus, certains de ces sites Web offrent des animations simples pour expliquer des concepts difficiles à visualiser pour les élèves. Nous sommes conscientes, tout comme l'a souligné IsaBelle (2002), que ce ne sont pas tous les enseignants qui ont le temps d'explorer Internet afin d'y trouver des sites intéressants et pertinents pour les élèves. Nous espérons donc leur avoir facilité la tâche et souhaitons que ces liens leur soient utiles.

Effets du matériel didactique élaboré sur l'enseignement et sur l'apprentissage par les élèves en sciences, et exemples d'activités

Le matériel didactique construit peut être utilisé par les enseignants pour la préparation de cours. Les expériences de laboratoire et les leçons théoriques offrent des ressources nécessaires à la présentation et l'évaluation de la leçon ou de l'expérience. Plus particulièrement, ce matériel sert d'exemples d'activités de sciences en langue française qui permettent à l'élève de prendre part à son propre apprentissage. Cela est d'autant plus utile que les enseignants et futurs enseignants sont davantage préoccupés par le contenu à transmettre (Mujawamariya, 2004 ; Pruneau et Langis, 2000) alors que les élèves recherchent des activités qui leur permettent de problématiser les conditions de production du savoir afin de se bâtir un rapport distancié/critique au savoir scientifique (Pouliot, 2004). Or cela n'est possible que si l'élève est placé au centre de son apprentissage grâce à des activités qui favorisent la discussion et la résolution de problèmes, et ce, en collaboration avec ses condisciples, de préférence (Duran, Dugan et Weffer, 1998 ; Kennedy, 2004).

C'est ce que nous avons voulu faire avec nos étudiants maîtres en espérant qu'ils fassent de même avec leurs futurs élèves (Beeth, 1998 ; Schoon et Boone, 1998). Les travaux réalisés ont été apportés en classe pour discussion et suggestions, ce qui a ainsi permis à chaque étudiant maître de confronter son savoir non seulement au savoir scientifique, mais également à celui de ses condisciples (Duran, Dugan et Weffer, 1998 ; Kennedy, 2004 ; Mujawamariya et Guilbert, 2002 ; Pruneau et Langis, 2000). Les deux exemples qui suivent illustrent comment l'élève sera appelé à participer à son propre apprentissage lors de la mise en œuvre de ces activités. L'une des caractéristiques de ce matériel est qu'il a été conçu pour un enseignement de la chimie qui tienne compte du quotidien de l'élève, donc de ses conceptions initiales. Les deux exemples portent sur l'élaboration de courbes de solubilité, d'une part, et la découverte du béton, d'autre part. Chacune de ces expériences propose une mise en situation et des activités de préexpérimentation invitant l'élève à puiser dans ses connaissances personnelles (Beeth, 1998 ; Kennedy, 2004).

Exemple 1 : Mise en situation de l'expérience sur l'élaboration de courbes de solubilité

Tu viens d'accepter un poste comme scientifique au sein de l'équipe de développement des nouveaux produits alimentaires pour la compagnie President's Choice. Épaté par tes résultats scolaires en chimie, Dave Nichols te confie le dossier d'un nouveau produit qu'il considère très prometteur : le chocolat chaud instantané à la saveur de chocolat extra riche ! Ta première tâche consiste à élaborer le mode d'emploi qui apparaîtra sur l'étiquette. Tu dois donc déterminer la quantité maximale de poudre au chocolat qui peut être dissoute dans une tasse d'eau bouillante afin de maximiser la saveur.

1. À partir du problème mentionné dans la mise en situation, formule une hypothèse sur la relation de cause à effet.

Pour t'aider à formuler l'hypothèse, réponds aux questions suivantes :

a. Dans le contexte de cette expérience, quel est l'effet que nous cherchons à observer ?
b. Quelle est la cause que nous cherchons à vérifier en effectuant l'expérience ?

2. Compose une phrase mettant en relation la cause et l'effet signalés ci-dessus.

Les critères d'évaluation sont les suivants :

a. la présence de la variable indépendante ;
b. la présence de la variable dépendante ;
c. la présence de la variable contrôlée ;
d. la qualité du français.

Hypothèse :

3. Souligne d'un trait plein la variable dépendante, encadre la variable indépendante et souligne d'un trait brisé la variable contrôlée.

4. Fais une prévision de l'allure de la courbe de solubilité tel que cela a été indiqué dans l'introduction du protocole d'expérimentation.

Exemple 2 : Mise en situation de l'expérience sur la découverte du béton

Ton meilleur ami habite dans une vieille maison qu'il adore et pour rien au monde il ne voudrait déménager. Sa maison tombe en ruine, elle a besoin de travaux majeurs. Il doit commencer par les fondations et les escaliers de l'entrée qui sont pleins de fissures. Il faut faire des réparations au béton. Trois entrepreneurs lui proposent un devis. Ils ont l'air sérieux tous les trois, leurs tarifs sont raisonnables et très similaires. Ils lui ont remis chacun un échantillon du mortier (mini-béton) avec lequel ils vont faire leur réparation ainsi que sa composition. Ton ami a bien du mal à choisir. Le seul critère de choix qui lui semble pertinent est la qualité du béton. Sachant que tu as des connaissances en chimie et que tu as la passion des sciences, il te propose de faire une étude pour tester les trois échantillons de béton afin de choisir celui qui est le meilleur. Avec ravissement, tu te lances dans ce travail.

Avant l'expérience, les élèves participent d'abord à une discussion sur les questions suivantes :

1. Qu'est ce que le béton ?
2. Qu'est ce que le ciment ?
3. Qu'est ce qui fait qu'un béton est bon ou mauvais ?

Bien que chacune de ces activités soit formulée de façon à permettre à l'élève d'être au centre de l'activité, il serait préférable que l'enseignant permette aux élèves de travailler en collaboration, en équipe de trois ou quatre. Comme le spécifient Kennedy (2004) et Beeth (1998) et renchérissent Duran, Dugan et Weffer, « For instruction to be effective, teachers and students need a way to share meanings » (1998 : 339). Par ailleurs ces activités présentent un autre avantage pour l'élève dans la mesure où elles utilisent des technologies d'information et de la communication (TIC). En effet, les recherches ont déjà montré que lorsque les TIC sont utilisées comme appui à l'apprentissage dans une classe où l'enseignant privilégie des approches socioconstructivistes, elles ont un effet positif sur l'apprentissage (IsaBelle, 2002 ; Ungerleider et Burns, 2002 ; Watson, 2001 ; Weller, 1996). Pour tirer profit du matériel didactique mis au point pour l'enseignement et l'apprentissage de la chimie, nous suggérons que l'enseignant utilise les leçons théoriques et les expériences de laboratoire, mais qu'il mette également le cédérom à la disposition des élèves. Ceux-ci pourront participer pleinement à leur apprentissage en explorant le matériel à leur disposition, en se livrant aux exercices et aux jeux questionnaires et en s'autoévaluant.

Conclusion

Nous voulons rappeler que ce matériel a été conçu pour répondre, dans une certaine mesure, à une carence de matériel pour l'enseignement des sciences en langue française dans les milieux francophones minoritaires. Pour ce faire, les futurs enseignants inscrits à un cours de didactique de la chimie, du programme de formation initiale, secteur francophone, de l'Université d'Ottawa, ont pris part à un processus de recherche-action, sur une période de quatre ans (2000-2003), dans leurs travaux d'évaluation requis pour ce cours. Les activités (expériences de laboratoire et cours théoriques portant sur le programme d'études de chimie de 11e-12e/CPO) présentent sur le cédérom ont été retenues en fonction de leur caractère socioconstructiviste. Enfin, nous avons présenté de façon succincte deux activités : la première sur l'élaboration de courbes de solubilité et la deuxième sur la découverte du béton.

Par ces deux exemples, nous avons voulu illustrer le fait qu'en partant de ce que les élèves sont capables de faire avec la langue, il est possible de prendre en compte les représentations qu'ils entretiennent au sujet du savoir scientifique (Laplante, 2001a), ce qui est le but ultime du matériel créé. Ainsi en « parlant sciences » dans leurs propres mots, ils « apprendraient en sciences » (Lemke, 1990) et comme l'a souligné Gambell (1987), c'est par l'intermédiaire du langage que nous développons la plupart de nos apprentissages de nature conceptuelle. En ce sens, nous avons construit cet outil en vue de contribuer à la résolution d'un problème crucial : celui de l'absence de matériel d'enseignement de sciences qui tient compte de la culture des enseignants et des élèves ; un apport si minime soit-il à une programmation de qualité en français qui, comme l'atteste Masny, « crée le contexte pour que les élèves puissent avoir un rendement scolaire supérieur et se construire une identité forte dans le cadre de leur vécu quotidien et d'une éducation ouverte sur le monde » (2001, p. 24). Nous espérons, au moyen de cet outil, alléger la tâche de l'enseignant et stimuler l'enthousiasme de certains enseignants à enseigner la chimie ainsi que donner le goût aux élèves de suivre des cours de sciences, en particulier des cours de chimie.

NOTES

1. Nous sommes de ceux et celles qui croient que la recherche alimente l'enseignement et vice versa. D'où l'importance de tenir compte de l'évolution récente de la recherche sur l'enseignement des sciences dans notre pratique enseignante.

2. Le CPO, qui correspondait à une treizième année, a été aboli. La dernière promotion a fini en 2003.

3. Il existe un équivalent de ce cours destiné aux futurs enseignants de sciences des écoles anglophones de l'Ontario.

4. Nous voulons remercier chacun et chacune des étudiants maîtres qui ont volontairement accepté de s'adonner à cet exercice. Nous leur devons ce matériel et cette publication.

5. Pour la plupart de ces activités, le titre ne semble pas nécessairement révélateur, car il correspond tout simplement à l'unité du programme cadre. C'est plutôt dans le contenu qu'il faut chercher sa pertinence et son lien avec l'approche socioconstructiviste.

6. Cet aspect a semblé le plus difficile pour les étudiants, car, selon leur propre expérience d'élève, le rapport de laboratoire est la seule formule permettant d'évaluer le laboratoire. Alors que le rapport de laboratoire est centré sur des aspects quantitatifs, les grilles d'observation des comportements mettent davantage l'accent sur les aspects qualitatifs, qui sont de l'ordre du processus plus que de l'ordre du produit. (Thouin, 1997).

BIBLIOGRAPHIE

AUCLAIR, René, « La recherche-action remise en question », *Service social*, vol. 29, n°s 1-2, 1980, p. 182-190.

BARAB, Sasha Alexander, et April Lynn LUEHMANN, « Building Sustainable Science Curriculum: Acknowledging and Accommodating Local Adaptation », *Science Education*, vol. 87, n° 4, 2003, p. 454-467.

BARTH, Britt-Mari, *Le savoir en construction : former à une pédagogie de la compréhension*, Paris, Retz, 1993.

BEETH, E. Michael, « Teaching Science in Fifth Grade: Instructional Goals that Support Conceptual Change », *Journal of Research in Science Teaching*, vol. 35, n° 10, 1998, p. 1091-1101.

BUREAU DE LA MINORITÉ DE LANGUE OFFICIELLE, *Pour une égalité des résultats : une réparation des manquements du passé et une équivalence des services éducationnels*, Régina, Bureau de la minorité de langue officielle, 1999.

BUSSIÈRE, Patrick, Fernando CARTWRIGHT, Robert CROCKER, Xin MA, Jillian ODERKIRK et Yanhong ZHANG, *À la hauteur : la performance des jeunes du Canada en lecture, en mathématiques et en sciences : étude PISA de l'OCDE : premiers résultats pour les Canadiens de 15 ans*, Ottawa, Développement des ressources humaines Canada, Conseil des ministres de l'Éducation (Canada) et Statistique Canada, 2001.

CHARBONNEAU, Jeanne, René LAPALME et Jean-Luc RIENDEAU, Traduction de *Chemistry 11* de Mustoe Franck *et al.*, Montréal, Chenelière/McGraw-Hill, 2002.

CONSEIL DES MINISTRES DE L'ÉDUCATION (Canada), *Évaluation en sciences : Programme d'indicateurs du rendement scolaire*, Toronto, le Conseil, 1996.

CONSEIL DES MINISTRES DE L'ÉDUCATION (Canada), *Évaluation en sciences : Programme d'indicateurs du rendement scolaire*, Toronto, le Conseil, 1999.

COURTEAU, Louis, et Alain FLUET, Traduction de *Chemistry 12* de Mustoe Franck et coll. Montréal, Chenelière/McGraw-Hill, 2003.

DURAN, J. Bernardine, Therese DUGAN et Rafaela WEFFER, « Language Minority Students in High School: The Role of Language in Learning Biology Concepts », *Science Education*, vol. 82, 1998, p. 311-341.

FRADD, Sandra H., Lee OKEE, Francis X. SUTMAN et Kim SAXTON, « Promoting Science Literacy with English Language Learners through Instructional Materials Development: A Case Study », *Bilingual Research Journal*, vol. 25, n° 4, 2001, [En ligne], [http://brj.asu.edu/content/vol25_no4/html/art5.htm] (21 mai 2004).

FRADD, Sandra H., et Lee OKEE, « Teachers' Roles in Promoting Science Inquiry with Students from Diverse Language Backgrounds », *Educational Researcher*, vol. 28, n° 6, 1999, p. 14-20.

GAMBELL, Trevor, *Communication across the Curriculum*, Regina, Saskatchewan Education, 1987.

ISABELLE, Claire, *Regard critique et pédagogique sur les technologies de l'information et de la communication*, Montréal, Chenelière/McGraw-Hill, 2002.

JOBIN, Bernard, « Controverse sociotechnique et bien commun : les points de vue », communication présentée au 72e Congrès de l'ACFAS, Université du Québec à Montréal, mai 2004.

KENNEDY, M. E. Margaret, « Meaning-Making in the Elementary Science Classroom through Collaboration », *Rapport intérimaire*, Université d'Ottawa, Faculté d'éducation, 2004.

LAPLANTE, Bernard, « Apprendre en sciences, c'est apprendre à parler sciences : des élèves de sixième année apprennent à parler des réactions chimiques », dans Diana Masny (dir.), *La culture de l'écrit : les défis à l'école et au foyer*, Outremont, Éditions Logiques, 2001a, p. 105-141.

LAPLANTE, Bernard, « Enseigner en milieu minoritaire : histoires d'enseignantes œuvrant dans les écoles fransaskoises », *Revue des sciences de l'éducation*, vol. 27, n° 1, 2001b, p. 127-150.

LEMKE, Jay L., *Talking Science: Language, Learning, and Values*, Norwood, Oxford University Press, 1990.

LEVASSEUR-OUIMET, France, *Les besoins éducatifs particuliers des élèves francophones vivant en milieu minoritaire*, Edmonton, Faculté Saint-Jean, Université d'Alberta, 1994.

LEY, Katharina, *Le statut scientifique de la recherche-action. Premiers propos pour un débat*, Neuchâtel, Institut de recherche et de documentation pédagogique (IRDP), 1979.

MASNY, Diana, « Pour une pédagogie axée sur les littératies », dans Diana Masny (dir.), *La culture de l'écrit : les défis à l'école et au foyer*, Outremont, Les Éditions Logiques, 2001, p. 15-25.

MUJAWAMARIYA, Donatille, « Problématique de l'enseignement des sciences : les attentes de futurs enseignants du secondaire », communication présentée au 72e Congrès de l'ACFAS, Université du Québec à Montréal, mai 2004.

MUJAWAMARIYA, Donatille, et Louise GUILBERT, « L'enseignement des sciences dans une perspective constructiviste : vers l'établissement du rééquilibre des inégalités entre les sexes en sciences », *Recherche féministe*, vol. 15, n° 1, 2002, p. 25-45.

POULIOT, Chantal, « Le rapport au savoir, un indicateur des positions d'étudiantes à propos de controverses sociotechniques et de ceux qui en sont réputés par les expertes et les experts », communication présentée au 72e Congrès de l'ACFAS, Université du Québec à Montréal, mai 2004.

PRUNEAU, Diane, et Joanne LANGIS, « L'enseignement et l'apprentissage des sciences en milieu minoritaire : défis et possibilités », communication présentée au Colloque pancanadien sur la recherche en éducation en milieu francophone minoritaire : bilan et prospectives, Université de Moncton, novembre 2000.

RIVARD, Léonard P., « La langue : outil pour construire son savoir en sciences », *Spectre*, vol. 28, n° 1, 1998, p. 32-36.

RIVARD, Léonard P., et Stanley B. STRAW, « The Effect of Talk and Writing on Learning Science: An Exploratory Study », *Science Education*, vol. 84, n° 5, 2000, p. 566-593.

SCHOON, J. Kenneth, et J. William BOONE, « Self-Efficacy and Alternative Conceptions of Science of Elementary Teachers », *Science Education*, vol. 82, 1998, p. 553-568.

SPURLIN, Quincy, « Making Science Comprehensible for Language Minority Students », *Journal of Science Teacher Education*, vol. 6, n° 2, 1995, p. 71-78.

THOMAS, Gregory P., « Toward Effective Computer Use in High School Science Education: Where to from Here ? », *Education and Information Technologies*, vol. 6, n° 1, 2001, p. 29-41.

THOUIN, Marcel, *La didactique des sciences de la nature au primaire*, Québec, Les Éditions MultiMondes, 1997.

UNIVERSITÉ D'OTTAWA, *L'annuaire du programme de formation à l'enseignement*, Ottawa, Université d'Ottawa, 2003.

UNGERLEIDER, Charles S., et Tracey C. BURNS, *Les technologies de l'information et des communications dans l'enseignement primaire et secondaire : une étude approfondie*, communication présentée au Pan-Canadian Education Research Agenda Symposium on Information Technology and Learning, Montréal, du 30 avril au 2 mai 2002.

WATSON, Deryn M., « Pedagogy before Technology: Re-Thinking the Relationship between ICT and Teaching », *Education and Information Technologies*, vol. 6, n° 4, 2001, p. 251-266.

WELLER, Herman, « Assessing the Impact of Computer-Based Learning in Science », *Journal of Research on Computing in Education*, vol. 28, n° 4, 1996, p. 461-485.

LE DÉVELOPPEMENT D'ACTIVITÉS PÉDAGOGIQUES INTÉGRANT LES TECHNOLOGIES D'INFORMATION ET DE LA COMMUNICATION (APTIC) ADAPTÉES AUX FAÇONS D'APPRENDRE DES FILLES EN MILIEU FRANCOPHONE MINORITAIRE

Nicole Lirette-Pitre
Université de Moncton

Depuis une dizaine d'années, de plus en plus de champs de carrière dits « hautement technologiques » se sont développés. Bioinformatique, biotechnologie, télémédecine, aérospatiale, commerce électronique : voilà autant de spécialités demandant une formation certaine en informatique et en sciences. Un problème se révèle toutefois chez les filles, surtout les filles en milieu francophone minoritaire : elles ne semblent pas intéressées à suivre la formation nécessaire pour se préparer à ce genre de carrières (Gaudet et Lapointe 2002). Statistique Canada rapporte qu'en 2000, de tous les diplômés universitaires en génie et en sciences appliquées au Canada, y compris les diplômés en informatique, seulement 24 p. 100 étaient des femmes (Statistique Canada, 2003). Une étude menée par Gaudet et Lapointe (2002) montre que le taux d'inscription des jeunes femmes francophones en sciences physiques, en ingénierie et en informatique à l'Université de Moncton est toujours plus bas que le taux national. L'étude d'Ollivier et Denis (2002) révèle que les femmes francophones de l'Est du Canada ont moins d'accès aux technologies d'information et de la communication (TIC), connaissent moins bien les TIC et, par conséquent, les utilisent moins souvent que leurs consœurs anglophones ayant un revenu et une éducation semblables. Ce manque de familiarité avec les TIC influe certainement sur leur choix de carrière.

De nombreuses études montrent que le choix de carrière des jeunes repose sur plusieurs facteurs, dont l'intérêt et la confiance en soi (Wigfield, Eccles et Pintrich, 1996). Les questions que plusieurs formateurs se posent sont « que pouvons-nous faire pour intéresser davantage les filles en milieu francophone minoritaire aux sciences et aux TIC ? » et « que pouvons-nous faire pour aider ces filles à avoir suffisamment confiance en elles-mêmes pour poursuivre des études dans ces secteurs ? » Nous tentons ci-après de répondre à ces questions en examinant comment il est possible de créer des activités pédagogiques qui intègrent les technologies de l'information et de la communication (apTIC) adaptées aux façons d'apprendre et aux intérêts des filles.

Dans le présent article, nous examinons tout d'abord les facteurs qui amènent les filles à choisir ou non les domaines scientifiques et la façon dont l'enseignement des sciences en milieu minoritaire peut influer sur ce choix. Nous déterminons ensuite les facteurs relatifs aux méthodes pédagogiques, aux styles d'apprentissage privilégiés, au contenu et au design en vue de la planification d'activités d'enseignement qui répondent davantage aux besoins des filles en milieu francophone minoritaire. Enfin, nous présentons un exemple d'apTIC qui tient compte des facteurs déterminés et qui répond aux principes d'adaptation aux modes d'apprentissage des filles en milieu minoritaire.

Facteurs qui amènent les filles à choisir ou non les domaines scientifiques

Il existe des études traitant des facteurs qui amènent les filles à choisir ou non les domaines scientifiques et techniques (Dickhäusser et Stiensmeier-Pelster, 2003 ; Eccles, Barber et Jozefowicz, 1999 ; Howes, 2003 ; Matyas, 1985 ; Wigfield, Eccles et Pintrich, 1996). Indépendamment de l'approche méthodologique, ces études montrent que les raisons pour lesquelles quantité de filles choisissent de ne pas s'engager dans des études en sciences et en informatique ou de ne pas envisager une carrière en sciences ou en informatique sont complexes et multifactorielles. On constate que plusieurs de ces facteurs sont d'ordre socioculturel et personnel, par exemple le manque d'appui familial, le manque de modèles féminins, les stéréotypes sociaux. Les recherches indiquent en outre que les facteurs éducationnels influent également sur ce choix (Lafortune, Barrette, Caron et Gagnon, 2003 ; Kahle, Parker et Rennie, 1993 ; Baudoux et Noircent, 1997). Bien des filles vivent des expériences scolaires négatives, surtout dans les classes de sciences et d'informatique (AAUW, 2000 ; Cooper et Weaver, 2003 ; Lafortune et Solar, 2003). Cela tient à diverses raisons : la relation entre l'élève et l'enseignant[1], la matière enseignée (les programmes d'études) et les approches pédagogiques traditionnelles (l'enseignement magistral, le travail individuel, etc.), qui sont plus adaptées aux intérêts et aux styles d'apprentissage des garçons (Baudoux et Noircent, 1997 ; Mujawamariya et Guilbert, 2002 ; Rosser 1993. De plus, l'école contribue à la reproduction des rapports inégaux entre femmes et hommes (Mujawamariya et Guilbert, 2002) en renforçant les stéréotypes et les préjugés sociaux (Matyas, 1985 ; Rosser, 1993). Selon Mujawamariya et Guilbert (2002) :

> [...] la société a choisi de valoriser les hommes plus que les femmes et a pour complices des hommes qui dans leur enseignement utilisent des stratégies qui ne permettent pas aux femmes de se démarquer et des outils d'évaluation inadaptés à la façon d'apprendre des femmes (p. 31).

Conséquemment, les filles sortent de l'école avec une image négative des domaines scientifiques et technologiques, un manque de confiance en leurs capacités ainsi qu'en leurs habiletés, et très peu d'intérêt à entreprendre des études avancées dans ces domaines (AAUW, 2000 ; Baker et Leary, 1995). De tous les facteurs qui influent sur le choix par les filles d'une carrière en sciences ou en informatique, l'intérêt pour ces matières et la confiance en ses habilités semblent être les variables qui ont le plus de poids (AAUW, 2000 ; Acker et Oatley, 1993 ; Cooper et Weaver, 2003 ; Arch, 1995 ; Dickhäusser et Stiensmeier-Pelster, 2003 ; Howes, 2002).

Examinons maintenant comment l'enseignement des sciences en milieu minoritaire peut aussi avoir une influence sur l'intérêt pour ces matières et la confiance en soi chez les jeunes filles.

L'enseignement des sciences en milieu minoritaire

Une étude pancanadienne menée auprès des jeunes âgés de 15 ans révèle que les résultats aux tests de rendement scolaire des jeunes provenant de plusieurs milieux minoritaires francophones sont plus faibles que ceux des élèves anglophones. Selon cette étude, les jeunes francophones en milieu minoritaire auraient, à l'égard des sciences, une attitude moins positive que les jeunes anglophones du même âge. De plus, le

Nouveau-Brunswick[2] est la seule province à afficher un écart légèrement significatif entre le rendement en mathématiques des filles et celui des garçons, cet écart étant en faveur des garçons (Bussière, Cartwright, Crocker, Ma, Oderkirk et Zhang, 2001). On peut avancer plusieurs raisons pour expliquer les faibles résultats des francophones vivant en milieu minoritaire. Partout au Canada, l'enseignement des sciences est compromis par le manque de formation des enseignants en sciences, l'insuffisance du matériel didactique, les difficultés financières liées aux sorties sur le terrain et à l'achat de matériel, et les méthodes pédagogiques encore traditionnelles privilégiées dans les classes de sciences et en informatique (Pruneau et Langis, 2000). À ces difficultés viennent s'en ajouter d'autres qui sont propres à l'enseignement des sciences en milieu minoritaire francophone, soit les difficultés langagières des jeunes et le manque de matériel didactique en langue française adapté au niveau langagier de ces derniers (Pruneau et Langis, 2000 ; Rivard et Straw, 2000). En fait, il est permis de croire que les filles francophones vivant en milieu minoritaire sont doublement touchées. L'enseignement scientifique et l'enseignement technique qu'elles reçoivent ne sont adaptés ni à leurs besoins en tant que filles ni à leurs besoins en tant que francophones provenant d'un milieu minoritaire. Ces obstacles amoindrissent leur intérêt pour les sciences et l'informatique et diminuent la confiance en elle-même qu'il leur faut pour entreprendre des études dans ces secteurs, ce qui influe en fin de compte sur leur choix de carrière.

Ainsi, compte tenu des multiples facteurs qui influent sur le choix des domaines scientifiques par les filles et des difficultés propres à l'enseignement des sciences en milieu minoritaire, nous sommes amenés à nous interroger sur la manière de rendre plus positive et plus productive l'expérience des filles en sciences et en technologie (TIC) à l'école. Une telle expérience leur permettra de développer un intérêt pour ces matières, et, par conséquent, elles s'intéresseront davantage aux programmes de sciences et de TIC au niveau postsecondaire. Elles auront plus confiance en leurs habiletés pour entreprendre les études nécessaires à une carrière dans ces secteurs.

La création d'apTIC adaptées à la façon d'apprendre des filles en milieu francophone minoritaire

Les facteurs retenus pour la création d'activités pédagogiques susceptibles de rendre l'expérience des filles plus positive à l'égard des sciences et des technologies de l'information et de la communication concernent les méthodes pédagogiques adaptées aux styles d'apprentissage des filles de même que le contenu et le design visuel utilisés dans le matériel pédagogique mis au point à leur intention.

Méthodes pédagogiques et styles d'apprentissage des filles

Les discussions concernant l'adaptation des méthodes pédagogiques aux styles d'apprentissage des filles font appel à deux théories complémentaires. L'une s'inscrit dans le courant de pensée féministe et porte sur le mode d'apprentissage « intégré » par opposition au mode d'apprentissage « déconnecté »[3]. La deuxième découle de la psychologie cognitive et concerne l'approche socioconstructiviste en éducation.

Le mode d'apprentissage « intégré » par opposition au mode d'apprentissage « déconnecté »

Une théorie sur les modes d'apprentissage particuliers aux femmes émerge des travaux entrepris par les psychologues américaines Belenky, Clinchy, Goldberger et

Tarule (1986). Leurs études indiquent qu'indépendamment de l'âge, de la race ou du niveau scolaire, la majorité des femmes apprennent mieux dans un environnement où l'empathie est valorisée et où les expériences personnelles sont privilégiées. Un environnement pédagogique de ce genre permet à tous les apprenants, surtout aux filles, de s'identifier aux autres et de mieux comprendre leurs points de vue, leurs idées, etc. L'apprentissage a plus de sens et d'importance pour les filles si elles peuvent établir des liens entre leurs idées et leurs expériences personnelles et celles des autres. Ce mode d'apprentissage est appelé « intégré ». Les personnes favorisant ce mode d'apprentissage se sentent plus à l'aise dans un environnement où le travail est effectué en collaboration et en coopération. Elles utilisent leurs propres expériences de vie et leurs émotions pour « relier le contenu du cours à leur vécu » (Meece et Jones, 1996). Par contre, elles se sentent moins à l'aise dans une classe où elles doivent constamment débattre et défendre leurs idées, et où la compétition règne, c'est-à-dire dans une classe qui privilégie le mode d'apprentissage « déconnecté » (Belenky *et al.*, 1986).

La plupart des femmes (et vraisemblablement des filles) sont plus à l'aise avec le mode d'apprentissage « intégré », tandis que les hommes (et les garçons) sont plutôt avantagés par le mode « déconnecté » (Howes, 2002 ; Meece et Jones, 1996). Les raisons psychologiques et biologiques de cette différence restent encore inconnues, mais plusieurs chercheurs présument que la socialisation et les rôles sociaux des hommes et des femmes pourraient être des facteurs explicatifs importants. Selon Roychoudhury, Tippins et Nichols (1995) « *women may not have different cognitive abilities* [than men], *but they may have a different way of learning rooted in their role in society* » (p. 897). Toutefois, le sexe de la personne ne détermine pas automatiquement son mode d'apprentissage. Certaines femmes ou certaines filles préfèrent le mode « déconnecté », tandis que certains hommes ou certains garçons préfèrent le mode « intégré » (Howes, 2002). Quoi qu'il en soit, depuis longtemps, les méthodes pédagogiques prédominantes dans les classes de sciences sont l'enseignement magistral, le travail individuel, la mémorisation de faits, l'objectivation des savoirs, l'éloignement des savoirs scientifiques de l'activité humaine, etc. Ainsi, l'éducation scientifique et technique valorise le mode d'apprentissage « déconnecté ». Afin de rendre l'éducation scientifique plus équitable, il faudrait incorporer à l'enseignement des sciences des formes de pédagogie soucieuses de favoriser le mode d'apprentissage « intégré ».

En somme, si l'on veut privilégier les méthodes pédagogiques féministes et le mode d'apprentissage « intégré », il convient de s'assurer que le contenu des cours de sciences est lié le plus possible aux expériences personnelles des apprenantes, que leurs opinions et leurs idées personnelles sont valorisées, que la collaboration remplace la compétition, que le contexte est riche et stimulant et que la créativité et la pensée inductive soit valorisées (Lafortune et Solar, 2003 ; Rosser, 1993).

Examinons maintenant l'approche socioconstructiviste et son importance dans l'éducation scientifique des filles et dans l'éducation scientifique en milieu minoritaire.

Le socioconstructivisme

Le socioconstructivisme est une approche selon laquelle l'apprenant, à partir de ce qu'il sait déjà, construit peu à peu son savoir en interagissant avec les autres (enseignant et élèves) et son environnement (Howes, 2002 ; Meece et Jones, 1996). La combinaison des approches féministes favorisant le mode d'apprentissage « intégré » et des approches socioconstructivistes contribue à la construction d'un environnement éducatif équitable pour tous les élèves (Howes, 2002 ; Roychoudhury, Tippins et Nichols,

1995). Meece et Jones (1996) soulignent que le « [*socio*]*constructivism frees them [girls] to become what Belenky, Clinchy, Goldberger, and Tarule (1986) call connected knowers* [...] [*socio*]*constructivism has the potential to bridge the gap between learners and knowledge, resulting in connected knowers who seek genuine, personal understanding and not just knowledge* » (p. 246). Les approches socioconstructivistes rejoignent essentiellement les approches féministes en ce qui concerne 1) la nature subjective du savoir scientifique ; 2) l'importance des interactions sociales et de la collaboration dans la construction des apprentissages ; 3) l'importance du contexte et des apprentissages authentiques (en situation) ; 4) le rôle de l'enseignant ; 5) l'importance des idées, des points de vue et des expériences personnelles des élèves (Howes, 2002). Cette combinaison d'approches permet aux filles d'établir des liens entre leurs expériences personnelles et la matière enseignée et de se sentir valorisées pour leurs idées et leurs opinions. De plus, les filles travaillent en collaboration et dialoguent avec d'autres élèves (filles et garçons) afin de construire leurs connaissances. Selon Meece et Jones (1996) :

> Learning in a [socio]constructivist class becomes an empowering process that enables students to become more confident of their abilities and more skillful in negotiating meaning [...] when women learn to construct their own understandings, they begin to trust their abilities and listen to their own voices (p. 246).

Les approches socioconstructivistes combinées à la pédagogie féministe semblent influer positivement sur les attitudes des filles à l'égard des sciences et de la technologie ainsi que sur leur confiance (Mayberry, 1998).

Le socioconstructivisme est aussi une approche suggérée pour l'enseignement des sciences en milieu minoritaire. L'approche proposée par Rivard et Straw (2000) favorise chez les élèves les discussions approfondies sur un sujet ou un concept. En collaboration, les élèves expriment leurs idées à propos d'un concept, trouvent des arguments à l'appui, discutent avec leurs condisciples, dessinent ou schématisent leurs idées, etc. Cette approche engage les élèves dans la discussion et leur permet d'employer les concepts scientifiques et de donner une signification personnelle à ces concepts. Rivard et Straw (2000) établissent un lien explicite entre leur approche socioconstructiviste et l'approche issue de la pédagogie féministe. Ils constatent que les deux approches sont très compatibles et qu'elles peuvent influer positivement sur les attitudes des filles de milieu francophone minoritaire à l'égard des sciences et de la technologie et sur leur confiance en elle-même.

Les activités pédagogiques conçues dans cette étude combinent les approches féministes favorisant le mode d'apprentissage « intégré » et les approches socioconstructivistes. Dans ce cas, les principes de l'approche socioconstructiviste et de la pédagogie féministe insistent notamment sur le travail en collaboration – un travail dans lequel les apprenants et les apprenantes dialoguent afin de construire leurs connaissances –, sur l'apprentissage contextuel et authentique et sur la valorisation des expériences personnelles, des opinions et des idées. Mais, il convient de signaler que ces activités s'organisent autour d'un contenu ou d'une matière qui constitue un autre facteur très important pour l'adaptation de l'enseignement des sciences et de la technologie aux façons d'apprendre des filles. La présentation de ce contenu s'accompagne d'un support visuel dont le design doit également être pris en considération.

Le contenu et le design visuel des apTIC adaptées

Les sujets scientifiques qui intéressent les filles diffèrent des sujets qui passionnent les garçons. Dans une recherche menée aux États-Unis, Jones, Howe et Rua (2000) constatent que les filles aiment les sujets de science et de technologie en relation avec les êtres humains, les animaux, la société et l'environnement, et que le contexte est très important pour celles-ci (Lafortune et Solar, 2003 ; Rosser, 1993). Notons que le contexte est l'ensemble des circonstances dans lesquelles s'insère un fait, un événement, une expérience, etc. En d'autres mots, le contexte est « l'histoire » qui accompagne l'activité. Les filles semblent aussi plus intéressées aux sciences lorsqu'elles peuvent établir un lien entre leurs expériences personnelles et les concepts étudiés (Mayberry, 1998).

Pour ce qui est du design visuel, nous entendons les images, les couleurs, les formes utilisées pour appuyer l'enseignement. En effet, les images utilisées sont particulièrement importantes pour créer le contexte ou l'histoire de l'activité. Elles sont donc très pertinentes pour les filles puisqu'elles favorisent l'établissement d'un lien entre les dimensions cognitives et affectives de l'apprentissage (Lynn, Raphael, Olefsky et Bachen, 2003). Selon Jakobsdottir, Krey et Sales (1994) « *Feminist educators have encouraged a recognition of the connection between cognition and affect in learning* » (p. 98). Si le design de l'activité est attrayant pour les filles, ces dernières auront plus tendance à vouloir explorer et faire l'activité en question. Selon Jakobsdottir, Krey et Sales (1994), le design des activités adaptées devrait tenir compte des couleurs et des formes préférées par les filles, c'est-à-dire contenir une variété de couleurs pâles, des formes plutôt rondes et des images ou des photos de personnes, de plantes ou d'animaux.

Les implications des TIC par rapport aux façons d'apprendre des filles

Plusieurs chercheurs soulignent l'importance des TIC dans l'enseignement et l'apprentissage des sciences (voir Lebrun, 2002). On peut par exemple se servir des TIC comme outils pour chercher des informations et des données, faire du traitement de texte et d'images, du traitement de données brutes, des graphiques, des calculs, des simulations, etc. D'autres recherches montrent que les TIC facilitent beaucoup la communication lors d'un travail de collaboration (Daudelin et Nault, 2003). La communication constitue une part importante de l'activité scientifique, car elle intervient à toutes les étapes de la recherche scientifique, pour l'organisation de l'investigation, l'échange d'idées et d'opinions, la publication des résultats, etc. Les TIC favorisent les interactions et les échanges qui contribuent essentiellement à la construction des connaissances par les élèves (Legault et Laferrière, 2002). La communication entre les élèves, entre les élèves et l'enseignant, et entre les élèves et les experts est plus facile avec Internet, car ce réseau permet de réunir les participants, parfois dispersés géographiquement, autour d'un projet commun. Cette communication peut élargir le débat scientifique au-delà de la salle de classe et favoriser des échanges au sein d'une communauté d'élèves ou d'une communauté d'élèves et d'experts (Daudelin et Nault, 2003 ; Legault et Laferrière, 2002). Ce dialogue, élément constitutif d'une construction sociale des connaissances, peut se faire à l'oral (échange d'idées et d'opinions, d'informations, etc.), à l'écrit (sous forme de texte) ou à l'aide de moyens complémentaires (images, tableaux, graphiques, schémas, animations, vidéoclips, etc.) (Lebrun, 2002). Daudelin et Nault (2003) soulignent qu'un travail de collaboration assisté par les TIC a plusieurs avantages. Il permet le partage et la mise en commun des idées, des points de vue et des expériences personnelles lors de la résolution de problèmes. Il renforce la motivation des élèves et la perception de leur efficacité personnelle. Dans une classe favorisant les approches socioconstructivistes, les TIC sont donc des outils très efficaces, voire essentiels.

Dans le cas d'apTIC adaptées, la technologie ne constitue qu'un élément d'une configuration complexe d'apprentissage. Lorsqu'on fait appel à des approches féministes favorisant le mode d'apprentissage « intégré », ces activités deviennent des outils importants pour une éducation scientifique équitable et elles peuvent aider les filles à avoir des expériences positives et productives en sciences et avec les TIC.

L'âge scolaire visé par les apTIC adaptées

Selon les études portant sur les différences entre les garçons et les filles en ce qui concerne les sciences et l'informatique, il n'existe pas ou à peu près pas de différence entre les garçons et les filles au début du primaire, si on compare le rendement scolaire, la confiance, l'intérêt et les attitudes envers les sciences et la technologie. Mais, au fur et à mesure que les jeunes avancent à l'école, les différences selon les sexes deviennent de plus en plus marquées. D'après certaines recherches, l'intérêt des adolescentes envers les sciences et l'informatique diminue considérablement par suite de leur passage du primaire au secondaire (AAUW, 2000 et 1991 ; Arch, 1995 ; Cooper et Weaver, 2003). En effet, une étude menée aux États-Unis révèle qu'au primaire, 60 p. 100 des filles et 67 p. 100 des garçons qui ont participé au sondage se disent confiants en leurs habiletés en sciences. Mais, à la fin du secondaire, seulement 29 p. 100 des filles et 60 p. 100 des garçons se disent encore confiants à cet égard (AAUW, 1991). Selon cette même étude, l'intérêt pour les sciences et la technologie suit la même tendance. Cette diminution de la confiance en soi et de l'intérêt envers les sciences ne se produit pas du jour au lendemain ; elle se poursuit du début de l'adolescence jusqu'à la fin du secondaire, et parfois jusqu'à l'âge adulte (AAUW, 2000 et 1991 ; Eccles, Barber et Jozefowicz, 1999 ; Matyas, 1985). Conformément à ces résultats, il semble que ce soit au début du secondaire que des apTIC adaptées pourraient être les plus avantageuses pour intéresser les filles. C'est la raison pour laquelle nous avons choisi de cibler les filles de la 9e année. Toutefois, nous nous rendons compte que des apTIC adaptées pourraient aussi servir de la 6e année jusqu'à la 12e année (de 12 ans à 18 ans).

Par ailleurs, nous avons opté pour ce groupe d'âge parce que la théorie des processus d'apprentissage privilégiés par les filles (mode d'apprentissage « intégré ») provient d'études sur les femmes et les adolescentes, et non pas sur les enfants. D'après Belenky Clinchy, Goldberger et Tarule (1986), les enfants – filles et garçons – ont à peu près les mêmes processus cognitifs d'apprentissage, mais pas la même socialisation. Au fur et à mesure que les filles vieillissent, les différences dans les processus d'apprentissage liés à leur socialisation se remarquent davantage. Les adolescentes de 9e année sont donc susceptibles d'être plus sensibles aux apTIC adaptées à leurs façons d'apprendre.

Voyons maintenant un exemple d'apTIC adaptée à la façon d'apprendre des filles en milieu minoritaire qui tient compte des constats dressés précédemment.

Exemple d'apTIC adaptée aux modes d'apprentissage des filles en milieu minoritaire

L'apTIC *La chimie des bijoux*[4] est une activité liée au programme de sciences de la nature de 9e année (ministère de l'Éducation du Nouveau-Brunswick, 2003). Ce programme se divise en quatre modules portant sur la reproduction, les atomes et les éléments, l'électricité et l'exploration spatiale. Chaque module contient un certain nombre de résultats d'apprentissage concernant les concepts à acquérir ainsi que les enjeux sociaux, économiques, politiques et environnementaux des sciences et de la technologie.

L'apTIC conçue combine des méthodes pédagogiques intégrant le mode d'apprentissage « intégré » et socioconstructiviste, de même que des éléments de contenu et de design préférés par les filles (couleurs pâles, formes plutôt rondes et images de personnes). La mise en situation de l'activité est la suivante :

> Une compagnie de bijoux vient de s'installer au Nouveau-Brunswick. Cette compagnie offre un contrat à votre classe de sciences pour la construction de son site Web. Ce site portera sur la chimie des bijoux. Afin de s'assurer que vous êtes les bons candidats et les bonnes candidates pour ce travail, la compagnie vous propose six petites tâches. Faites preuve de vos habiletés pour mériter ce contrat !

Les élèves travaillent en sous-groupes afin d'effectuer les six tâches directement à l'ordinateur. Ces tâches sont présentées sous forme de jeux questionnaires, de jeux d'assemblage et de phrases à compléter et portent sur les propriétés physiques et chimiques des métaux et des alliages, les formules chimiques et les structures cristallines. Une fois les tâches achevées, les groupes choisissent un sujet de recherche. Quelques exemples de sujets sont proposés : l'historique des bijoux, les bijoux de perçage, les bijoux et les allergies, les diamants au Canada, etc. En groupe, les élèves approfondissent leur sujet en faisant une recherche sur Internet et dans les livres. Par la suite, le groupe écrit un court texte multimédia comme synthèse de sa recherche. Après correction par les pairs, les élèves assemblent les textes et conçoivent le site Web. Tous les groupes ont une tâche spécifique dans la programmation du site, et les groupes collaborent à la création du design visuel du site. À toutes les étapes de l'activité, les élèves discutent, partagent leurs opinions, leurs idées, etc., afin d'employer les concepts scientifiques et techniques et de donner une signification personnelle à ces concepts.

Afin d'aider l'enseignant dans sa planification et sa gestion de classe, l'apTIC est accompagnée d'un scénario pédagogique[5] décrivant les cinq étapes de la démarche pédagogique : 1) la mise en situation ; 2) le déroulement des activités à l'ordinateur ; 3) l'objectivation ; 4) l'évaluation; 5) le réinvestissement. Les approches féministes et socioconstructivistes sont privilégiées à chacune de ces étapes. Le tableau 1 résume les éléments des approches féministes et socioconstructivistes privilégiés à chaque étape.

Tableau 1

**Approches et méthodes pédagogiques privilégiées
dans l'apTIC sur *La chimie des bijoux***

Pédagogie féministe (approches favorisant le mode d'apprentissage « intégré »)	– Les élèves travaillent en collaboration tout au long de l'activité. – L'enseignant fait une mise en situation qui permet aux filles (élèves) d'établir un lien entre leurs expériences personnelles et le sujet d'étude. – Les élèves choisissent leurs sujets de recherche. – Les élèves partagent leurs idées, leurs opinions et leurs questions durant le travail et la présentation du site Web. – La créativité est essentielle tout au long de l'activité. – L'objectivation permet de lier les nouvelles connaissances au vécu des élèves. – Le contenu de l'activité et le contexte valorisent le lien entre la science, les humains et la société.
Socioconstructivisme	– Les élèves dialoguent afin de construire leurs connaissances. – L'enseignant explore les connaissances antérieures des élèves (mise en situation). – Chaque membre de l'équipe a sa propre tâche à remplir (interdépendance) et participe à la recherche d'information, à la rédaction du texte et au développement du site Web. – L'apprentissage est contextuel et authentique.

Conclusion

Notre recherche-développement vise la création d'apTIC adaptées aux façons d'apprendre des filles en milieu francophone minoritaire. Les apTIC, dont *La chimie des bijoux*, sont en voie d'élaboration. La prochaine étape de notre recherche consistera à évaluer sur le terrain les apTIC mises au point, afin de montrer que celles-ci rendent effectivement l'expérience des filles en sciences et en TIC plus productive et plus positive. Nous examinerons en particulier l'effet des apTIC sur l'intérêt des filles pour les sciences et les TIC et sur leur confiance en leurs habiletés dans ces domaines. L'évaluation sur le terrain se fera dans différentes classes de sciences de 9e année, dans des écoles francophones rurales et urbaines du Nouveau-Brunswick.

Nous espérons que notre recherche permettra de répondre, du moins en partie, aux questions soulevées par la stimulation de l'intérêt pour les sciences et les TIC et le développement de la confiance en soi chez les filles en milieu minoritaire. Nous souhaitons qu'en fin de compte, elle contribue à renforcer leur désir de poursuivre des études dans ces secteurs et à les amener à choisir plus souvent des carrières dans les secteurs scientifiques et technologiques. Nous espérons également que ces réflexions soulèveront davantage d'intérêt de la part des enseignants et des enseignantes et des concepteurs de programmes en sciences, afin qu'ils accordent davantage d'attention aux façons d'apprendre des filles. Nous croyons fermement que les apTIC adaptées que nous avons conçues constituent un pas dans cette direction.

NOTES

1. Les recherches montrent que la relation entre l'enseignant et les garçons diffère de la relation entre l'enseignant et les filles. Par exemple, les garçons reçoivent davantage d'attention de la part des enseignants : approbation, désapprobation, écoute et difficulté des questions posées. De plus, les enseignants interrogent les garçons et leur parlent plus souvent. Les garçons sont valorisés pour leurs idées, les filles pour leur docilité (passivité, tranquillité, etc.) (Acker et Oatley, 1993 et Matyas, 1985).
2. Dans ce cas, une distinction n'a pas été faite entre les districts anglophones ou francophones.
3. Les termes apprentissage « déconnecté » et apprentissage « intégré » sont une traduction libre des termes « separate knowing » et « connected knowing » utilisés par les psychologues américaines Belenky *et al.* (1986).
4. L'apTIC *La chimie des bijoux* et les autres apTIC adaptées développées dans cette recherche sont accessibles sur le site Web creatic.ca depuis septembre 2004.
5. On trouvera le scénario au complet sur le site Web creatic.ca à l'adresse suivante : http://www.creatic.ca/apo/apo.asp?pageid=APO/scnat/031/scenario2.html&pagepos=132&sce=oui&noid=111

BIBLIOGRAPHIE

ACKER, Sandra, et Keith OATLEY, « Gender Issues in Education for Science and Technology: Current Situation and Prospects for Change », *Canadian Journal of Education*, vol. 18, 1993, p. 255-272.

AMERICAN ASSOCIATION OF UNIVERSITY WOMEN (AAUW), « Shortchanging Girls, Shortchanging America », Executive summary, Washington, AAUW Educational Foundation, 1991, [En ligne], [http://www.aauw.org/research/SGSA.pdf] (31 mars, 2004).

AMERICAN ASSOCIATION OF UNIVERSITY WOMEN (AAUW), *Tech-Savvy: Educating Girls in the New Computer Age*, Washington, AAUW Educational Foundation, 2000.

ARCH, Elizabeth C., « The Baldwin Effect: A Basis for Sex Differences in Attitudes Toward Technology and Science », ERIC Document Reproduction Service, ED387121, 1995.

BAKER, Dale, et Rosemary LEARY, « Letting Girls Speak out about Science », *Journal of Research in Science Teaching*, vol. 32, 1995, p. 3-27.

BAUDOUX, Claudine, et Albert NOIRCENT, « L'école et le curriculum caché », dans Laure Gaudreault, *Femmes éducation et transformations sociales*, Québec, Les Éditions du remue-ménage, 1997.

BELENKY, Mary Field, Blythe McVicker CLINCHY, Nancy Rule GOLDBERGER et Jill Mattuck TARULE, *Women's Ways of Knowing: The Development of Self, Voice and Mind*, New York, Basic Books, 1986.

BUSSIÈRE, Patrick, Fernando CARTWRIGHT, Robert CROCKER, Xin MA, Jillian ODERKIRK et Yanhong Zhang, *À la hauteur : La performance des jeunes du Canada en lecture, en mathématiques et en sciences : étude PISA de l'OCDE : premiers résultats pour les Canadiens de 15 ans*, Ottawa, Développement des ressources humaines Canada, Conseil des ministres de l'Éducation (Canada) et Statistique Canada, 2001.

COOPER, Joel, et Kimberlee D. WEAVER, *Gender and Computers: Understanding the Digital Divide*, New Jersey, Lawrence Erlbaum Associates Publishers, 2003.

CRESWELL, John W., *Research Design: Qualitative, Quantitative, and Mixed Methods Approaches*, 2e éd., Thousand Oaks, Sage Publications, 2003.

DAUDELIN, Colette, et Thérèse Nault, *Collaborer pour apprendre et faire apprendre : la place des outils technologiques*, Québec, Presses de l'Université du Québec, 2003.

DICKHÄUSSER, Oliver, et Joachim STIENSMEIER-PELSTER, « Gender Differences in the Choice of Computer Courses: Applying an Expectancy-Value Model », *Social Psychology of Education*, vol. 6, 2003, p. 173-189.

ECCLES, Jacquelynne S., Bonnie BARBER et Debra JOZEFOWICZ, « Linking Gender to Educational, Occupational, and Recreational Choices: Applying the Eccles *et al.* Model of Achievement-related Choices », dans William B. Swann, Judith H. Langlois et Lucia Albino Gilbert (dir.), *Sexism and Stereotypes in Modern Society: The Gender Science of Janet Taylor Spencer*, Washington, American Psychological Association, 1999, p. 153-185.

GAUDET, Jeanne d'Arc, et Claire Lapointe, « Le rendez-vous manqué des jeunes Canadiennes francophones avec les études en sciences et ingénierie : pourquoi faut-il s'en inquiéter ? », communication présentée au 12e Congrès international des ingénieures et des scientifiques », Ottawa, du 28 au 31 juillet 2002.

HOWES, Elaine V., *Connecting Girls and Science: Constructivism, Feminism and Science Education Reform*, New York, Teachers College Press, 2002.

JAKOBSDOTTIR, Solveig, Cynthia L. KREY et Gregory C. SALES, « Computer Graphics: Preferences by Gender in Grades 2, 4, and 6 », *Journal of Educational Research*, vol. 88, 1994, p. 91-100.

JONES, Gail, Ann HOWE et Melissa J. RUA, « Gender Differences in Students' Experiences, Interests, and Attitudes Toward Science and Scientists », *Science Education*, vol. 84, n° 5, 2000, p. 180-192.

KAHLE, Jane Butler, Lesley H. PARKER et Leonie J. RENNIE, « Gender Differences in Science Education: Building a Model », *Educational Psychologist*, vol. 28, 1993, p. 379-404.

LAFORTUNE, Louise, Madeleine BARRETTE, Renée Paul CARON et Claudia GAGNON, « Croyances et attitudes du primaire à l'université : mathématiques, sciences et technologies », dans Louise Lafortune et Claudie Solar (dir), *Femmes et maths, sciences et technos*, Québec, Presses de l'Université du Québec, 2003.

LAFORTUNE, Louise, et Claudie SOLAR, « L'utilisation des technologies en mathématiques et en sciences : réaction des filles et des garçons au cégep », dans Louise Lafortune et Claudie Solar (dir.), *Femmes et maths, sciences et technos*, Québec, Presses de l'Université du Québec, 2003.

LEBRUN, Marcel, *Des technologies pour enseigner et apprendre*, Bruxelles, De Boeck Université, 2002.

LEGAULT, Frédéric, et Thérèse LAFERRIÈRE, « Impact d'une pédagogie de projet assistée par l'ordinateur en réseau sur les croyances motivationnelles et l'engagement au travail d'élèves du secondaire », communication présentée au colloque du Programme pancanadien de recherche en éducation sur la technologie de l'information et l'apprentissage, Montréal, 2002.

LYNN, Kathleen-M., Chad RAPHAEL, Karin OLEFSKY et Christine M. BACHEN, « Bridging the Gender Gap in Computing: An Integrative Approach to Content Design for Girls », *Journal of Educational Computing Research*, vol. 28, 2003, p. 143-162.

MATYAS, Marsha Lakes, « Factors Affecting Female Achievement and Interest in Science and in Scientific Careers », dans Jane Butler Kahle (dir.), *Women in Science: A Report from the Field*, Philadelphia, The Falmer Press, 1985, p. 27-48.

MAYBERRY, Maralee, « Reproductive and Resistant Pedagogies: The Comparative Roles of Collaborative Learning and Feminist Pedagogy in Science Education », *Journal of Research in Science Teaching*, vol. 35, 1998, p. 443-459.

MEECE, Judith, et Gail JONES, « Girls in Mathematics and Science: Constructivism as a Feminist Perspective », *The High School Journal*, vol. 79, 1996, p. 242-248.

MINISTÈRE DE L'ÉDUCATION DU NOUVEAU-BRUNSWICK, « Programme d'études : Sciences de la nature 50111- 9e », Nouveau-Brunswick, Ministère de l'éducation Direction des services pédagogiques, 2003, [En ligne], [http://www.gnb.ca/0000/publications/servped/Sciencesdelanature9e.pdf] (31 mars, 2003).

MUJAWAMARIYA, Donatille, et Louise GUILBERT, « L'enseignement des sciences dans une perspective constructiviste : vers l'établissement du rééquilibre des inégalités entre les sexes en sciences », *Recherches féministes*, vol. 15, 2002, p. 24-45.

OLLIVIER, Michèle, et Ann DENIS, *Les femmes francophones en situation minoritaire au Canada et les technologies d'information et de communication*, Ottawa, Fédération nationale des femmes canadiennes-françaises et Industrie Canada, 2002.

PRUNEAU, Diane, et Joanne Langis, « L'enseignement et l'apprentissage des sciences en milieu minoritaire : défis et possibilités », communication présentée au Colloque pancanadien sur la recherche en éducation en milieu francophone minoritaire : bilan et prospectives, Université de Moncton, novembre 2000.

RIVARD, Léonard P., et Stanley B. STRAW, « The Effect of Talk and Writing on Learning Science: An Exploratory Study », *Science Education*, vol. 84, 2000, p. 566-593.

ROSSER, Sue V., « Female Friendly Science: Including Women in Curricular Content and Pedagogy in Science », *The Journal of General Education*, vol. 42, 1993, p. 191-220.

ROYCHOUDHURY, Anita, Debora J. TIPPINS et Sharon E. NICHOLS, « Gender-Inclusive Science Teaching: A Feminist-Constructivist Approach », *Journal of Research in Science Teaching*, vol. 32, 1995, p. 897-924.

STATISTIQUE CANADA, *Diplômés universitaires selon le domaine d'études et le sexe*, Statistique Canada, 2003.

TASHAKKORI, Abbas et Charles TEDDLIE, *Mixed Methodology: Combining Qualitative and Quantitative Approaches*, Thousand Oakes, Sage Publications, 1998.

WIGFIELD, Allan, Jacquelynne ECCLES et Paul R. PINTRICH, « Development Between the Ages of 11 and 25 », dans David C. Berliner et Robert C. Calfee (dir.), *Handbook of Educational Psychology*, New York, Simon & Schuster Macmillan, 1996, p. 148-185.

LE LEADERSHIP ÉDUCATIONNEL
EN MILIEU FRANCOPHONE MINORITAIRE :
UN REGARD INÉDIT SUR UNE RÉALITÉ MÉCONNUE

Jeanne Godin, Université de Moncton
Claire Lapointe, Université Laval
Lyse Langlois, Université Laval
Michel St-Germain, Université d'Ottawa

En août 1999, la revue *National Geographic* publiait un article sur la situation précaire du patrimoine linguistique et culturel mondial (Davis, 1999). Chercheur en ethnobotanique à l'Université Harvard, l'auteur de l'article y brosse un tableau de la disparition, chaque année, de dizaines de langues autochtones et compare ce phénomène à celui de l'extinction d'espèces végétales et animales. Selon lui, tout comme l'appauvrissement de la biodiversité naturelle constitue un danger pour la biosphère, l'appauvrissement de la diversité linguistique dans le monde représente une menace pour l'humanité. À son avis, la disparition d'une langue entraîne en fait la désagrégation progressive de la philosophie et de la *weltanschauung* du groupe concerné. Toujours selon Davis, la disparition de langues, et donc de cultures, provoquerait l'appauvrissement de la diversité du patrimoine culturel universel et entraînerait la construction d'un système culturel mondial de plus en plus homogène et réducteur, potentiellement générateur d'intolérance et de totalitarisme. En fait, selon Davis, la diversité linguistique et culturelle empêche l'humanité de porter des œillères réductrices, car elle élargit le regard que celle-ci porte sur le monde.

D'autres auteurs tels que Heller (2002) et Haugen (cité dans Boudreau *et al.*, 2002) soutiennent que l'écologie des langues ne vise pas la défense de la biodiversité puisqu'une langue n'est pas un organisme vivant mais un moyen de communication. À ce sujet, Malherbe (1983) interprète le phénomène de la naissance et de la disparition d'une langue en l'associant au rôle que joue le peuple qui la parle sur les plans politique, économique ou religieux. Selon lui, cette interprétation explique l'évolution et le déclin de certaines langues telles que le latin, l'égyptien ou le babylonien. Pour sa part, Heller insiste sur l'importance d'analyser les rapports de pouvoir, les changements sociaux et idéologiques qui influent sur les pratiques linguistiques. On constate donc qu'aux yeux de Heller, la langue est une pratique exposée aux rapports de force tandis qu'aux yeux de Davis (1999), elle est une réalité vivante, sensible aux polluants de la vie moderne. Mais quelle que soit la position que l'on adopte à ce sujet, il demeure que la problématique de la disparition des langues a entraîné le développement du droit linguistique, ce qui inclut le droit à l'éducation dans la langue de la minorité (Foucher, 2002 ; Landry et Rousselle, 2003).

Ces observations nous portent à réfléchir sur la situation du français au Canada et sur le rôle que joue l'école dans la transmission de cette langue en milieu minoritaire. Dans le présent article, nous abordons la question du sens donné au leadership éducationnel dans les écoles en milieu francophone minoritaire. En nous basant sur la littérature scientifique existante, nous décrivons tout d'abord le rôle que joue l'école dans le maintien d'une langue et d'une culture minoritaires ainsi que l'influence des directions d'école sur la mission de l'école, ce qui permet d'énoncer les questions de recherche. Deuxièmement, nous présentons les principaux modèles théoriques du leadership en éducation en indiquant leurs effets possibles sur la réussite de l'école francophone minoritaire. Suivent la présentation de la démarche méthodologique empruntée et des résultats obtenus au cours de la première phase d'une étude pancanadienne portant sur les représentations et les pratiques des directrices et des directeurs d'école en milieu francophone minoritaire.

Contexte de la recherche

Le rôle de l'école en matière de protection de la langue et de la culture est étayé par des documents dans les recherches de Landry et Allard (1994, 1996 et 1999). Ces chercheurs soulignent que la vitalité ethnolinguistique se compose de facteurs structuraux et sociologiques qui influent sur la survie et le développement d'une minorité linguistique, une forte vitalité ethnolinguistique étant associée à une faible assimilation linguistique et culturelle. Sur le plan sociopsychologique, Landry et Allard (1996) soutiennent que le vécu langagier des membres d'une communauté linguistique se mesure par leurs contacts avec la langue. Ces contacts peuvent être interpersonnels, avec les médias et le paysage linguistique ; ils se produisent aussi au cours des expériences langagières vécues par l'intermédiaire de la scolarisation (Landry et Allard, 1999). Sur le plan purement psychologique, le développement psycholangagier se compose de deux variables : l'habileté à apprendre et à utiliser une langue et la volonté d'apprendre et d'utiliser cette langue.

Selon Landry et Allard (1996), Martel (1991) et Tardif (1993), il est sans équivoque que le système d'éducation est un élément essentiel à la construction du vécu langagier des membres d'une minorité linguistique puisque l'école est souvent la seule institution où l'utilisation de cette langue prédomine. En fait, le modèle du balancier compensateur proposé par Landry et Allard prédit que l'utilisation de la langue de la minorité au foyer *et* à l'école peut permettre de contrer l'assimilation, surtout si on adopte une méthode pédagogique qui permet « d'amener les jeunes à gérer leurs tensions identitaires, à négocier leur identité et leur sens d'appartenance et à devenir des agents de développement dans la communauté » (Landry, 2002 : 1). Il est intéressant de noter que Davis (1999) arrive au même constat en affirmant que l'espoir de préserver les langues existantes repose sur une nouvelle sorte d'éducation, une éducation dans laquelle on réinvente le programme d'études afin de combler les besoins spécifiques des individus dont la langue est en voie de disparition. Le travail qui se fait en milieu scolaire dans le but de préserver des langues minoritaires commence d'ailleurs à faire l'objet d'études un peu partout dans le monde.

Le rôle de l'école dans le maintien de la langue : exemples d'études internationales et nationales

En Amazonie péruvienne, les enfants du peuple shipibo, reconnu pour sa forte identité culturelle, reçoivent une éducation bilingue (Tacelosky, 2001). Pendant les deux premières années, la scolarisation se fait dans la langue maternelle, pendant les deux années subséquentes, l'instruction est offerte en espagnol et en shipibo, et pendant les dernières années du primaire, l'instruction est donnée entièrement en espagnol. Selon Tacelosky, il en résulte pour le peuple shipibo un bilinguisme additif. Sur un autre continent, soit en Afrique du Sud, De Klerk (2000) s'est intéressé au peuple xhona. Depuis 1994, les parents ont l'option d'envoyer leurs enfants dans une école de langue xhona ou dans une école de langue anglaise. Contrairement au peuple shipibo, les Xhonas ne considèrent pas leur langue comme prestigieuse et par suite de l'Apartheid, la majorité des parents préfèrent que l'éducation de leurs enfants se fasse en anglais, une autre des langues minoritaires du pays, mais qui jouit d'un fort prestige social. Selon les parents, l'acquisition de l'anglais devrait permettre à leurs enfants d'obtenir de meilleurs emplois que s'ils ne parlent que le xhonas.

En Espagne, dans la région de la Catalogne, la planification de la revitalisation de la langue survenue de 1986 à 1996 a eu des résultats positifs (Hoffmann, 2000). En effet, grâce à une promotion intensive dans le secteur public, dans les médias et dans le système d'éducation, le nombre de gens qui communiquent en catalan a augmenté de 20 p. 100 au cours de ces dix ans. Toutefois, depuis 1996, l'immigration, le bilinguisme et la mondialisation des marchés ont eu pour effet de motiver les parents à demander que leurs enfants apprennent le castillan et l'anglais en plus du catalan. Toujours en Espagne, les Basques tentent non seulement de préserver leur langue, qui est l'une des plus anciennes de l'Europe, mais aussi de renverser les effets de l'assimilation que le règne dictatorial de Franco a produits. Lasagabaster (2001) remarque qu'au début du XIXe siècle, environ 83 p. 100 de la population parlait le basque et qu'en 1975, ce nombre avait chuté à 24 p. 100. Depuis 1978, année où la langue basque a obtenu le titre de langue officielle du Pays basque, aux côtés de l'espagnol, des programmes d'immersion ont été implantés dans les écoles, ce qui fait contrepoids à la prédominance du castillan dans les milieux de travail et dans la communauté.

Chez les Maoris de Nouvelle-Zélande, Bishop (2001) remarque qu'une situation de bilinguisme soustractif se produit, car l'apprentissage de la langue anglaise dans les écoles intégrées nuit à celui de la langue maorie. Selon les résultats de ses recherches, les pratiques des enseignants seraient en cause et si les enseignants tentaient de construire des savoirs avec les élèves plutôt que de leur transmettre des connaissances, il en résulterait d'après lui une valorisation de la culture maorie. Plus près de nous, un phénomène différent s'est produit chez le peuple cri de la baie James. Burnaby et Mackenzie (2001) rapportent que pendant dix ans, les parents ont refusé que leurs enfants reçoivent un enseignement dans leur langue maternelle, car ils croyaient que le gouvernement espérait ainsi réduire les chances de succès économique de leurs enfants. Toutefois, avec le temps, les parents ont opté pour une éducation dans la langue maternelle pendant les quatre premières années scolaires, pratique qui permet aux Cris de transmettre leur patrimoine linguistique aux générations suivantes.

Finalement, Gérin-Lajoie (2002) a réfléchi sur le triple rôle des enseignantes et des enseignants en milieu minoritaire francophone en Ontario. Selon elle, ces derniers doivent transmettre les connaissances, assurer la socialisation des élèves aux valeurs sociétales et veiller à la sauvegarde de la langue et de la culture de la minorité. Cette auteure reconnaît que la famille n'est plus toujours en mesure d'assurer la reproduction de la langue et de la culture puisque la langue d'usage à la maison est de plus en plus l'anglais. Elle soutient qu'il incombe à l'organisation scolaire de mettre en place des mécanismes qui répondent aux besoins des élèves francophones.

Les chercheurs semblent donc s'entendre sur le rôle que joue l'école en tant qu'agente de reproduction et de protection de la langue et de la culture. Qu'en est-il de l'influence qu'ont à leur tour les directrices et directeurs sur la mission des écoles en milieu linguistique minoritaire ?

La contribution des directions d'école à la réussite du projet éducatif

Plusieurs recherches indiquent que le succès d'une école repose en partie sur le leadership de la direction, particulièrement en ce qui a trait au climat de l'école, au développement professionnel des enseignants et à la collaboration avec les parents (voir entre autres Cawelti, 2000 ; Gaskell, 1995 ; Izumi, 2002 ; Lapointe, à paraître ; Scheurich, 1998). Les conclusions d'Owens (1998) relatives au rôle indirect que jouent les gestionnaires de l'éducation dans la réussite scolaire et à l'influence importante qu'ils ont sur la culture organisationnelle de l'école soutiennent ces résultats. Par ailleurs, des études récentes montrent que les responsabilités des directions d'écoles se sont fortement accrues depuis une dizaine d'années et que leur rôle s'est élargi. Par exemple, à la suite de plusieurs entrevues menées auprès de directions d'école du secondaire, le Conseil supérieur de l'éducation du Québec (2003) soulignait le fait que les personnes interviewées constataient une augmentation dans leurs responsabilités administratives en même temps qu'une diminution des ressources disponibles. Ainsi, la mise en place des nouveaux programmes, l'encadrement pédagogique des enseignants ainsi que les responsabilités d'ordre politique et communautaire constituent des tâches additionnelles qui occasionnent des défis de taille. Dans les milieux francophones minoritaires, il faut ajouter à cette liste la problématique de l'apprentissage dans un contexte où existent autant un bilinguisme soustractif qu'un bilinguisme additif. Constatant l'importance de l'influence de la direction dans le succès d'une école, Lapointe (2001) réfléchit sur le rôle particulier des directrices et des directeurs d'école en milieu minoritaire :

> En réfléchissant à cette réalité, on constate que les directeurs et les directrices des écoles en milieu minoritaire reçoivent un mandat additionnel et spécifique qui diffère fondamentalement de celui des écoles des populations majoritaires car en plus d'assurer l'éducation des enfants, ils doivent fournir un environnement qui assure la qualité de socialisation linguistique et culturelle requise afin d'assurer la maîtrise de la langue maternelle minoritaire. Ce constat mène aux questions suivantes : Que signifie être chef d'établissement scolaire lorsque l'école a le mandat d'aider à protéger et à transmettre une langue et une culture minoritaires ? Comment les directeurs et directrices d'école définissent-ils leur rôle dans un tel contexte ? Quelles tâches spécifiques sont-ils appelés à remplir ? Comment se vivent les relations avec la communauté minoritaire qu'ils desservent et la communauté majoritaire qui les entoure ? (Lapointe, 2001 : 4)

Afin de nous guider dans l'étude de ces questions, la prochaine section fait la synthèse des principaux modèles de leadership actuellement présents en éducation en précisant les effets qu'ils peuvent avoir sur la dynamique de l'école et donc, sur la réussite des élèves.

Principaux modèles de leadership en éducation

Présentement, quatre modèles théoriques dominent le champ d'étude du leadership éducationnel : 1) le leadership transactionnel, auquel nous associons le leadership participatif ; 2) le leadership transformationnel ; 3) le leadership moral, auquel s'apparente le leadership éthique ; 4) le leadership pédagogique.

Selon Owens (1998), le leadership transactionnel constitue le niveau de base dans le développement des savoirs et des habiletés en leadership éducationnel postmoderne.

À ce niveau, le leader invite et encourage les membres de l'équipe-école à construire ensemble une vision de la mission de l'école, à définir les objectifs à atteindre et à s'entendre, dans un climat de négociation, sur les moyens pour y arriver. Les valeurs préconisées sont la participation de tous et de toutes à la définition des objectifs, un certain partage du pouvoir, le maintien des rôles et des fonctions dans l'organisation, l'appui mutuel et l'obéissance dans l'action visant les buts. Cette approche du leadership favoriserait un climat acceptable à l'école et un sentiment de satisfaction relatif. Elle ne serait pas porteuse de véritable développement professionnel chez les enseignants ni d'un climat de confiance durable.

Le leadership transformationnel ou transformatif (Burns, 1978) se distingue du type transactionnel en ce qu'il favorise le développement d'un sentiment de pouvoir et de capacité d'agir chez tous les membres de l'équipe. Il vise la satisfaction de besoins de niveaux supérieurs chez les membres, tels que la réalisation de soi, ainsi que l'engagement et la confiance entière des membres dans l'importance de leur travail. Les valeurs sont l'encouragement mutuel, *empowerment* et la transformation des membres de l'équipe en *leaders*. Le leadership transformationnel serait donc plus apte à créer un climat d'école véritablement positif ainsi qu'un processus de développement professionnel chez les enseignants.

La pratique de gestion en éducation basée avant tout sur un profond respect de la personne humaine se nomme leadership moral (Sergiovanni, 1992) ou éthique (Shields, 2003 ; Starratt, 1991 ; Langlois, 2002). Selon cette manière de voir, chaque action ou décision prise a une influence sur la vie des gens, et il importe d'évaluer cette influence avant d'agir. De plus, il est essentiel de laisser les membres de l'organisation choisir librement et en toute connaissance de cause leur niveau de participation et d'engagement. Les valeurs préconisées sont le respect des personnes dans leur intégralité, la prise en compte des inégalités sociales et la prépondérance des moyens sur les fins. La pratique d'un tel leadership permettrait de créer un climat scolaire véritablement encourageant et respectueux, tant pour les élèves que pour le personnel.

Finalement, le quatrième modèle à retenir, bien qu'il soit absent de la typologie proposée par Owens (1998), est le leadership pédagogique. Ce type de leadership réside au cœur même de l'acte de leadership en éducation et pour cette raison, on peut parfois le tenir pour acquis. Le *leadership pédagogique* désigne en effet un comportement de leader ancré dans la préoccupation pédagogique, attitude qui influe positivement sur les processus d'enseignement et d'apprentissage. Les enseignants, le personnel non enseignant, les parents et les élèves sont perçus comme des leaders pédagogiques potentiels au même titre que les gestionnaires (Langlois et Lapointe, 2002). En 1998, Sergiovanni a élargi le sens donné au leadership pédagogique pour y inclure une dimension critique. Selon lui, une direction d'école exerce un leadership pédagogique quand elle réussit à développer le capital social et scolaire des élèves ainsi que le capital intellectuel et professionnel des enseignants, investissant ainsi dans la capacité des individus à développer leur propre potentiel. Ces effets potentiels du leadership pédagogique toucheraient donc particulièrement la réussite des élèves en milieu minoritaire.

Ainsi, tenant compte de ces modèles de leadership éducationnel, et aux fins de notre étude, nous ajoutons aux questions posées plus haut par Lapointe (2002) celles qui suivent : Quels types de leadership semblent être les plus pratiqués par les directions d'écoles en milieu francophone minoritaire ? Ces types de leadership sont-ils susceptibles de créer les conditions favorables à la réussite des élèves, particulièrement en ce qui a trait au climat de l'école et au développement professionnel des enseignants ?

Démarche méthodologique

Étant donné la pertinence d'une démarche de type ethnographique pour une étude des valeurs, des représentations et des pratiques des individus (Berg, 2001), nous avons procédé à des entrevues semi-structurées réalisées sur le terrain. Le guide d'entrevue mis au point par Lapointe et Godin comprend des questions relatives aux représentations du leadership en éducation (définitions personnelles de ce que signifie être leader, du rôle et du mandat des leaders, des qualités préconisées en tant que chef d'établissement) et aux pratiques du leadership (description du rôle, des tâches et d'incidents vécus en tant que leaders en éducation). Le guide est constitué de deux parties : la première porte sur la définition générale du leadership en éducation, alors que la deuxième situe les répondants dans le contexte particulier de l'école francophone en milieu minoritaire.

Les données ont été recueillies auprès de directrices et de directeurs d'école (N=15) du Nouveau-Brunswick, de l'Île-du-Prince-Édouard et de la Nouvelle-Écosse, et ce, dans deux types d'écoles : des écoles « traditionnelles[1] » et des centres scolaires communautaires. Le nombre total de répondants a été déterminé à l'aide de la technique des niveaux de saturation des données, « un processus au cours duquel on vérifie tout d'abord le caractère répétitif d'une information qui aura attiré notre attention, ceci afin d'établir qu'il s'agit bien d'un objet sociologique, c'est-à-dire d'une donnée qui relève du social et du collectif et non du psychologique et de l'individu. » (Bertaux, 1980 : 135). La durée des entrevues variait de 45 minutes à deux heures et demie, selon la disponibilité des sujets et leur discours. Les entrevues ont été retranscrites de manière intégrale pour ensuite faire l'objet d'une analyse de contenu réalisée par deux codeurs, la fidélité et la validité des résultats étant assurées par l'atteinte d'un pourcentage d'accord intracodeurs de 95 p. 100 et intercodeurs de 85 p. 100.

Afin de procéder à la détermination des profils de leadership des participants et des participantes, les discours ont été analysés à l'aide d'un système de codage manuel et en fonction de grilles de vocabulaire correspondant aux principaux modèles théoriques de leadership relevés lors de la recension des écrits : le type transactionnel, le type transformationnel, le type pédagogique et le type moral. Pour le leadership éthique, nous avons utilisé la grille établie et validée par Langlois (2002) alors que pour les autres catégories, Godin et Lapointe ont conçu et validé de nouvelles grilles lexicales de la façon suivante : les mots clés utilisés par les auteurs (Owens, 1998 ; Burns, 1978 ; Shields, 2003 ; Sergiovanni, 1992 et Starratt, 1991) pour décrire chacun des modèles théoriques de leadership ont été relevés et intégrés à une grille initiale. À l'aide de cette grille initiale, deux codeurs ont ensuite fait l'analyse d'un premier groupe de quatre entrevues et ont à la fois vérifié la validité et la fidélité de leur analyse et repéré les termes permettant de compléter la grille initiale. Finalement, en ce qui a trait aux catégories émergentes, simultanément à la vérification du vocabulaire correspondant à chacune des catégories préétablies et à la création d'une grille lexicale pour les modèles autres que le leadership éthique, les deux codeurs ont tenté de distinguer et de nommer les catégories qui semblaient ressortir des discours. Ce travail d'analyse thématique comparée a mené à la création de la catégorie *leadership ancré dans un patrimoine vivant* et à la détermination de son vocabulaire propre. C'est aussi à cette étape que les catégories de leadership hiérarchique et administratif ont été définies.

Résultats

Description des écoles

L'effectif scolaire des écoles dites traditionnelles où nous nous sommes rendues varie de 50 à 800 élèves tandis que celui des centres scolaires communautaires se situe entre 30 et 1 000 élèves. Six écoles sont classées comme élémentaires, puisqu'elles sont en mesure d'accueillir des élèves de la maternelle à la huitième année, tandis que les autres reçoivent des élèves de la maternelle à la douzième année. Dans notre échantillon, on compte autant d'écoles en milieu urbain qu'en milieu rural. En se basant sur les données démographiques et linguistiques de Statistique Canada (Recensement 2004), on constate que la majorité des écoles sont situées dans un milieu où l'anglais est dominant, alors que quelques-unes se trouvent dans des régions où la population de langue française est assez importante.

Si l'on répartit les directrices et les directeurs d'école qui ont participé à l'étude en fonction de l'expérience professionnelle, on remarque que huit personnes ont moins de cinq années d'expérience à la direction alors que sept autres en ont cinq années ou plus. Quatre participants ont plus de vingt ans d'expérience en enseignement, huit ont entre dix et dix-neuf ans d'expérience et trois ont moins de dix ans d'expérience.

Profil de leadership des participants

Après avoir terminé l'analyse de l'ensemble des entrevues, nous avons dressé un profil de chaque participant pour l'une et l'autre étape de l'entrevue. Ces profils ont été établis à partir de la présence relative de chacune des catégories calculée, pour chacune des entrevues, sur la base du nombre de lignes associées à chaque catégorie.

Représentations du leadership en éducation : une transformation des profils du général au milieu minoritaire

Dans la première partie des entrevues, au moment de donner la définition générale du leadership en éducation, les discours de huit des quinze participants s'inspirent premièrement du leadership éthique ; viennent ensuite le leadership transformationnel puis le leadership transactionnel. Par contre, dans la seconde partie des entrevues, lorsque les sujets traitent du leadership en milieu minoritaire, les profils changent et on constate que le leadership éthique domine chez tous les participants ; suivent dans l'ordre le leadership ancré dans un patrimoine vivant[2], puis les leaderships transformationnel et transactionnel (tableau 1).

Tableau 1

Profils de leadership dominants, du général au spécifique

Sujet	Leadership en général	N	%	Leadership en milieu minoritaire	N	%
A	Éthique	95,5	38	Éthique	36,5	63
	Transformationnel	35,5	37	Transactionnel	15,0	9
B	Hiérarchique	59,0	26	Éthique	120,5	51
	Transactionnel	59,5	25	Patrimoine	41,5	18
C	Éthique	56,0	42	Éthique	81,5	66
	Administratif	27,0	20	Transactionnel	13,0	11
D	Transactionnel	13,5	25	Éthique	17,5	32
	Pédagogique	13,0	24	Transactionnel	13,5	25
E	Transactionnel	57,0	40	Éthique	87,0	37
	Administratif	37,5	27	Lié au patrimoine	43,0	18
F	Favorisant l'autonomisation	89,0	47	Éthique	201,0	50
	Éthique	42,5	22	Transformationnel	153,0	38
G	Éthique	32,0	27	Éthique	99,5	50
	Hiérarchique/pédagogique	26,0	22	Transactionnel	31,0	16
H	Éthique	58,5	48	Éthique	87,5	47
	Favorisant l'autonomisation	24,0	20	Lié au patrimoine	54,0	29
I	Éthique	17,5	22	Éthique	76,0	62
	Administratif	15,5	19	Transformationnel	21,5	17
J	Éthique	37,0	39	Éthique	91,0	51
	Transformationnel	25,0	27	Lié au patrimoine	51,0	29
K	Éthique	147,0	51	Éthique	222,5	65
	Transformationnel	47,5	16	Lié au patrimoine	69,5	20
L	Éthique Hiérarchique/	27,5	31	Éthique	25,0	45
	Transactionnel	18,5	21	Transformationnel	17,0	31
M	Transformationnel	25,0	27	Éthique	46,0	36
	Éthique	19,5	21	Transformationnel	42,5	33
N	Transformationnel	21,5	35	Éthique	105,0	58
	Éthique	17,5	28	Lié au patrimoine	24,5	14
O	Hiérarchique	23,0	39	Éthique	24,5	42
	Éthique	22,0	37	Hiérarchique	11,5	20

Légende : La première ligne indique la catégorie la plus présente dans un discours et la deuxième, le second thème le plus mentionné. Lorsque deux ou trois catégories sont sur la même ligne, cela signifie que le discours de la personne comporte une même proportion de lignes portant sur ces thèmes.

Voici des extraits des entrevues qui illustrent la manière dont les discours des sujets se modifient entre le moment où ils parlent du leadership en éducation de manière générale et celui où il est question du leadership dans une école francophone en milieu minoritaire :

Leadership en général	Leadership en milieu minoritaire
1. Leadership moral	**1. Leadership moral**
Moi, je me base toujours sur les conséquences des actions que je vais porter, sur les personnes qui vont être affectées par ça.	*Ça prend un engagement de la part des parents. C'est pénible de faire passer un enfant au travers de ça, alors on essaie de découvrir la raison pour laquelle le parent veut vraiment qu'il apprenne en français. Je lui demande : « Et toi, comme parent, tu fais quoi pour aider la situation ? »*
2. Leadership transformationnel	**2. Leadership lié au patrimoine vivant**
Il faut être capable de supporter les enseignants puis de montrer que même si on n'a pas tout le temps la chance d'être aussi présent qu'on voudrait l'être dans chacune de leurs classes, chacune de leurs tâches, on est là pour les supporter puis aussi leur donner le pouvoir.	*Nous autres ici, on n'est pas en train d'enseigner une langue, on est en train de vivre une langue. On doit vivre la langue française dans notre école. C'est comme un héritage qu'on donne.*
3. Leadership transactionnel	**3. Leadership transformationnel**
Des fois aussi c'est de voir le point de vue des autres et de se rendre compte que parfois, c'est vrai que leur point de vue fait du sens.	*Des mots qui ont changé ma vie. Ça c'est une chose que j'ai toujours gardé devant mes yeux avec mes élèves, avec mes parents et toute la communauté : « Tu peux si tu veux ».*

En ce qui a trait aux catégories les moins présentes, le leadership ancré dans un patrimoine vivant se situe en première place dans la définition générale du leadership alors que lorsque les chefs d'établissement parlent de leur rôle en milieu francophone minoritaire, le leadership administratif est la catégorie la moins présente dans leur discours. Il est intéressant de noter que le leadership pédagogique est la catégorie dont on parle le moins, tant dans la première que dans la deuxième partie des entrevues (tableau 2).

Tableau 2

Types de leadership les moins présents chez les directrices et directeurs d'école en milieu minoritaire

Sujet	Leadership en général	N	%	Leadership en milieu minoritaire	N	%
A	Lié au patrimoine	0	0	Hiérarchique/pédagogique	1,5	1
	Pédagogique	1,5	2	Administratif	3	2
B	Lié au patrimoine	0	0	Administratif	0	0
	Autonomisation	3	1	Pédagogique	3	1
C	Lié au patrimoine/pédagogique	0	0	Administratif	0	0
	Autonomisation	0	0	Hiérarchique	2	2
D	Lié au patrimoine	0	0	Admin./pédag./hiérarch.	1	2
	Hiérarchique	3	6	Lié au patrimoine	2	4
E	Patrimoine	0	0	Hiérarchique	5,5	2
	Transformationnel	1	1	Administratif	12,5	5
F	Hiérarchique	0	0	Administratif/hiérarchique	0	0
	Pédagogique/lié au patrimoine	1,5	1	Lié au patrimoine	9	2
G	Lié au patrimoine	0	0	Lié au patrimoine	0,5	0
	Administratif	3	3	Autonomisation	5	3
H	Lié au patrimoine/pédagogique	0	0	Pédag./admin./transform.	0	0
	Administratif	1	1	Hiérarchique	5,5	3
I	Lié au patrim./autonomisation	0	0	Administratif	0	0
	Transformationnel	8	10	Hiérarchique	1	1
J	Hiérarchique	1	1	Admin./transactionnel	0	0
	Administratif	2	2	Hiérarchique	0,5	0
K	Lié au patrimoine	0	0	Pédag./transactionnel	0	0
	Pédagogique	2,5	1	Autonomisation/hiérarch.	4	1
L	Lié au patrimoine/transform.	0	0	Admin./pédag./particip.	0	0
	Administratif	6	7	Autonomisation	3	5
M	Lié au patrimoine	0	0	Pédagogique/admin.	0	0
	Administratif	1	1	Hiérarchique	0,5	0
N	Pédag./autonomisation	0	0	Hiérarch./pédag./autonomis.	0	0
	Hiérarchique	2	3	Transformationnel	11,5	6
O	Transf./autonomisation/lié au patrimoine	0	0	Autonomisation	1,5	3
	Administratif	2,5	4	Lié au patrimoine	2,5	4

Discussion

La présentation des résultats a permis de répondre à la première des questions que nous posions un peu plus haut en indiquant, de manière exploratoire, les types de leadership les plus pratiqués par les directrices et les directeurs d'école en milieu francophone minoritaire. L'analyse nous permet en effet de conclure que le leadership éthique est le plus présent dans les discours. Il en va de même d'un nouveau profil de leadership que nous avons nommé *leadership ancré dans un patrimoine vivant.* Viennent ensuite les types transformationnel et transactionnel. Ces types de leadership sont-ils susceptibles de créer les conditions favorables à la réussite des élèves, particulièrement en ce qui a trait au climat de l'école et au développement professionnel des enseignants ? Si on se réfère aux auteurs consultés, le fait que le leadership éthique soit particulièrement présent dans les représentations des directrices et des directeurs d'école constitue une piste positive quant au climat qui peut exister dans les écoles francophones en milieu minoritaire ainsi qu'à l'importance qui y est accordée au développement professionnel des enseignants. La présence d'un discours de type transformationnel appuie également cette hypothèse. Par ailleurs, l'absence d'un discours propre au leadership pédagogique peut indiquer un besoin de sensibilisation et de formation chez les directrices et les directeurs quant à cet aspect de leur rôle. Comme les résultats de la recherche proviennent de discours et non de l'observation de comportements, il importe de poursuivre ces pistes en réalisant des études de terrain plus précises.

Par ailleurs, en ce qui a trait au domaine de l'administration de l'éducation, ces résultats mettent en lumière le caractère particulier que prend le leadership éducationnel dans les écoles francophones en milieu minoritaire au Canada. Tout d'abord, on peut conclure que, de manière générale, les modèles théoriques actuels sur le leadership en éducation permettent de décrire une partie de l'expérience et des représentations des chefs d'établissement interviewés. La réalité vécue dans un tel contexte serait donc en partie semblable à celle des autres milieux étudiés par les chercheurs en administration scolaire. Deuxièmement, on constate l'émergence d'une nouvelle catégorie de discours liée à un sentiment de responsabilité transgénérationnelle en matière de protection de la langue et de la culture françaises. Ce sentiment n'est pas tourné vers le passé mais plutôt vers l'avenir. Les personnes y expriment une conscience du monde sans frontières dans lequel les jeunes francophones vivent aujourd'hui et du caractère multiculturel de la francophonie canadienne. Les directrices et les directeurs d'école sentent qu'ils peuvent et doivent guider les jeunes vers un avenir où leur patrimoine francophone sera bien vivant. Ces thématiques pourraient sans doute être liées à des constats similaires effectués dans le cadre de recherches sur les représentations de leaders scolaires autochtones (Bryant, 1996 ; Goddard, Foster et Finell, 2001 ; Sadinsky, 2002) et afro-américains (Murthada, 2002).

Mais l'observation la plus importante que les résultats nous permettent de faire est la transformation des profils des participants entre le moment où ils nous décrivent leurs représentations générales du leadership en éducation et celui où ils parlent du leadership en milieu scolaire francophone minoritaire. En effet, d'une étape à l'autre de l'entrevue, les profils de tous les participants se transforment de manière systématique, ce qui illustre le caractère spécifique du leadership éducationnel vécu dans une école en milieu francophone minoritaire. Ce constat souligne également l'importance d'intégrer cette problématique à l'intérieur même des cadres d'analyse et des démarches méthodologiques, à défaut de quoi, on risque à la fois de rendre invisible une réalité unique et de restreindre les connaissances scientifiques sur le leadership en éducation.

Conclusion

En cette période d'interrogation sur le sens et la mission de l'éducation en général, il importe, pour les communautés francophones minoritaires en Amérique du Nord, de mieux comprendre les dynamiques particulières qui s'expriment au sein de leurs écoles en relation avec la réussite « en français » des élèves. Le présent projet de recherche s'insère dans une telle démarche. Les connaissances qu'il produira devraient permettre d'améliorer certaines pratiques éducatives, non seulement du personnel scolaire, mais également des actrices et des acteurs qui appuient l'école francophone dans sa mission.

Nous n'en sommes encore qu'aux débuts de notre étude portant sur les représentations et les pratiques du leadership éducationnel en milieu francophone minoritaire, mais déjà les données recueillies indiquent des pistes importantes à suivre afin de mieux comprendre ce que signifie *donner une direction* à l'école minoritaire et guider autant ses élèves que sa communauté vers le succès. De plus, nous croyons que « pour les praticiens, la lecture critique des théories et des discours permet de s'approprier des savoirs en les adaptant et en les modifiant graduellement afin qu'ils correspondent à leur réalité propre » (Lapointe, 2002 : 46). Sans une telle démarche, les connaissances scientifiques risquent fort de devenir sources de confusion et de perte d'identité. C'est le sens que nous espérons donner à l'éclairage que nos résultats commencent à apporter quant à la signification du leadership éducationnel en milieu francophone minoritaire.

NOTES

1. Afin de préserver l'anonymat des personnes qui ont accepté de participer à l'étude, nous devons limiter les précisions données quant aux caractéristiques démographiques de l'échantillon.
2. Le concept initial tout d'abord proposé par Claire Lapointe (2003) était celui de patrimoine, ou *heritage* en anglais. Toutefois, une analyse plus fine des discours des participants l'a menée à faire ressortir la notion de patrimoine vivant comme étant plus juste.

BIBLIOGRAPHIE

BERG, Bruce Lawrence, *Qualitative Research Methods for the Social Sciences*, 4e edition, Needham Heights, Allyn & Bacon, 2001.
BERTAUX, Daniel, « L'approche biographique. Sa validité méthodologique, ses potentialités », *Histoire de vie et vie sociale, Cahiers internationaux de soicologie*, vol. 69, p. 197-225.

BISHOP, Russell, « Changing Power Relations in Education: Kaupapa Maori Messages for Mainstream Institutions », communication présentée au colloque de l'Association canadienne pour l'étude de l'administration scolaire, Congrès des sciences humaines et sociales, Québec, mai 2001.

BOUDREAU, Annette, Lise DUBOIS, Jacques MAURAIS et Grant MCCONNEL, « Introduction. L'écologie des langues. Problématique », dans Annette Boudreau, Lise Dubois, Jacques Maurais et Grant McConnel, *L'écologie des langues*, Paris, L'Harmattan, 2002, p. 23-32.

BRYANT, Myles T., « Contrasting American and Native Views of Leadership », communication présentée à l'Annual Meeting of the University Council for Educationnal Administration, ERIC Document Reproduction Service ED402691, 1996.

BURNABY, Barbara, et Marguerite MACKENZIE, « Cree Decision Making Concerning Language », *Journal of Multilingual and Multicultural Development*, vol. 22, n° 3, 2001, p. 191-209.

BURNS, James MacGregor, *Leadership*, New York, Harper & Row, 1978.

CAWELTI, Gordon, « Portrait of a Benchmark School », *Educational Leadership*, vol. 57, n° 5, 2000, p. 42-44.

CHENG, Yin Cheong, « Cultural Factors in Educational Effectiveness: A Framework for Comparative Research », *School Leadership & Management*, vol. 20, n° 2, 2000, p. 207-225.

CONSEIL SUPÉRIEUR DE L'ÉDUCATION DU QUÉBEC, *Diriger une école secondaire : un nouveau contexte, de nouveaux défis*, 2003, [En ligne], [http://www.cse.gouv.qc.ca/f/pub/avis/dirige_s.htm] (25 septembre 2003).

DAVIS, Wade, « Vanishing Cultures », *National Geographic*, vol. 196, n° 2, 1999, p. 62-89.

DE KLERK, Vivian, « To be Xhosa or not to be Xhosa. That is the Question », *Journal of Multilingual and Multicultural Development*, vol. 21, n° 3, 2000, p. 198-215.

DIMMOCK, Clive, et Allan WALKER, « Globalisation and Societal Culture: Redefining Schooling and School Leadership in the Twenty-First Century », *Compare*, vol. 30, n° 3, 2000, p. 1-6.

FOUCHER, Pierre, « Le droit et les langues en contact : du droit linguistique aux droits des minorités », dans Annette Boudreau, Lise Dubois, Jacques Maurais et Grant McConnel, *L'écologie des langues*, Paris, L'Harmattan, 2002, p. 43-68.

GASKELL, Jane, *Secondary Schools in Canada: The National Report of the Exemplary Schools*. Rapport de recherche ED430750, 1995.

GÉRIN-LAJOIE, Diane, « Le rôle du personnel enseignant dans la reproduction linguistique et culturelle en milieu scolaire francophone en Ontario », *Revue de sciences de l'éducation*, vol. 28, n° 1, 2002, p. 125-146.

GODDARD, J. Tim, Rosemary Y. FOSTER et Jeff FINELL, « Leadership and Culture in a Select Band Controlled School: A Northern Canadian Case Study », communication présentée à la CASEA Annual Conference, CSSE, Université Laval, Québec, mai 2001.

HELLER, Monica, « L'écologie et la sociologie du langage », dans Annette Boudreau, Lise Dubois, Jacques Maurais et Grant McConnel, *L'écologie des langues*, Paris, L'Harmattan, 2002, p. 175-192.

HOFFMANN, Charlotte, « Balancing Language Planning and Language Rights: Catalone's Uneasy Juggling Act », *Journal of Multilingual and Multicultural Development*, vol. 21, n° 5, 2000, p. 425-441.

IZUMI, Lance T., *They Have Overcome: High-Poverty, High-Performing Schools in California*, 2002.

LANDRY, Rodrigue, « Pour une éducation réussie : défis de l'école de langue française et des communautés francophones », communication présentée au 54e Congrès de l'Association canadienne de l'éducation en langue française, 2001, [En ligne], [http://www.acelf.ca/c/activites/congres/actes_archives/actes54/allocutions.html#alloc-4] (12 mai 2003).

LANDRY, Rodrigue, et Réal ALLARD, « Ethnolinguistic Vitality: A Viable Construct », *International Journal of Sociology of Language*, n° 108, 1994, p. 15-42.

LANDRY, Rodrigue, et Réal ALLARD, « Vitalité ethnolinguistique : une perspective dans l'étude de la francophonie canadienne », dans Jürgen Erfurt (dir.), *De la polyphonie à la symphonie : méthodes, théories et faits de la recherche multidisciplinaire sur le français au Canada*, 1996, Leipzig, Leipziger Universitätsverlag.

LANDRY, Rodrigue, et Réal ALLARD, « L'éducation dans la francophonie minoritaire », dans Joseph Yvon Thériault (dir.), *Francophonies minoritaires au Canada. L'état des lieux*, Moncton, Éditions d'Acadie, 1999, p. 403-433.

LANDRY, Rodrigue, et Serge ROUSSELLE, *Éducation et droits collectifs. Au-delà de l'article 23 de la Charte*, Moncton, Éditions de la Francophonie, 2003.

LANGLOIS, Lyse, « Un leadership éthique : utopie ou nécessité », dans Lyse Langlois et Claire Lapointe (dir.), *Le leadership en éducation : plusieurs regards, une même passion*, Montréal, Chenelière/McGraw-Hill, 2002, p. 75-93.

LANGLOIS, Lyse, et Claire LAPOINTE, « Le concept de leadership éducationnel : origines et évolution », dans Lyse Langlois et Claire Lapointe (dir.), *Le leadership en éducation : plusieurs regards, une même passion*, Montréal, Chenelière/McGraw-Hill, 2002, p. 1-10.

LAPOINTE, Claire, « Représentations et pratiques du leadership éducationnel en milieux francophones minoritaires », document de travail, Université de Moncton, 2001.

LAPOINTE, Claire, « Diriger l'école en milieu linguistique minoritaire », dans Lyse Langlois et Claire Lapointe (dir.), *Le leadership en éducation : plusieurs regards, une même passion*, Montréal, Chenelière/McGraw-Hill, 2002, p. 37-48.

LAPOINTE, Claire, « Putting their Hearts and Souls in it: The Meaning of Educational Leadership in Acadie », communication présentée au symposium *International Trends in Educational Research*, University of Prince Edward Island, 29 août 2003.

LAPOINTE, Claire, « Le rôle des directions d'écoles dans la dynamique de la réussite scolaire », dans Lucie DeBlois (dir.), *Réussite scolaire : mieux comprendre pour mieux intervenir*, Québec, Université Laval, à paraître.

LASAGABASTER, David, « Bilingualism, Immersion Programmes and Language Learning in the Basque Country », *Journal of Multilingual and Multicultural Development*, vol. 22, n° 5, 2001, p. 401-425.

MALHERBE, Michel, *Les langages de l'humanité : une encyclopédie des 3000 langues parlées dans le monde*, Paris, Seghers, 1983.

MARTEL, Angéline, *Les droits scolaires des minorités de langues officielles au Canada : de l'instruction à la gestion*, Ottawa, Commissariat aux langues officielles, 1991.

MURTHADA, Khaula, « Spiritual Leadership in Education: An Afro American Perspective », dans Carolyn Shields, Ira Bogotch, Claire Lapointe, Mark Edwards, Khaula Murthada, Anis Sayani et Robert J. Starratt, *Kindling a Flame: Pluralism, Spirituality, and Leadership*, communication présentée à la University Council of Educational Administration Convention, Pittsburg, États-Unis, novembre 2002.

OWENS Robert G., *Organizational Behavior in Education, Sixth Ed.*, Boston, Allyn & Bacon, 1998.

SADINSKI, Jane M., « Model of Leadership among the Oglala, Lakota of Pine Ridge, South Dakota: Convergence and Divergence between Tribal Community and School Community Leadership », communication présentée à la University Council for Educational Administration Convention, Pittsburg, États-Unis, novembre 2002.

SCHEURICH, James Joseph, « Highly Successful and Loving, Public Elementary Schools Populated Mainly by Low-SES Children of Color: Core Beliefs and Cultural Characteristics », *Urban Education*, vol. 33, n° 4, p. 451-491.

SERGIOVANNI, Thomas J., *Moral Leadership: Getting to the Heart of School Improvement*, San Francisco, Jossey-Bass Publishers, 1992.

SHIELDS, Carolyn M., *Good Intentions are not Enough: Transformative Leadership for Communities of Difference*, Lanham, Maryland, Scarecrow/Technomics, 2003.

STARRATT, Robert J., « Building an Ethical School: A Theory for Practice in Educational Leadership », *Educational Administration Quarterly*, vol. 27, n° 2, 1991, p. 185-202.

STATISTIQUE CANADA, *Population selon la langue maternelle, la province et le territoire*, 2004, [En ligne], [http://www.statcan.ca/] (20 juin 2004).

TACELOSKY, Kathleen, « Bilingual Education and Language Use among the Shipibo of the Peruvian Amazon », *Journal of Multilingual and Multicultural Development*, vol. 22, n° 1, 2001, p. 39-56.

TARDIF, Claudette, « L'identité culturelle dans les écoles francophones minoritaires : perceptions et croyances des enseignants », *The Canadian Modern Language Reivew/La Revue canadienne des langues vivantes*, vol. 49, n° 4, 1993, p. 787-799.

LES DIFFÉRENTES FACETTES IDENTITAIRES DES ÉLÈVES ÂGÉS DE 16 ANS ET PLUS INSCRITS DANS LES ÉCOLES DE LANGUE FRANÇAISE DE L'ONTARIO[1]

Georges Duquette
Université Laurentienne

Traditionnellement, des pays comme la France, l'Angleterre et l'Allemagne ne reconnaissent que l'identité nationale. Sur le plan social, il n'y a qu'un groupe avec lequel les individus peuvent s'associer, et leur identité ethnique – tout comme leur identité ethnolinguistique – est la même que leur identité nationale, puisqu'on n'y préconise qu'une langue et une culture. Les citoyens de ces pays sont Français, Anglais, Allemands. La Suisse, cependant, fait exception à cette règle. En proposant l'unité nationale dans la diversité, elle s'est ouverte à l'hétérogénéité. La Suisse affiche aussi une identité nationale, mais chacun des quatre groupes ethniques qui la composent, c'est-à-dire les Allemands, les Français, les Italiens et les Romanches, a la gestion du territoire qu'il occupe. Les référents identitaires deviennent alors plus complexes. Chez un même individu, l'identité nationale coexiste avec une identité ethnique ou ethnolinguistique différente (Office fédéral de la statistique, 1997).

Le Canada, en réaction à la montée du souverainisme au Québec à la fin des années 1960, a choisi de reconnaître la langue et la culture des deux peuples fondateurs et tenté de créer des ponts et de l'harmonie entre eux (*Le rapport de la Commission royal d'enquête sur le bilinguisme et le biculturalisme*, Laurendeau et Davidson, 1967 ; Charte des droits et libertés, 1987). En effet, pour de nombreuses personnes au Québec, l'identité provinciale québécoise était devenue aussi forte, sinon plus forte, que l'identité nationale canadienne. Le Canada, comme la Suisse, a donc encouragé les Québécois à vivre leur identité ethnique et ethnolinguistique à l'échelle provinciale tout en préservant leur identité nationale. La vision du premier ministre de l'époque, Pierre Elliott Trudeau, était d'inciter les divers groupes minoritaires d'un bout à l'autre du pays à adopter une ligne de conduite semblable. En Acadie, particulièrement au Nouveau-Brunswick, on affichait publiquement l'identité acadienne avec l'identité canadienne. Ailleurs au Canada, étant donné le faible poids démographique des francophones dans des provinces surtout anglophones (Landry et Rousselle, 2003), les réactions ont été différentes. Comme ce fut le cas dans d'autres provinces, l'élite de l'Ontario français a décidé de remplacer l'identité canadienne-française par une identité francophone provinciale : l'identité franco-ontarienne. Si de tels changements dans les diverses facettes identitaires sont d'un intérêt certain pour les politiciens, les historiens, les sociologues, etc., il est permis de se demander quelles en sont les répercussions dans la vie des jeunes des milieux francophones minoritaires. Dans cette optique, la présente étude vise à connaître l'importance accordée par les élèves qui fréquentent les écoles secondaires de langue française de l'Ontario à l'identité nationale et à diverses autres composantes de leur identité sociale.

Définitions de l'identité et de ses différentes facettes

Selon Erikson (1980), l'identité répond à la question « qui suis-je ? ». La réponse à cette question n'est toutefois pas simple. Il existe différentes identités possibles. D'abord, l'identité personnelle ou individuelle est le résultat de l'héritage familial et des expériences vécues par l'individu. Elle se révèle sur le plan de l'image de soi et de ses compétences. Cette identité, non visée spécifiquement par la présente étude, constitue le noyau auquel se greffe ultimement une identité sociale (Campeau, Sirois, Rheault et Dufort, 1998 : 95). Celle-ci est multidimensionnelle et se développe chez l'individu qui se compare aux divers groupes sociaux qui l'entourent et qui adopte un certain nombre des caractéristiques distinctives de ceux-ci.

Étant donné la diversité des identités sociales, Duchesne (2004) propose un regroupement en trois catégories. Tout d'abord, il y aurait des identités dites « territoriales » qui font référence à un territoire défini géographiquement ou juridiquement, sinon les deux ! Cette catégorie regrouperait les identités continentales (Africain, Asiatique, etc.), les identités nationales (Canadien, Américain, etc.) et les identités provinciales (Ontarien, Québécois, etc.) ou liées à d'autres régions géographiques. Ensuite, il y aurait des identités « ethniques et ethnolinguistiques », qui font référence à un groupe ayant une lignée ancestrale plus ou moins établie (Autochtones, Canadiens français, Canadiens anglais, Franco-Ontariens, etc.). Enfin, il y aurait des identités purement « linguistiques et culturelles », qui font référence aux comportements langagiers de l'individu et au sentiment d'appartenance à une ou plusieurs cultures que représentent les langues d'usage (francophone, anglophone, bilingue, biculturel, multilingue, multiculturel, etc.).

Parmi les identités sociales, les identités nationale, ethnique et ethnolinguistique sont peut-être les plus souvent mentionnées dans les études sur les groupes minoritaires. L'identité nationale, bien sûr, fait référence au territoire qu'une population a en commun. Les individus se définissent ici comme appartenant à un pays, à une province ou à toute autre région géographique qui les réunit.

L'identité ethnique se révèle dans le sentiment d'appartenance à un groupe dans un sens plus restreint et se détermine en fonction de certaines caractéristiques, d'une combinaison d'identités individuelles distinctives (Dubar, 1996 ; Gohier, Anadón, Bouchard, Charbonneau et Chevrier, 2001). Baker présente quatre caractéristiques d'une identité ethnique : a) une catégorisation autodéfinie par un groupe ; b) une ligne ancestrale réelle ou imaginée ; c) des traits culturels simples ou organisés ; d) des lignes de démarcation avec les « autres » (1997 : 367). Il souligne qu'une catégorisation ethnique imposée peut changer rapidement, alors qu'une catégorisation choisie est plus stable. L'identité ethnolinguistique fait partie de l'identité ethnique, mais elle met l'accent sur la langue qui regroupe les personnes et qui fait en sorte qu'ils partagent une culture et des valeurs communes, la plupart du temps sur un même territoire.

En Ontario, le fait que la langue française est minoritaire complique la recherche d'identité chez les jeunes, surtout si le groupe francophone est dévalorisé. Campeau, Sirois, Rheault et Dufort (1998) soulignent l'effet dévastateur de l'incapacité de s'identifier à un groupe d'origine ou d'appartenance. L'individu est alors porté à adopter l'une des quatre stratégies suivantes : premièrement, intérioriser l'image dévalorisée, ce qui se traduit par une soumission culpabilisante ; deuxièmement, tenter de rehausser l'image de soi, en réagissant agressivement envers la ou les populations dominantes qui lui manifestent du mépris, ou suraffirmer le trait déprécié, comme dans le mouvement *Black is beautiful*, par exemple ; troisièmement, s'assimiler au groupe dominant ; enfin, quatrièmement, développer une identité critique qui intègre les caractéristiques des deux cultures, compromis qui permet de retenir les caractéristiques de son groupe d'appartenance et d'acquérir certaines des caractéristiques du groupe dominant ou des groupes dominants. Dressler-Holohan, Morin et Quéré (1986) soulignent que cette dernière stratégie est celle que les personnes membres d'un groupe minoritaire préfèrent adopter, mais elle n'est pas nécessairement la seule. D'ailleurs, en Ontario français, la suraffirmation des effets positifs du bilinguisme (la stratégie numéro 2) est très compatible avec cette formule de métissage culturel. Ce métissage se révèle dans les identités linguistiques ou culturelles qui permettent à l'individu de se définir selon une ou plusieurs langues et cultures. C'est à ce type d'identité que l'on fait référence lorsqu'on se demande quelle importance accordent les élèves qui fréquentent les écoles secondaires de langue française de l'Ontario à leur langue maternelle, à leur bilinguisme, à leur multiculturalisme.

Contexte et questions de recherche

Les adolescents sont normalement invités à préserver leur identité personnelle ou individuelle, mais aussi à adopter l'identité, les croyances, les normes et les valeurs de ceux qui les entourent dans une synchronisation de comportements avec les autres (Gearing, 1984 ; Trueba, 1981). Ce processus débute en milieu familial. Le réseau familial permet à un jeune de s'intégrer socialement au monde qui l'entoure. Donc, l'individu s'insère dans une famille qui s'insère dans un réseau ethnique et ethnolinguistique qui, lui, s'insère dans un contexte provincial et national. Ce sont dans ces contextes que se vivent les réalités quotidiennes et que se forment les identités.

Le défi particulier des adolescents en milieu minoritaire consiste à définir leur identité sur le plan individuel et social (Campeau, Sirois, Rheault et Dufort, 1998 : 90-91 ; Cloutier, 1996 ; Henson, 1992) en harmonie avec leur identité ethnique et ethnolinguistique (Duquette, 1999 ; Landry et Rousselle, 2003). Une réussite sur le plan personnel doit se transposer sur le plan social sous forme de réussites dans les activités de groupes, les études et l'emploi, et c'est là que le groupe ethnique devrait jouer un rôle parce qu'il en est le tremplin.

Dans un contexte où la langue française est minoritaire et l'identité du groupe est dévalorisée, la population est plus fragile et susceptible de s'assimiler. Cependant, tout en tenant compte de leur statut minoritaire, les jeunes qui fréquentent les écoles de langue française de l'Ontario subissent toutes sortes d'influences sur leur vie. De nos jours, ils sont eux aussi placés devant le phénomène de la mondialisation et du pluralisme ethnique et culturel au Canada. Ils sont appelés à se situer par rapport à des catégories d'identités différentes, parfois même présentées comme étant mutuellement exclusives ou en conflit.

> Aucune culture ne peut vivre de façon isolée des autres. Or, le contact d'une culture à une autre constitue toujours un choc culturel parce que chacune juge et évalue l'autre de son propre point de vue. Le contact entre cultures peut prendre différentes tournures : l'abandon d'une culture au profit de la culture d'adoption (l'acculturation), la fermeture d'une culture sur elle-même (l'ethnocentrisme), l'ouverture aux cultures (le relativisme culturel) et l'intégration culturelle qui respecte les cultures minoritaires (Campeau, Sirois, Rheault et Dufort, 1998 : 139).

Les statistiques des derniers recensements montrent que l'assimilation (la perte de la langue et de la culture) des personnes qui ont le français comme langue maternelle est élevée en Ontario et dans toutes les provinces canadiennes, sauf le Québec et le Nouveau-Brunswick (Statistique Canada, 1994, 1989). En 1993, Bernard parlait de la répartition de la population francophone au pays en fonction de l'âge en termes de pyramide renversée, c'est-à-dire d'un plus grand nombre de personnes âgées que de jeunes enfants. Cinq facteurs peuvent contribuer au processus d'assimilation : la position minoritaire, sur le plan du statut social et non seulement sur le plan numérique (Baker, 2000 ; Lambert et Tucker, 1972) ; l'absence d'institutions francophones appartenant à cette population ; le manque de participation aux institutions ; la domination par un ou des groupes majoritaires ; finalement, l'exogamie.

Une identité ethnolinguistique en harmonie avec leurs expériences familiales et les valeurs du contexte social environnant permet aux jeunes de faire le pont entre l'identité personnelle et l'identité ethnique sur le plan social. Cette acceptation ne les oblige pas à rejeter une partie de leur vécu pour se faire accepter par l'un ou l'autre des groupes qui les entourent. Une forte identité ethnolinguistique aide les jeunes non seulement à mieux se définir, mais aussi à s'enraciner et à participer à la construction de leurs institutions.

La reconnaissance de la langue et de la culture des deux peuples fondateurs par le gouvernement fédéral a eu un impact sur l'éducation à l'échelle provinciale en Ontario français. Cette reconnaissance a conduit, par la suite, à la formation des comités consultatifs de langue française et à la création des écoles de langue française quelques années plus tard. Durant les années 1970 et 1980, les politiques du gouvernement canadien ont encouragé le bilinguisme et le multilinguisme individuel et social partout au pays. Ensuite, la Charte canadienne des droits et libertés a forcé la mise sur pied des conseils scolaires de langue française en janvier 1998. Durant toute cette période et jusqu'à nos jours, plusieurs études portant sur les avantages cognitifs et langagiers du bilinguisme individuel sont venues appuyer les initiatives gouvernementales (Cummins, 1978a, 1978b, 1979, 1981, 1982, 1984, 1987, 1991, 2000 ; Lambert et Tucker, 1972 ; Lapkin et Swain, 1982). Les inscriptions d'élèves anglophones aux programmes d'immersion française ont monté en flèche et, même aujourd'hui, elles ne cessent d'augmenter (Canadian Parents for French, 2001). Les chercheurs, dans de nouvelles recherches sur les langues secondes, continuent à montrer les avantages du bilinguisme additif (Lapkin et Turnbull, 1999). Les politiques gouvernementales de langue française en Ontario font la promotion du bilinguisme additif à l'intérieur des programmes-cadres (Baker, 1997, 2000 ; ministère de l'Éducation et de la Formation de l'Ontario, 1998, 1999). Cependant, la création des écoles bilingues dans les années 1960 a permis de se rendre compte que ce genre d'écoles n'était pas favorable à l'éducation « en français » parce que, sur le plan institutionnel, comme le disait Calvé (1992), lorsque les normes majoritaires rencontrent les normes minoritaires, les normes majoritaires l'emportent. Cette prise de conscience des effets néfastes des institutions bilingues, associée à l'abandon de l'identité « canadienne-française » par le Québec et au désir de franciser davantage les élèves en Ontario, s'est traduite par une tentative de remplacement de l'identité « canadienne française » en Ontario par l'identité « franco-ontarienne ».

L'état contraire à l'identité selon Erikson (1980) est l'aliénation. Selon Bernard (1990), l'Ontario français vit l'expérience d'une profonde aliénation. Selon cet auteur (1999), l'une des raisons principales de cette aliénation est l'incapacité de l'Ontario français de prendre sa juste place et d'évoluer dans les structures canadiennes. En effet, même si la Charte canadienne des droits et libertés accorde aux francophones des droits visant la promotion de leur langue et de leur culture, un bref aperçu de l'histoire canadienne, et de celle de l'Ontario en particulier, révèle que l'objectif principal des gouvernements a surtout été l'assimilation des francophones à la majorité anglophone (Haché, 1995).

Cependant, n'est-il pas possible qu'une certaine aliénation soit produite à l'intérieur même de l'Ontario français ? En effet, la remise en question de l'identité « canadienne-française » par le Québec ne s'appliquait pas nécessairement aux familles des jeunes inscrits dans les écoles de langue française de l'Ontario, l'héritage canadien-français étant bien ancré dans la conscience de cette population installée au cœur du Canada. À titre d'exemple des valeurs différentes entre le Québec et l'Ontario français, on peut penser à la remise en question de l'autorité de l'Église catholique dans le contexte de la Révolution tranquille au Québec, laquelle remise en question ne s'est pas produite en Ontario français. Encore aujourd'hui, huit des douze conseils scolaires de langue française de l'Ontario sont catholiques.

Sur le plan de l'identité ethnolinguistique, une forte proportion de la population minoritaire en Ontario ne vit que partiellement son caractère francophone (Duquette, 1994, 2001b ; Duquette et Morin, 2003). Une étude auprès des élèves du Conseil scolaire du Nord-Est (Haché, 2001) indique que les jeunes s'identifient d'abord comme « Canadiens », ensuite comme « Ontariens » et ensuite comme « Franco-Ontariens ». Est-ce à dire que l'identité ethnolinguistique est moins importante pour les jeunes de l'Ontario français que leur identité nationale ? Si oui, pourquoi ? Est-ce que l'identité franco-ontarienne qu'on leur propose à l'école est celle avec laquelle ils s'identifient en réalité ? Il semblerait que la vitalité de l'identité ethnique d'une population soit la clef de sa survie (Conklin et Lourie, 1983). En effet, un facteur rassembleur au Nouveau-Brunswick est celui de l'identité acadienne qui a permis aux francophones de cette province de s'enraciner et de conserver leur langue maternelle de génération en génération. Bernard (1993) montrait que le Nouveau-Brunswick était la seule province au pays (autre que le Québec) où il y a plus d'enfants que de personnes âgées qui parlent le français. En Ontario français, cette identité et cette vitalité semblent loin d'être acquises.

L'intégration à un groupe ethnique dépend en partie de la compatibilité entre les identités individuelles et ethniques. Pour que l'identité ethnolinguistique joue un rôle positif dans la vie des jeunes adolescents de l'Ontario français, ces jeunes devront l'avoir choisie. Auront-ils choisi eux-mêmes leur appartenance, ou est-ce que cette appartenance leur aura été imposée (Baker, 1997 : 367-368) ? On sait que la dévalorisation de l'identité d'un groupe et l'aliénation qui s'ensuit peuvent entraîner de sérieuses conséquences (Campeau, Sirois, Rheault et Dufort, 1998). Il est possible de contrer ces difficultés par l'adoption d'une identité critique. En effet, l'adoption d'une identité critique offre aux jeunes la chance d'adopter le meilleur de ce que les groupes en présence ont à offrir, pour ensuite profiter pleinement des possibilités qui s'offrent à eux.

Ainsi, compte tenu de la situation minoritaire de l'Ontario français, les questions auxquelles cette étude veut répondre sont les suivantes :

1. Quelle est la nature des identités territoriales des adolescents qui fréquentent les écoles secondaires de l'Ontario et quelle en est l'importance ?

2. Quelle est la nature des identités ethniques et ethnolinguistiques de ces jeunes et quelle en est l'importance ?

3. Quelle est la nature de leurs identités linguistiques et culturelles et quelle en est l'importance ?

Méthodologie

Échantillon

En vue d'obtenir un profil de l'importance des facettes identitaires chez les jeunes fréquentant les écoles secondaires de langue française de l'Ontario, nous avons contacté les 12 conseils scolaires de la province. Onze conseils ont accepté de participer à l'étude. Nous avons ensuite invité les écoles secondaires offrant des programmes réguliers à participer et 41 écoles sur 72 ont répondu positivement à l'invitation, ce qui représente 56,9 p. 100 des écoles admissibles. Selon le Groupe de gestion de l'information du ministère de l'Éducation de l'Ontario (novembre 2002), 14 866 élèves de 16 ans et plus étaient inscrits aux écoles secondaires de langue française au cours de l'année scolaire 2001-2002. De ce nombre, 2 888 ont retourné des questionnaires valides, pour un taux de participation global de 19,4 p. 100. Si on fait le calcul en fonction des élèves admissibles inscrits seulement dans les écoles qui ont accepté de participer, le taux de participation s'élève à 50,9 p. 100 pour les écoles appartenant aux conseils scolaires publics et à 40,2 p. 100, pour les conseils scolaires catholiques. Précisons que les questionnaires ont été considérés comme valides pour les élèves qui ont rempli un formulaire d'autorisation sur lequel ils affirmaient avoir 16 ans et plus et qu'ils s'engageaient librement à remplir le questionnaire. La signature était obligatoire et confirmait l'engagement des jeunes. Le tableau 1 présente la distribution des conseils scolaires, des écoles, des élèves admissibles, ainsi que les taux de participation à l'étude.

Tableau 1

Nombre de conseils scolaires, d'écoles, d'élèves et taux de participation

	Publics	Catholiques	Total	% global
Conseils scolaires de langue française	4	8	12	
Conseils scolaires participants	4	7	11	91,6
Écoles secondaires régulières	30	42	72	
Écoles secondaires participantes	17	24	41	56,9
Élèves de 16 ans et plus dans toutes les écoles			14 866	
Élèves de 16 ans et plus dans les écoles participantes	1 363	5 453	6 998	
Questionnaires valides retournés	695	2 193	2 888	19,4
Pourcentage de questionnaires valides dans les écoles participantes	50,9	40,2		

Enfin, l'éducation et le revenu familial ont été utilisés pour déterminer le niveau socioéconomique des jeunes de l'échantillon et ce niveau s'est avéré élevé. En ce qui concerne la représentation par région de la province et par sexe, les nombres apparaissent relativement équilibrés, comme on peut le constater au tableau 2.

Tableau 2

Nombre d'élèves participants par région et par sexe

	Ontario	Région Sud	Région Est	Région Nord-Est
Population	2 881*	814	962	1 105
Sexe féminin	1 602	448	555	599
Sexe masculin	1 279	366	407	506

* N.B. On nous a renvoyé 2 888 questionnaires, mais neuf élèves n'ont pas répondu à cette question.

Instrumentation

La présente étude s'inscrit dans une enquête plus large (Duquette, 2002) utilisant une adaptation d'un questionnaire plus élaboré et normalisé pour leurs études antérieures par Landry et Allard (1997, 1990). Cependant, la section du questionnaire portant plus spécifiquement sur les facettes identitaires, qui font l'objet du présent article, est toute nouvelle. La question posée visait à faire ressortir l'importance accordée par les jeunes à différentes facettes identitaires susceptibles de les décrire le mieux. Les jeunes ont évalué l'importance des facettes identitaires sur un continuum subdivisé en neuf sections non chiffrées pour favoriser une réaction émotionnelle plutôt que rationnelle de leur part. Les jeunes devaient placer un X sur le continuum entre les deux pôles contraires de chaque facette (p. ex. francophone/non francophone). Dans la catégorie des identités territoriales, le questionnaire visait à déterminer principalement l'importance des identités canadienne, ontarienne et québécoise, mais également, en tenant compte de la diversité de la population à l'étude et des nouveaux immigrants, des identités d'autres régions (p. ex. africaines, asiatiques, etc.). En ce qui a trait aux identités ethniques et ethnolinguistiques, il s'agissait de déterminer l'importance des identités canadienne-française, canadienne-anglaise, franco-ontarienne, et autres (autochtone, etc.). Enfin, pour ce qui est des identités linguistiques et culturelles, le questionnaire s'est attaché à déterminer l'importance des identités francophone, anglophone, bilingue, multilingue, biculturelle et multiculturelle.

Procédure de collecte des données

Avec l'approbation des conseils scolaires et la permission ou la collaboration des écoles secondaires, des boîtes et des enveloppes de questionnaires ont été acheminées aux écoles qui avaient exprimé leur désir de participer. De plus, une tournée de la province a permis de rencontrer certaines directions d'école qui n'avaient pas répondu à l'appel et de distribuer un bon nombre de questionnaires supplémentaires.

À l'école, les élèves étaient libres d'accepter ou de refuser de remplir le questionnaire. Avant même de le remplir, les élèves étaient informés de la confidentialité de leurs réponses et, s'ils décidaient de remplir le questionnaire, ils devaient remplir le formulaire d'autorisation. Les éducateurs en fonction à l'école ont administré le questionnaire en suivant une procédure standardisée. Les élèves avaient environ 30 minutes pour remplir le questionnaire. Les questionnaires ont ensuite été recueillis, placés dans une enveloppe scellée qui a été retournée au chercheur principal par l'école. Chaque questionnaire reçu a été vérifié pour s'assurer que le formulaire d'autorisation avait bien été rempli, ce qui déterminait la validité ou la non-validité du questionnaire. Les formulaires d'autorisation ont ensuite été détachés des questionnaires valides, et les questionnaires ont été codés en fonction du conseil scolaire, de l'école, de la région, de la municipalité et du code régional. Les questionnaires ont enfin été envoyés au Centre de recherche en éducation à l'Université de Moncton, où les renseignements ont été saisis à l'ordinateur. À l'Université de Moncton, une rencontre de quelques jours entre l'équipe de recherche et le statisticien a permis de déterminer la méthode à utiliser pour l'analyse des données. Celle-ci s'est limitée au calcul du niveau d'importance moyen accordé aux facettes identitaires par les jeunes, selon la langue maternelle.

Il convient de mentionner ici certaines limites de l'étude. Même si l'objectif était que chaque élève âgé de 16 ans ou plus ait l'occasion de participer au sondage, certaines écoles ont choisi d'administrer le questionnaire dans certaines classes seulement. Certains éducateurs ont mentionné que les élèves avaient trouvé le questionnaire trop long et que, même si les questions n'étaient pas difficiles, elles exigeaient une concentration soutenue. De plus, malgré le nombre important de questionnaires valides retournés et d'écoles qui ont participé, il demeure que 31 écoles sur 72 ont refusé de participer, ce qui limite les possibilités de généralisation des résultats de cette étude.

Résultats

Comme le montre le tableau 3, les identités territoriales, incluant l'identité nationale et l'identité provinciale, sont les plus fortes de toutes les identités pour l'ensemble des élèves. L'identité nationale canadienne est jugée la plus importante (8,6), particulièrement pour ceux qui ont le français (8,7) et l'anglais (8,8) comme langue maternelle. Les élèves qui ont une langue maternelle autre que le français et l'anglais jugent cette identité moins importante (6,3) pour eux à ce moment-ci de leur vie. L'identité provinciale est la deuxième en importance (8,2) pour l'ensemble des élèves, particulièrement pour ceux qui ont le français (8,2) et l'anglais (8,6) comme langue maternelle. Encore une fois, les élèves qui ont une autre langue maternelle accordent un peu moins d'importance (6,1) à cette identité. Les autres identités territoriales (américaine, européenne, québécoise, etc.) ne sont importantes que pour un groupe restreint d'élèves, ce qui explique des niveaux d'importance variant seulement de 1,3 à 3,8. Il est intéressant de noter que les identités européenne, africaine et asiatique sont importantes (de 3,0 à 3,8) particulièrement pour les jeunes qui ont une langue maternelle autre que le français et l'anglais.

Tableau 3

**Importance moyenne, sur une échelle de 1 à 9, des facettes identitaires
pour l'ensemble des jeunes de l'Ontario**

Facette identitaire	Langue maternelle			
	Français	Anglais	Autre	Total
Francophone	7,4	5,2	6,2	6,7
Anglophone	5,6	7,5	5,8	6,1
Bilingue	7,8	7,5	7,9	7,7
Biculturel	4,2	4,8	6,2	4,5
Multilingue	3,5	3,8	7,6	3,8
Multiculturel	3,2	3,8	6,7	3,6
Canadien français	7,9	5,9	4,5	7,2
Canadien anglais	4,9	7,6	4,2	5,6
Franco-Ontarien	7,5	6.0	5,2	7,0
Québécois	2,3	1,6	1,8	2,1
Ontarien	8,1	8,5	6,1	8,1
Canadien	8,6	8,7	6,3	8,5
Autochtone	1,7	1,7	1,3	1,7
Américain	1,4	1,5	1,7	1,5
Européen	1,7	2,2	3,2	1,9
Africain	1,4	1,3	3,8	1,5
Asiatique	1,3	1,4	3,0	1,4

Les facettes identitaires ethniques et ethnolinguistiques suivent de très près les facettes identitaires territoriales. Les élèves qui ont le français comme langue maternelle accordent un score de 7,9 à l'identité canadienne-française et de 7,5 à l'identité franco-ontarienne, alors que l'identité canadienne-anglaise se situe pour eux à 4,9. Comme on pouvait s'y attendre, les élèves qui ont l'anglais comme langue maternelle accordent plus d'importance à l'identité canadienne-anglaise (7,6), mais l'importance des identités canadienne-française (5,9) et franco-ontarienne (6,0) est quand même respectable. Ceux qui sont de langue maternelle autre que le français ou l'anglais accordent moins d'importance aux expressions « Canadien français » (4,5), « Canadien anglais » (4,2) et « Franco-Ontarien » (5,2), ce qui a une incidence sur la moyenne de l'ensemble des élèves, qui accordent un score de 7,2 à l'identité canadienne-française, de 7,0 à l'identité franco-ontarienne et de 5,6 à l'identité canadienne-anglaise.

Dans la catégorie des identités linguistiques et culturelles, l'identité bilingue a reçu un score de 7,7 pour l'ensemble des répondants, de 7,8 chez les élèves qui ont le français comme langue maternelle et de 7,5 chez les élèves qui ont l'anglais comme langue maternelle. Il s'agit de la facette identitaire la plus importante (7,9) chez les élèves qui ont une langue maternelle autre que le français et l'anglais. L'identité francophone se voit accorder une importance de 7,4 chez les élèves qui ont le français comme langue maternelle, de 5,2 chez ceux dont l'anglais est la langue maternelle, et de 6,2 chez ceux qui ont une autre langue maternelle. La moyenne est de 6,7 pour l'ensemble des répondants. L'identité anglophone se situe à un niveau d'importance de 5,6 chez les élèves de langue maternelle française, à 7,5 pour les élèves de langue anglaise et à 5,8 pour les élèves d'autres langues, la moyenne globale se situant à 6,1. Les identités biculturelle, multilingue et multiculturelle sont jugées les moins importantes (3,6 à 4,5) par l'ensemble des élèves. Cependant, ces identités sont relativement plus importantes (6,2 à 7,6) auprès des élèves qui ont une langue maternelle autre que le français et l'anglais.

Tableau 4

Importance moyenne, sur une échelle de 1 à 9, des facettes identitaires en fonction des régions de l'Ontario

Facette identitaire	Région Sud			Région Est			Région Nord-Est		
	Langue maternelle			Langue maternelle			Langue maternelle		
	Français	Anglais	Autre	Français	Anglais	Autre	Français	Anglais	Autre
Francophone	7,6	5,2	6,3	7,4	5,2	6,1	7,2	5,2	5,3
Anglophone	5,9	7,7	6,0	5,6	7,5	5,4	5,4	7,2	6,0
Bilingue	7,9	7,7	8,0	8,1	7,7	7,7	7,6	7,1	7,0
Biculturel	4,7	4,8	6,0	4,0	4,9	6,5	4,1	4,6	6,3
Multilingue	4,0	3,9	7,8	3,7	4,2	7,4	3,1	3,3	5,7
Multiculturel	4,0	4,2	6,8	3,3	3,9	6,6	2,9	3,2	5,0
Canadien français	7,5	6,0	4,6	8,0	5,8	4,4	8,0	6,0	4,0
Canadien anglais	5,2	7,7	4,5	4,9	7,7	3,7	4,7	7,3	3,0
Franco-Ontarien	6,3	6,0	5,3	7,6	5,9	4,9	7,9	6,1	5,0
Québécois	3,4	1,6	2,0	2,3	1,5	1,5	2,0	1,7	1,0
Ontarien	6,9	8,6	6,3	8,1	8,4	5,5	8,5	8,4	5,0
Canadien	8,3	8,9	6,5	8,7	8,8	5,8	8,7	8,4	5,0
Autochtone	1,6	1,6	1,3	1,6	1,6	1,0	1,8	2,0	4,0
Américain	1,4	1,5	2,0	1,4	1,4	1,1	1,5	1,7	1,0
Européen	2,0	2,2	3,5	1,7	2,2	2,2	1,6	2,0	6,3
Africain	1,9	1,2	3,9	1,3	1,2	3,7	1,3	1,7	1,0
Asiatique	1,2	1,3	2,8	1,2	1,2	3,4	1,3	1,6	3,7

Comme le laisse voir la lecture du tableau 4, il y a peu de différences dans l'importance accordée aux différentes facettes identitaires d'une région à l'autre de la province. Les différences les plus marquées se retrouvent dans le Sud de l'Ontario, où les jeunes qui ont le français comme langue maternelle accordent une moins grande importance aux facettes identitaires canadienne-française (7,5), franco-ontarienne (6,3) et ontarienne (6,9), comparativement aux jeunes des régions Est (8,0, 7,6 et 8,1 respectivement) et Nord-Est (8,0, 7,9 et 8,5 respectivement) de la province. Peut-être que ce résultat est attribuable au fait que la région Sud attire un plus grand nombre d'immigrants et compte, par conséquent, un plus grand nombre de jeunes ayant une langue maternelle autre que le français ou l'anglais. C'est d'ailleurs dans cette région que l'on retrouve l'importance la plus élevée pour les identités multilingue (7,8) et multiculturelle (6,8).

Discussion

Le but de cette étude était de connaître la nature et l'importance des différentes facettes identitaires que se donnent les élèves qui fréquentent les écoles secondaires de l'Ontario en relation avec les trois catégories d'identités : territoriales, ethniques et ethnolinguistiques, et linguistiques et culturelles. Les résultats montrent clairement que l'identité nationale canadienne et l'identité provinciale ontarienne sont les plus importantes pour ces jeunes. L'ancrage au territoire apparaît donc comme une composante essentielle de l'identité sociale, peu importe la situation minoritaire ou majoritaire du groupe.

Sur le plan de l'identité ethnique et ethnolinguistique, les jeunes ontariens français s'identifient à la fois comme Canadiens français (l'identité adoptée par la population canadienne dont l'origine ethnique était de langue française) et comme Franco-Ontariens. Selon les résultats de cette étude, contrairement à ce que disent certains, l'identité canadienne-française n'est pas périmée, mais elle concorde très bien avec les résultats sur l'identité territoriale, c'est-à-dire les identités nationale et provinciale. Les jeunes semblent reconnaître implicitement qu'ils ne pourraient pas vivre en français en Ontario s'ils n'étaient d'abord et avant tout Canadiens. L'identité franco-ontarienne reçoit aussi un appui important, mais étant donné toute la publicité que reçoit cette facette identitaire dans les écoles françaises de l'Ontario, on peut se demander pourquoi elle n'est pas plus importante. Peut-être que l'inversion des priorités « territoire-langue », comme dans l'expression Canadien français, en priorités « langue-territoire », comme dans l'expression Franco-Ontarien, rend cette dernière un peu moins conforme aux expériences vécues par les jeunes.

Dans la catégorie des facettes identitaires fondées sur la langue et la culture, il est particulièrement intéressant de noter la grande importance accordée à l'identité bilingue chez tous les élèves, quelle que soit leur langue maternelle. En fait, l'importance de cette facette est supérieure à celle des facettes ethniques et ethnolinguistiques. On remarque également que ceux qui ont une langue maternelle autre que le français et l'anglais, naturellement, accordent aussi beaucoup d'importance à leur multilinguisme et à leur multiculturalisme. Ces résultats militent en faveur d'une reconnaissance accrue de l'hétérogénéité de la population minoritaire et du besoin de renforcer les langues et les cultures en milieu scolaire, afin de permettre à tous les membres de cette population d'assumer leur juste place au sein de ses institutions.

Ces résultats ne devraient pas surprendre ceux qui connaissent bien l'Ontario français. Même si le discours franco-ontarien apparaît omniprésent, il semble fondé sur une idéologie qui cherche toujours à s'opérationnaliser, même si celle-ci a déjà été remise en question depuis quelques décennies par Donald Dennie (1978) :

> Existe-t-il, a-t-il déjà existé une réalité que l'on pourrait appeler société franco-ontarienne ? Dans le cadre de l'idéologie franco-ontarienne et pour ses définisseurs, il ne fait aucun doute. La société franco-ontarienne est une entité vivante, qui a des traditions, des valeurs, des institutions. Mais lorsqu'on tente de la saisir empiriquement, on se bute à des obstacles majeurs qui laissent soupçonner que cette réalité est beaucoup plus une représentation idéologique qu'un fait tangible.

> Pour l'idéologue franco-ontarien, cette société est essentielle [...]

> Toutefois, lorsque le scientifique essaie de cerner cette réalité, de l'analyser, la mesurer, en tâter le pouls, il a de la difficulté à retrouver le corps (p. 79).

Les deux premiers principes directeurs formulés lors du Sommet de la francophonie ontarienne tenu à Toronto en 1991 étiquettent unilatéralement tous les francophones de l'Ontario comme Franco-Ontariens « pour faire référence non seulement à l'héritage culturel canadien-français de la communauté, mais aussi au patrimoine ethnoculturel francophone auquel contribuent des Franco-Ontariennes et des Franco-Ontariens de race et de culture diverses, souvent d'ailleurs » (Sommet, résolution n° 2 : 10). Les problèmes sont, comme l'a souligné Dennie (1978), que cette expression ne colle pas nécessairement à l'identité que se font d'eux-mêmes les jeunes minoritaires de langue maternelle française ou ceux qui ont une langue maternelle autre que le français ou l'anglais. Ces principes semblent avoir été formulés sans consultation populaire. Selon Baker (1997), il faut distinguer entre la catégorisation d'un groupe par un autre groupe et l'identité ethnique définie à partir du groupe lui-même. Il est permis de se demander ici à quel point les aspirations et les caractéristiques authentiques des jeunes sont prises en considération dans la définition de la francophonie ontarienne.

Que la population française de l'Ontario souhaite avoir des écoles et des salles de classe de langue française est légitime. Elle doit savoir dire « non » aux institutions bilingues et « oui » aux institutions qui se donnent comme objectif la revitalisation du français. Mais il est possible d'accomplir cet objectif en respectant le caractère bilingue et multilingue et l'hétérogénéité culturelle des élèves. Le problème se pose lorsque l'on cherche à imposer une identité plutôt que de reconnaître celle qui existe. Dans un tel cas, il est légitime de parler d'aliénation. Étant donné que la population francophone minoritaire en Ontario vit déjà une aliénation par rapport au discours externe anglo-dominant, le problème peut s'amplifier lorsque des contraintes s'exercent également à l'intérieur du groupe pour modifier son identité. Selon Campeau, Sirois, Rheault et Dufort (1993), le processus d'aliénation comporte trois phases principales.

> Dans une première phase, le dominateur définit l'identité de l'autre ou la nie ; il nie la capacité de l'autre à être autonome et à se définir lui-même en fonction de son propre potentiel. En réaction, le dominé se voit à travers le regard négatif du dominateur. Dans une deuxième phase, [...] il [le dominateur] ne rejette pas seulement un individu, mais l'ensemble du groupe social auquel l'individu s'identifie. Le dominé a honte de son identité et parfois il ne l'assume que partiellement dans une double vie. Dans une troisième phase, le dominateur juge la culture de l'autre inférieure par rapport à la sienne. Il pense contribuer à « civiliser » l'autre en lui transmettant ses valeurs et ses mœurs. Le dominé, de son côté, se sent coupable de ressentir parfois des sentiments de haine (p. 304-305).

Les écoles s'inquiètent de la qualité d'une langue scolaire alors que le vécu et la communication en milieu social doivent d'abord être renforcés (Duquette, 1999). Il existe des différences entre les identités et les valeurs franco-dominantes, surtout unilingues, et celles de ceux qui sont bilingues et multilingues (Duquette et Morin, 2003). Si certains craignent que le bilinguisme ne soit une voie vers l'assimilation (Baker, 2000), ils devraient craindre davantage l'aliénation qui pousse les jeunes à délaisser leur langue et leur culture. Les recherches de Haché (1995), Landry et Allard (1985, 1990, 1991, 1994), Landry, Allard et Haché (1998) et Landry, Allard et Théberge (1991) aident à comprendre l'évolution de l'élève minoritaire, de son identité et de ses compétences dans sa langue maternelle par rapport à la vitalité ethnolinguistique de son milieu de vie. Fishman (1990, 1991) a dressé des listes de facteurs pour décrire et évaluer la vitalité sociolinguistique d'un milieu minoritaire. Une ouverture de la part des conseils scolaires envers la diversité et l'hétérogénéité est tout aussi importante que l'accent mis sur l'identité canadienne et la réalité ontarienne.

Conclusion

L'ensemble des adolescents de 16 ans et plus inscrits dans les écoles secondaires de langue française de l'Ontario qui ont participé à cette étude accordent une importance majeure à leur identité territoriale. Ils reconnaissent l'importance de deux identités ethniques et ethnolinguistiques, celles de Canadien français et de Franco-Ontarien. Cependant, si l'identité canadienne-française reflète la priorité accordée par les jeunes à l'identification du territoire, l'identité franco-ontarienne renverse cet ordre de priorité. Ces deux identités sont-elles en compétition ou valorisées également ? Il faudra effectuer d'autres recherches pour répondre à cette question.

Dans l'ensemble de l'étude, les élèves accordent une importance relativement peu élevée à leur langue maternelle, mais pour eux, comme pour chacun des groupes linguistiques, les scores par rapport au bilinguisme sont plus élevés. Voilà qui indique que cette importance ne se veut pas exclusive. L'ensemble des répondants se reconnaissent une identité bilingue ou multilingue et affichent ainsi leur ouverture à l'hétérogénéité, une réalité qui est encouragée au Canada et qui fait partie de la réalité ontarienne et canadienne.

NOTE

1. L'auteur veut remercier monsieur Rodrigue Landry, de l'Université de Moncton, pour son aide précieuse dans l'élaboration du questionnaire et l'analyse des données, ainsi que messieurs Réal Allard et Donald Long, du Centre de recherche en éducation, pour la production des tableaux.

BIBLIOGRAPHIE

ALLAIRE, Gratien, Georges DUQUETTE et Elvine GIGNAC-PHARAND, « Les finissantes et finissants d'immersion et leur admission à la formation à l'enseignement », dans Huguette Blanco (dir.), *Beyond MacLean's Ratings: A Debate on Assessing Programs/Au delà des notations de MacLean's : un débat sur l'évaluation des programmes*, Sudbury, Université Laurentienne, 1997, p. 84-104.

BAKER, Colin, *Foundations of Bilingual Education and Bilingualism*, 2e édition, Clevedon, Multilingual Matters, 1997.

BAKER, Colin, *A Parent's and Teacher's Guide to Bilingualism*, 2e édition, Clevedon, Multilingual Matters, 2000.

BANDURA, Albert, *Social Learning Theory*, Englewood Cliffs, New Jersey, Prentice Hall, 1977.

BÉLISLE, Louis Alexandre, *Le dictionnaire de la langue française au Canada*, éditions intégrales, Montréal, Société des éditions Leland, 1902.

BERNARD, Roger, *De Québécois à Ontarois : la communauté franco-ontarienne*, Hearst, Le Nordir, 1988.

BERNARD, Roger, *Le déclin d'une culture*, vol. 1 à 4, Ottawa, Fédération des jeunes canadiens français, 1990.

BERNARD, Roger, « Caractéristiques du milieu minoritaire francophone en Ontario », table ronde, colloque sur le milieu minoritaire, Congrès de l'ACFAS, Rimouski, 1993.

BERNARD, Roger, « Entre le mythe et la réalité », communication présentée à l'École des sciences de l'éducation, Université Laurentienne, Sudbury, 1999.

BRYEN, Diane N., *Inquiries into Child Language*, Boston, Allyn & Bacon, 1982.

CALVÉ, Pierre, « Corriger ou ne pas corriger, là n'est pas la question », *The Canadian Modern Language Review/La Revue canadienne des langues vivantes*, vol. 48, nᵒ 3, 1992, p. 458-471.

CAMPEAU, Robert, Michèle SIROIS, Élisabeth RHEAULT et Norman DUFORT, *Individu et société. Introduction à la sociologie*, Montréal, Gaëtan Morin éditeur, 1993.

CAMPEAU, Robert, Michèle SIROIS, Élisabeth RHEAULT et Norman DUFORT, *Individu et société. Introduction à la sociologie*, 2ᵉ édition, Montréal, Gaëtan Morin éditeur, 1998.

CANADIAN PARENTS FOR FRENCH, *The State of French Second Language Education in Canada*, Ottawa, Canadian Parents for French, 2001.

CLOUTIER, Richard, *Psychologie de l'adolescence*, 2ᵉ édition, Boucherville, Gaëtan Morin éditeur, 1996.

CONKLIN, Nancy Faires, et Margaret A. LOURIE, *A Host of Tongues : Language Communities in the United States*, New York, Free Press, 1983.

CRAWFORD, James, *Bilingual Education: History, Politics, Theory and Practice*, Trenton, New Jersey, Crane Publishing, 1989.

CRAWFORD, James, « Endangered Native American Languages: What Is to Be Done and Why ? », *Bilingual Research Journal*, vol. 19, nᵒ 1, 1995, p. 17-38.

CUMMINS, Jim, « Educational Implications of Mother Tongue Maintenance in Minority Language Groups », *The Canadian Modern Language Review/La Revue canadienne des langues vivantes*, vol. 34, nᵒ 3, 1978a, p. 395-416.

CUMMINS, Jim, « The Cognitive Development of Children in Immersion Programs », *The Canadian ModernLanguage Review/La Revue canadienne des langues vivantes*, vol. 34, nᵒ 5, 1978b, p. 855-883.

CUMMINS, Jim, « Linguistic Interdependence and the Educational Development of Bilingual Children », *Review of Educational Research*, vol. 49, 1979, p. 222-251.

CUMMINS, Jim, *Bilingualism and Minority Language Children*, Toronto, Ontario Institute for Studies in Education (OISE) Press, 1981.

CUMMINS, Jim, *Language and Literacy: Let's Get Back to the Real Basics !*, Toronto, OISE mimeograph, 1982.

CUMMINS, Jim, *Bilingualism and Special Education: Issues in Assessment and Pedagogy*, Avon, Multilingual Matters, 1984.

CUMMINS, Jim, « Bilingualism, Language Proficiency, and Metalinguistic Development », dans Doris Aaronson (dir.), *Childhood Bilingualism: Aspects of Linguistic, Cognitive and Social Development*, Hillsdale, New Jersey, Erlbaum, 1987.

CUMMINS, Jim, « Language Development and Academic Learning », dans Lilliam Malavé et Georges Duquette (dir.), *Language, Culture, and Cognition: A Collection of Studies in First and Second Language Acquisition*, Clevedon, Multilingual Matters, 1991.

CUMMINS, Jim, *Language, Power and Pedagogy: Bilingual Children in the Crossfire*, Clevedon, Multilingual Matters, 2000.

DÉLORME, Renée, et Yvonne HÉBERT, « Une analyse critique de sept modèles de gestion de centres scolaires communautaires », dans Georges Duquette et Pierre Riopel (dir.), *L'éducation en milieu minoritaire et la formation des maîtres en Acadie et dans les communautés francophones du Canada*, Sudbury, Presses de l'Université Laurentienne, 1998, p. 199-230.

DENNIE, Donald, « De la difficulté d'être idéologue franco-ontarien », *Revue du Nouvel Ontario*, nᵒ 1, 1978, p. 69-90.

DESJARLAIS, Lionel, *L'influence du milieu sociolinguistique sur les élèves franco-ontariens : une étude de cas*, Toronto, ministère de l'Éducation et de la Formation de l'Ontario, 1983.

DRESSLER-HOLOHAN, Wandan, Françoise MORIN et Louis QUÉRÉ, *L'identité de pays : à l'épreuve de la modernité*. Rapport de recherche, Paris, Centre d'étude des mouvements sociaux, 1986.

DUBAR, Claude, *La socialisation, construction des identités sociales et professionnelles*, Paris, Armand Colin, 1996.

DUCHESNE, Hermann, [hduchesn@ustboniface.mb.ca], *Rép. Proposition de classification*, (courrier électronique) message envoyé à Georges Duquette [gduquette@nickel.laurentian.ca], le 21 avril 2004.

DUQUETTE, Georges, *Le rôle de l'identité dans le développement de compétences culturelles et de communication en milieu minoritaire francophone du Nord de l'Ontario*. Recherche longitudinale présentée au ministère de l'Éducation et de la Formation de l'Ontario, Toronto, 1994.

DUQUETTE, Georges, « Le rôle de la famille dans le développement de compétences en milieu minoritaire », *Familles francophones : multiples réalités*, Sudbury, Institut franco-ontarien, 1995a , p. 221-234.

DUQUETTE, Georges, « The Role of the Home Culture in Promoting the Mother Tongue in a Minority Language Environment », *Language, Culture, and Curriculum*, vol. 8, nᵒ 1, 1995b, p. 35-40.

DUQUETTE, Georges, « Les matériaux authentiques en milieu minoritaire francophone du Nord de l'Ontario », *Éducation Canada*, vol. 36, nᵒ 3, 1996a, p. 16-19.

DUQUETTE, Georges, « Identité ou aliénation : une recherche d'identité pour l'Ontario canadien-français, *Éducation Canada*, vol. 36, nᵒ 1, 1996b, p. 44-56.

DUQUETTE, Georges, « Bridging the Gap between Home, School, and Real-Life Experiences in French-Language Schools in Northern Ontario », *Geolinguistics*, vol. 23, 1997, p. 78-93.

DUQUETTE, Georges, *Vivre et enseigner en milieu minoritaire*, Sudbury, Presses de l'Université Laurentienne, 1999.

DUQUETTE, Georges, « Who Cares about the Physically and Mentally Challenged ? », *The Bilingual Family Newsletter*, vol. 18, n° 2, 2001a, p. 1-8.

DUQUETTE, Georges, « Double Minoritization: Intragroup Domination and Cultural Hegemony », *Language, Culture, and Curriculum*, vol. 14, n° 2, 2001b, p. 98-111.

DUQUETTE, Georges, « L'identité ethnolinguistique et les élèves âgés de 16 ans et plus inscrits dans les écoles de langue française de l'Ontario ». Rapport de recherche distribué aux 41 écoles secondaires de langue française qui ont participé à l'étude, 2002.

DUQUETTE, Georges, et Chantale CLÉROUX, « Vivre en milieu minoritaire », *The Canadian Modern Language Review/La Revue canadienne des langues vivantes*, vol. 49, n° 4, 1993, p. 770-786.

DUQUETTE, Georges, Stephen DUNNETT et Anthony PAPALIA, « The Effect of Authentic Materials on the Acquisition of a Second Language », *The Canadian Modern Language Review/La Revue canadienne des langues vivantes*, vol. 43, n° 3, 1987, p. 479-492.

DUQUETTE, Georges, et Yvan MORIN, « Double minorisation et hégémonie interne en milieu minoritaire : le cas des institutions scolaires en Ontario », dans Hermann Duchesne (dir.), *Recherches en éducation francophone en milieu minoritaire : regards croisés sur une réalité mouvante*, Winnipeg, Regroupement pour l'étude de l'éducation francophone en milieu minoritaire, Presses universitaires de Saint-Boniface, 2003, p. 23-49.

ERIKSON, Erik H., *Identity and the Life Cycle*, New York, Norton, 1980.

FISHMAN, Joshua, *Readings in the Sociology of Language*, The Hague, Mouton & Co, 1968.

FISHMAN, Joshua, *Language and Ethnicity in Minority Sociolinguistic perspectives*, Clevedon, Multilingual Matters, 1989.

FISHMAN, Joshua, « What is Reversing Language Shift (RLS) and How Can It Succeed ? », *Journal of Multilingual and Multicultural Development*, vol. 11, n°s 1-2, 1990, p. 5-36.

FISHMAN, Joshua, *Reversing Language Shift*, Clevedon, Multilingual Matters, 1991.

FISHMAN, Joshua, « Reversing Language Shift: Successes, Failures, Doubts, and Dilemmas », dans Ernest Hakon Jahr (dir.), *Language Conflict and Language Planning*, New York, Mouton de Gruyter, 1993.

GEARING, Frederick, « Notes on Israël », 1984. Inédit.

GÉRIN-LAJOIE, Diane, « L'enseignement en milieu minoritaire et la formation continue du personnel enseignant », *The Canadian Modern Language Review/La Revue canadienne des langues vivantes*, vol. 49, n° 4, 1993, p. 770-786.

GILES, Howard, « Managing Intergroup Communication », séance plénière présentée à la Sociolinguistics Symposium II Conference , University of Cardiff, Wales, 1996.

GILES, Howard, et Nikolas COUPLAND, *Language, Contexts, and Consequences*, Milton Keynes, Open University Press, 1991.

GOHIER, Christiane, Marta ANADÓN, Yvon BOUCHARD, Benoît CHARBONNEAU et Jacques CHEVRIER, « La construction identitaire de l'enseignant sur le plan professionnel : un processus dynamique et interactif », *Revue des sciences de l'éducation*, vol. 27, n° 1, 2001, p. 3-32.

GOUVERNEMENT DU CANADA, *Charte canadienne des droits et libertés*, Ottawa, ministre des Approvisionnements et Services Canada, 1987.

GROUPE DE GESTION DE L'INFORMATION, MINISTÈRE DE L'ÉDUCATION DE L'ONTARIO, Inscriptions aux écoles élémentaires et secondaires de langue française en Ontario. Données du rapport des écoles de septembre, Toronto, Imprimeur de la Reine, 2002.

HACHÉ, Denis, « La vitalité ethnolinguistique d'un groupe d'élèves franco-ontariens dans un contexte canadien ». Thèse de doctorat, Montréal, Université de Montréal, 1995.

HACHÉ, Denis, *La vitalité socioculturelle des élèves francophones dans le Conseil scolaire du Nord-Est*. Rapport de recherche, Sudbury, Centre de recherche du Nouvel-Ontario, 2001.

HACHÉ, Denis, et Georges DUQUETTE, « Pistes d'intervention en milieu minoritaire francophone ». Inédit.

HENSON, Kenneth T., « Besoins des élèves », dans Georges Duquette (dir.), *Méthodes et stratégies pour l'enseignement au secondaire*, Welland, Éditions Soleil Publishing, 1992.

LAMBERT, Wallace, « The Social Psychology of Language: A Perspective for the 1980's », dans Howard Gile's, William Peter Robinson et Philip Smith (dir.), *Language: Social Psychological Perspectives*, Oxford, Pergamon Press, 1980, p. 415-424.

LAMBERT, Wallace, et Donald Taylor, « Cultural Diversity and Language », communication présentée à la conference internationale annuelle de l'American Educational Research Association, Chicago, 1991.

LAMBERT, Wallace, et G. Richard TUCKER, *Bilingual Education of Children: The St-Lambert Experiment*, Rowley, Massachusetts, Newbury House, 1972.

LANDRY, Rodrigue, et Réal ALLARD, « Choix de la langue d'enseignement chez les parents francophones en milieu soustractif », *The Canadian Modern Language Review/La Revue canadienne des langues vivantes*, vol. 41, n° 3, 1985, p. 480-500.

LANDRY, Rodrigue, et Réal ALLARD, « Contact des langues et développement bilingue : un modèle macroscopique », *The Canadian Modern Language Review/La Revue canadienne des langues vivantes*, vol. 46, n° 3, 1990, p. 527-553.

LANDRY, Rodrigue, et Réal ALLARD, « Can Schools Promote Additive Bilingualism in Minority Group Children », dans Lilliam Malavé et Georges Duquette (dir.), *Language, Culture, and Cognition: A Collection of Studies in First and Second Language Acquisition*, Clevedon, Multilingual Matters, 1991.

LANDRY, Rodrigue, et Réal ALLARD, « Profil socio-linguistique des *francophones du Nouveau-Brunswick* ». Rapport de recherche, Moncton, Centre de recherche en éducation, Université de Moncton, 1994.

LANDRY, Rodrigue, et Réal ALLARD, « L'exogamie et le maintien de deux langues et de deux cultures : le rôle de la francité familioscolaire », *Revue des sciences de l'éducation*, vol. 23, n° 3, 1997, p. 561-592.

LANDRY, Rodrigue, Réal ALLARD et Denis HACHÉ, « Ambiance familiale française et développement psycholangagier d'élèves franco-ontariens », dans Georges Duquette et Pierre Riopel (dir.), *L'éducation en milieu minoritaire et la formation des maîtres en Acadie et dans les communautés francophones du Canada*, Sudbury, Presses de l'Université Laurentienne, 1998.

LANDRY, Rodrigue, Réal ALLARD et Raymond THÉBERGE, « School and Family French Ambiance and the Bilingual Development of Francophone Western Canadians », *The Canadian Modern Language Review/La Revue canadienne des langues vivantes*, vol. 47, n° 5, 1991, p. 878-915.

LANDRY, Rodrigue, et Serge ROUSSELLE, *Éducation et droits collectifs. Au-delà l'article 23 de la Charte*, Moncton, Éditions de la Francophonie, 2003.

LAPKIN, Sharon, et Merrill SWAIN, *Evaluating Bilingual Education: A Canadian Case Study*, Clevedon, Multilingual Matters, 1982.

LAPKIN, Sharon, et Miles TURNBULL (dir.), *New Research in FSL/Nouvelles recherches en FLS*, The Canadian Modern Language Review/La Revue canadienne des langues vivantes, vol. 56, n° 1, 1999, 217 p.

LAURENDEAU, André, et Dunton DAVIDSON, *Le rapport de la Commission royale d'enquête sur le bilinguisme et le biculturalisme*, Ottawa, Imprimeur de la Reine, 1967.

MINISTÈRE DE L'ÉDUCATION ET DE LA FORMATION DE L'ONTARIO, *Anglais de la 4e à la 8e année*, Toronto, Imprimerie de la Reine, 1998.

MINISTÈRE DE L'ÉDUCATION ET DE LA FORMATION DE L'ONTARIO, *English 9e et 10e année*, Toronto, Imprimerie de la Reine, 1999.

OFFICE FÉDÉRAL DE LA STATISTIQUE, *Langue et différentiels de statut socioéconomique en Suisse*, Berne, Offiche fédéral de la statistique, 1997.

PAULSTON, Christina Bratt, « Linguistic and Communicative Competence », TESOL, vol. 8, n° 4, p. 347-362.

PAULSTON, Christina Bratt, « Linguistic Minorities and Language Policies », communication présentée à l'International conference on maintenance and loss of ethnic minority languages, Noordwijkerhout, Pays-Bas, 1988.

PAULSTON, Christina Bratt, « Language Planning in Education: From Context to Theory », communication présentée au Santiago de Compostella, 1 Seminario Internacional de Planificación Lingüistica, Espagne, 1991.

PAULSTON, Christina Bratt, *Linguistic Minorities in Multilingual Settings*, Amsterdam/Philadelphia, John Benjamins, 1994.

PERREGAUX, Christiane, et Claudine BALSIGER, *Éducation et ouverture aux langues à l'école*, Neuchâtel, Suisse, Conférence intercantonale de l'instruction publique de la Suisse romande et du Tessin, secrétariat général, 2003.

RICHARDS, Jack, « Social Factors, Interlanguage, and Language Learning », *Language Learning*, vol. 22, n° 2, 1972, p. 159-188.

SOMMET DE LA FRANCOPHONIE ONTARIENNE, « Plan de développement global de la communauté franco-ontarienne », document sous forme de manuscrit, Toronto, Sommet de la francophonie ontarienne, 1991.

STATISTIQUE CANADA, *Recensement du Canada (1986)*, Ottawa, Direction générale de la promotion des langues officielles, Secrétariat d'État du Canada, 1989.

STATISTIQUE CANADA, *Recensement de 1991 Census: Subdivision Ontario*, n° de cat. : 93-335, p. 64-113 ; cat. n° 95-338, p. 26, Ottawa, Statistique Canada, 1994.

STATISTIQUE CANADA, *Tendances sociales canadiennes*, n° 72, printemps 2004.

TRUEBA, Henry T., « Learning Needs of Minority Children: Contributions of Ethnography to Educational Research », dans Lilliam Malavé et Georges Duquette (dir.), *Language, Culture and Cognition: A Collection of Studies in First and Second Language Acquisition*, Clevedon, Multilingual Matters, 1991.

TRUEBA, Henry T., Grace Pung GUTHRIE et Kathryn Hu-Pei AU, *Culture and the Bilingual Classroom*, Rowley, Massachusetts, Newbury House, 1981.

ÉCOLES SECONDAIRES DE LANGUE FRANÇAISE EN NOUVELLE-ÉCOSSE : DES OPINIONS DIVERGENTES

Kenneth Deveau, Université Sainte-Anne
Paul Clarke, University of Regina
Rodrigue Landry[1], Université de Moncton

L'entrée en vigueur en 1982 de l'article 23[2] de la Charte canadienne des droits et libertés a insufflé un espoir renouvelé au sein des communautés francophones et acadiennes minoritaires au Canada. Avec les écoles que cette garantie constitutionnelle leur offrait, ces communautés pouvaient se permettre d'aspirer à la neutralisation des effets produits par des années d'assimilation linguistique et culturelle, voire de s'épanouir. Néanmoins, ce qui avait été prévu ne s'est pas encore actualisé. En Nouvelle-Écosse, les modifications qui devaient être apportées au système des écoles secondaires dans les régions acadiennes conformément aux dispositions de cette loi ont suscité un vif débat dans la communauté linguistique minoritaire. Tandis que des ayants droit luttaient pour l'obtention d'écoles homogènes de langue française et l'autonomie dans la gestion, d'autres militaient pour des écoles bilingues ou mixtes (Ross, 2001).

Nous nous proposons de jeter un éclairage particulier sur la quête d'une école homogène entreprise par un groupe d'ayants droit et par la Fédération des parents acadiens de la Nouvelle-Écosse. Notre examen comporte deux volets principaux. Un volet juridique d'abord, par l'analyse des motifs qu'a énoncés le juge LeBlanc dans l'affaire *Doucet-Boudreau c. La Province de la Nouvelle-Écosse* (2000). Le raisonnement du magistrat prend appui sur la jurisprudence de la Cour suprême du Canada et sur la preuve produite en l'espèce. Le jugement a confirmé le droit des parents acadiens et francophones minoritaires de la Nouvelle-Écosse à des programmes et à des installations homogènes au niveau secondaire dans cinq régions de la province.

Ensuite, nous présentons les résultats d'un sondage téléphonique[3] visant à analyser la position des ayants droit à l'égard de la langue de scolarisation des enfants, des écoles homogènes de langue française et des écoles mixtes. Quelles sont les préférences des ayants droit de cette province en ce qui concerne la langue de scolarisation des enfants ? Comment motivent-ils ces préférences ? Quelles sont leurs préférences par rapport à la nature des écoles et du conseil scolaire ? Comment expliquer les différences d'opinions sur ces questions au sein de la communauté acadienne et francophone de la Nouvelle-Écosse ?

Suivront une réflexion sur les enjeux de cette problématique quant à l'avenir de l'école et à la survie de la langue française en Nouvelle-Écosse ainsi qu'un énoncé de propositions relatives à d'éventuelles pistes d'action.

Volet juridique

Les arguments des parties et le processus juridique

En 1996, la Loi sur l'éducation de la Nouvelle-Écosse a été modifiée pour permettre la création d'un conseil scolaire acadien provincial. Ce conseil est responsable de mettre en œuvre un programme éducatif destiné aux enfants des ayants droit résidant dans cette province. La même année où l'on créait ce conseil, un petit groupe d'ayants droit et la Fédération des parents acadiens de la Nouvelle-Écosse[4] entamaient une démarche juridique pour l'obtention d'écoles secondaires homogènes qui offrent uniquement un programme en langue française, exception faite du cours d'anglais. Ces écoles se trouvent à Chéticamp, à l'Isle Madame, à Clare, à Argyle et à Kingston-Greenwood.

Les parents contestataires se disaient insatisfaits des services éducatifs offerts à leurs enfants au niveau secondaire. Plus particulièrement, ils se souciaient du contact permanent entre leurs enfants et les enfants anglophones qui fréquentaient les mêmes établissements scolaires dits bilingues ou mixtes. Les élèves francophones partageaient souvent avec les élèves anglophones des lieux communs tels la cafétéria, le gymnase et la bibliothèque. D'ailleurs, ils se côtoyaient pendant la récréation et à l'heure du midi. De plus, des enseignants francophones enseignaient aux élèves anglophones et des élèves francophones devaient faire une partie de leurs études en anglais, faute de services d'enseignement offerts dans leur propre langue. Bref, les parents acadiens et francophones qui ont amorcé le processus juridique s'insurgeaient contre l'assimilation linguistique et culturelle de leurs enfants dans le contexte scolaire.

De son côté, le gouvernement néo-écossais avait promis en 1997 la construction d'installations afin de créer des écoles homogènes, promesse qu'il renouvela en mai 1999. Cependant, il annonçait en septembre 1999 qu'il voulait reconsidérer ses engagements à cet égard. Il invoquait des raisons financières et le besoin de remettre en question l'efficacité du processus qui avait conduit à la décision initiale de mener le projet à terme. Il estimait que le délai prévu pour la construction des édifices ne portait aucunement atteinte à sa promesse de fournir, en application de l'article 23 précité, un programme homogène au niveau secondaire. Le Conseil scolaire acadien provincial adoptait une position semblable : il prétendait que le délai supplémentaire était nécessaire pour concilier les attitudes opposées et partagées au sein de la communauté acadienne à l'égard des programmes homogènes. Le délai annoncé par le gouvernement a fini par provoquer des poursuites en justice.

La Cour supérieure de la Nouvelle-Écosse (Division de première instance) a entendu l'affaire en octobre 1999. Au nom de la Cour, le juge LeBlanc a rendu, le 15 juin 2000, une décision favorable aux ayants droit et à la Fédération dans *Doucet-Boudreau c. La Province de la Nouvelle-Écosse*. Le juge s'est également réservé le droit de conserver sa compétence dans le dossier pour assurer la mise en œuvre pleine et entière de sa décision. En appel, la province de la Nouvelle-Écosse a contesté la décision du juge LeBlanc de rester saisi de l'affaire afin de garantir que le gouvernement néo-écossais respecte ses engagements constitutionnels fondés sur l'article 23. En 2001, la Cour d'appel de la Nouvelle-Écosse a souscrit aux arguments de la province concernant la question de la compétence, statuant que le juge LeBlanc n'avait plus autorité sur le dossier. La Cour a statué que la compétence du juge s'était épuisée dès le moment où il avait ordonné la mise en place de programmes et d'installations homogènes avant des dates précises[5]. Par la suite, la Fédération a interjeté appel devant la Cour suprême du Canada, le plus haut tribunal du pays. La Cour a entendu l'affaire le 4 octobre 2002. En novembre 2003, elle donnait raison au juge LeBlanc; selon elle, l'urgence de la situation justifiait l'intervention du juge dans le processus[6].

Il est important de souligner que la Province ne conteste pas la décision du juge LeBlanc dans l'optique de son interprétation de l'article 23. Elle ne conteste pas non plus la déclaration du juge exigeant la mise en œuvre de programmes et d'installations homogènes en français. La seule question en litige qui reste à régler est la suivante : le juge LeBlanc peut-il conserver sa compétence à l'égard de ce dossier pour garantir que le gouvernement agisse en conformité avec le jugement qu'il a rendu ?

Le raisonnement juridique

Dans sa décision, le juge LeBlanc déclare que les ayants droit ont droit aux installations et aux programmes homogènes en français dans l'enseignement secondaire et que ceux-ci doivent être subventionnés par l'État. D'ailleurs, il ordonne que les efforts les plus diligents soient déployés pour donner effet à ces obligations.

Cette décision prend appui sur deux éléments déterminants : la jurisprudence et la preuve. D'abord, le juge LeBlanc renvoie aux jugements pertinents de la Cour suprême du Canada [à savoir *Mahe* (1990), *Renvoi relatif à la Loi sur les écoles publiques au Manitoba* (1993) et *Arsenault-Cameron* (2000)] pour faire apparaître clairement qu'il incombe au gouvernement de la Nouvelle-Écosse de fournir des programmes et des installations là où le nombre le justifie. À titre d'exemple, il cite le passage suivant de l'arrêt *Arsenault-Cameron* :

> L'article 23 impose à la province l'obligation constitutionnelle de fournir un enseignement dans la langue de la minorité officielle aux enfants des parents visés par l'art. 23 lorsque le nombre le justifie. Dans l'arrêt *Mahe* [...] notre Cour a affirmé que les droits linguistiques sont indissociables d'une préoccupation à l'égard de la culture véhiculée par la langue et que l'art. 23 vise à remédier, à l'échelle nationale, à l'érosion historique progressive de groupes de langue officielle et à faire des deux groupes linguistiques officiels des partenaires égaux dans le domaine de l'éducation ; voir aussi le *Renvoi relatif à la Loi sur les écoles publiques (Man.)* [...] L'article 23 prescrit donc que les gouvernements provinciaux doivent faire ce qui est pratiquement faisable pour maintenir et promouvoir l'instruction dans la langue de la minorité ; voir *Mahe*, [...] Une interprétation fondée sur l'objet des droits prévus à l'art. 23 repose sur le véritable objectif de cet article qui est de remédier à des injustices passées et d'assurer à la minorité linguistique officielle un accès égal à un enseignement de grande qualité dans sa propre langue, dans des circonstances qui favoriseront le développement de la communauté.

Ensuite, le juge LeBlanc examine la preuve dont il est saisi. Il fait ressortir surtout le problème alarmant de l'assimilation, par la majorité anglophone, de la communauté acadienne et francophone en Nouvelle-Écosse. Il souligne également l'opinion des experts lesquels affirment que le rôle de l'école homogène francophone comme moyen de faire face aux pressions de l'assimilation s'avère essentiel (Landry et Allard, 2000).

Trois de ses conclusions paraissent on ne peut plus pertinentes. D'abord, il conclut que la province a manqué aux obligations claires et indubitables que lui impose l'article 23. À ce sujet, les niveaux quasi critiques d'assimilation en Nouvelle-Écosse depuis 1982 ont persisté dans les années 1990, passant même de 41,8 p. 100 à 45,6 p. 100 entre 1991 et 2001. Selon la Cour, ce taux d'assimilation est directement rattaché au manque d'installations homogènes. Ensuite, il conclut qu'il est temps « sans l'ombre du doute » pour le Ministère et le Conseil scolaire acadien provincial (CSAP) d'offrir des programmes et des installations homogènes. Chacune des cinq localités en cause compte un nombre suffisant d'enfants admissibles pour faire enclencher les garanties qu'énonce l'article 23 au sujet des programmes et des installations homogènes en matière d'enseignement secondaire. Enfin, il conclut que la Province et le CSAP n'ont pas accordé la priorité à la question du taux inquiétant d'assimilation des Acadiens et des francophones de la province et n'ont pas tenu compte du rôle essentiel des installations scolaires homogènes pour empêcher l'assimilation. Ils ont fait erreur en subordonnant les droits individuels des parents acadiens et francophones consacrés par l'article 23 à un consensus obtenu au sein de la communauté linguistique minoritaire. Aussi ordonne-t-il la mise en place, dans cinq localités déterminées et avant des dates précises, de programmes et d'installations homogènes d'enseignement en français.

Cette décision ne laissait aucun doute sur le manque de respect dont avait fait preuve le gouvernement néo-écossais à l'égard de l'article 23. Cependant, la majorité des parents acadiens et francophones s'opposaient à cette décision. Quelle était la position des ayants droit au sujet de l'idée d'école homogène de langue française ?

Étude de la position éducationnelle des ayants droit de la Nouvelle-Écosse

La position éducationnelle englobe un ensemble d'attitudes et de croyances relatives à la langue de scolarisation et à la nature des établissements scolaires. Très peu d'études ont analysé cette problématique. Landry et Allard (1985) ont montré l'importance des croyances sur la vitalité comme déterminants des choix scolaires, surtout les croyances *égocentriques* reflétant le désir de faire partie de la communauté francophone. Dans une étude menée auprès de parents franco-albertains, Tardif (1995) arrive à des conclusions similaires : ce sont les parents qui vivent en français et qui sont engagés dans la communauté francophone qui sont plus motivés à inscrire leurs enfants dans l'école de la minorité.

Dans une étude plus récente effectuée par le Réseau CIRCUM (1999) pour le compte du Commissariat aux langues officielles, les conclusions vont dans le même sens : les ayants droit qui choisissent pour leur enfant l'école de langue française le font principalement pour des raisons d'affirmation identitaire. Toutes ces études montrent que le choix de l'école anglaise s'inspire de raisons d'ordre pragmatique ou social, parfois, il repose sur la fausse prémisse selon laquelle le bilinguisme est davantage favorisé par les programmes d'immersion en français dans les écoles de la majorité.

Une seule étude de cette question a été réalisée dans les régions acadiennes de la Nouvelle-Écosse. Starets (1986) montre qu'une certaine tension identitaire existe chez les parents néo-écossais. Attachés à l'école acadienne, ils pensent néanmoins que certaines matières (les sciences et les mathématiques, surtout) doivent être enseignées en anglais, sinon les élèves risquent d'être défavorisés dans leur mobilité sociale. Dans une étude réalisée en 1990 auprès des élèves francophones de la Nouvelle-Écosse, cet auteur montre que leurs parents sont confrontés au même dilemme au regard de l'enseignement en français.

La question des écoles homogènes en Nouvelle-Écosse continue de susciter la controverse. Le sondage téléphonique effectué dans le cadre de la présente étude visait à dégager les facteurs déterminants des choix scolaires des ayants droit de la Nouvelle-Écosse et à mieux comprendre les motifs justifiant ces choix. Ce sont les résultats relatifs à ce dernier aspect de la problématique que nous présentons ici. Nous analysons les raisons fournies pour justifier les préférences déclarées devant les différentes options qui s'offrent quant à la langue d'enseignement, au type d'école et au type de conseil scolaire. Il convient de présenter un résumé de la méthodologie de notre étude avant de discuter des résultats obtenus.

Méthodologie

Échantillon

Les données proviennent d'une enquête téléphonique effectuée pendant l'hiver et le printemps 2000 auprès de 598 hommes et femmes de 18 ans et plus des régions acadiennes d'Argyle, de Chéticamp, de Clare, de Pomquet et de Richmond. Les deux tiers des personnes contactées ont accepté de participer à la recherche. La population des personnes âgées de 18 ans et plus dans ces régions est de 23 640 (Statistique Canada, 1996). Le taux d'erreur est de 4 p. 100, 19 fois sur 20.

Instrument

Notre questionnaire est une version adaptée de celui de Landry et Allard (1994a, 1994b). Il comporte des questions sur le vécu langagier des personnes aussi bien en français qu'en anglais dans divers domaines et au regard de différentes variables psycholangagières. De plus, il permet de recueillir des informations d'ordre démographique (la langue maternelle, la langue maternelle des parents et du conjoint ou de la conjointe, l'âge, le sexe, la profession et le degré de scolarisation). Nous avons ajouté certaines questions, afin de déterminer plus en détail la position des personnes par rapport à la langue de scolarisation des enfants et à la nature des établissements scolaires. Nous leur avons également demandé de justifier leurs préférences quant à la langue de scolarisation des enfants. Ce sont les résultats concernant les questions relatives à la position éducationnelle que nous présentons ci-après.

Méthodes d'analyse

Les données ont été analysées à l'aide du logiciel SPSS-X. Nous avons retenu uniquement les 550 personnes sondées qui sont des ayants droit au titre de l'article 23 de la Charte. Nous avons appliqué la procédure WEIGHT en fonction des variables de l'âge et du sexe, afin de tenir compte de la surreprésentation des femmes et des personnes âgées dans l'échantillon. Les procédures FREQUENCY et CROSSTAB ont servi au calcul du nombre de répondants et des pourcentages. En ce qui concerne les données qualitatives, nous avons effectué une analyse de contenu afin de faire apparaître les raisons les plus fréquemment évoquées pour expliquer la position éducationnelle (Angers, 1996).

Résultats

Nous exposons en trois parties la position éducationnelle des ayants droit de la Nouvelle-Écosse. Dans la première, nous présentons les résultats relatifs à la langue de scolarisation préférée. Ensuite, nous énonçons les motifs que les personnes sondées ont fournis pour justifier cette préférence. Pour finir, nous communiquons les résultats obtenus concernant les questions qui mesurent le degré d'accord par rapport à la mise en place de structures éducatives homogènes et autonomes.

Langue de scolarisation préférée

Quatre des questions du sondage mesurent les préférences déclarées quant à la langue de scolarisation des enfants : en général, au primaire, au secondaire et dans les cours de sciences et de mathématiques au secondaire. Nous avons demandé aux personnes sondées d'indiquer ce qui serait préférable pour elles, soit que les enfants reçoivent tous leurs cours en anglais, la plupart de leurs cours en anglais, à peu près la moitié de leurs cours en français et la moitié en anglais, la plupart de leurs cours en français, ou bien encore tous leurs cours en français.

Les résultats obtenus sont présentés au tableau 1. Nous avons regroupé les réponses en trois groupes. Le premier, le groupe favorable à la scolarisation de langue anglaise (FSLA), comprend les personnes ayant répondu qu'elles préfèrent que tous les cours ou que la plupart des cours soient donnés en anglais. Le deuxième, le groupe favorable à la scolarisation bilingue (FSB), comprend les personnes qui préfèrent la scolarisation bilingue, moitié en français et moitié en anglais. Les personnes du troisième groupe (celui qui favorise la scolarisation de langue française ou FSLF) préfèrent que tous les cours ou au moins la plupart soient donnés en français.

Tableau 1

Pourcentage de répondants par position éducationnelle déclarée à l'égard de la langue de scolarisation préférée

	Position éducationelle		
Variables	FSLA	FSB	FSLF
En général	6,3	63,8	29,9
À l'école primaire	3,9	52,2	43,9
À l'école secondaire	5,7	65,5	28,8
En sciences et en mathématiques	25,2	50,8	24,0

Note : FSLA = favorable à la scolarisation en langue anglaise
FSB = favorable à la scolarisation bilingue
FSLF = favorable à la scolarisation en langue française

Près des deux tiers (63,8 p. 100) des personnes sondées ont indiqué qu'elles préféraient généralement que leurs enfants soient scolarisés dans un programme bilingue. Trois personnes sur dix seulement préfèrent pour leurs enfants la scolarisation en langue française. Très peu préfèrent que les cours soient donnés aux enfants en anglais. Les ayants droit de ces régions ont plus tendance à préférer la scolarisation en langue française au niveau primaire qu'au niveau secondaire. Le pourcentage des personnes qui préfèrent la scolarisation bilingue est nettement supérieur au niveau secondaire à ce qu'il est au niveau primaire. Il convient de remarquer aussi, à la dernière ligne du tableau, que la préférence pour la scolarisation en anglais est plus élevée (25,2 p. 100) quand il s'agit uniquement des cours de sciences de la nature et de mathématiques au secondaire.

Motifs justifiant la préférence

Nous présentons au tableau 2 la justification des préférences relatives à la langue de scolarisation des enfants. Douze motifs différents ont été mentionnés ; nous les présentons en fonction de trois catégories générales. En regard de chaque motif déclaré figure le pourcentage de personnes par groupe de position éducationnelle (FSLA, FSB et FSLF) relevant de ce motif.

Tableau 2

Pourcentage de répondants par catégorie de motifs justifiant la langue de scolarisation préférée, selon la position éducationnelle

Motifs	Position éducationnelle		
	FSLA	FSB	FSLF
Motifs liés à l'importance de la langue			
Importance de la langue anglaise	48,4	6,1	2,7
Importance de la langue française	3,2	10,2	29,7
Importance du bilinguisme	3,2	77,4	41,9
Motifs d'ordre pragmatique et social			
Accès aux études postsecondaires et au marché du travail	38,7	41,1	18,9
Trop de difficultés avec la langue française	19,4	2,9	–
Le français est difficile mais maîtrisable sans préjudice pour les autres matières	–	0,3	17,6
Implication trop difficile des parents dans les activités de l'école de langue française	12,9	0,6	–
Acceptation de la préférence de l'enfant	12,9	5,4	8,8
Activités sportives et parascolaires supérieures	–	1,9	–
Motifs liés à l'identité ethnolinguistique			
Identification à la langue et à la culture	–	3,5	15,5
Souci de préserver le patrimoine culturel	–	1,3	14,2
Valorisation du milieu de vie français	–	–	0,7

La première catégorie comprend des motifs faisant intervenir une évaluation quelconque de l'importance relative des deux langues. Les membres du groupe FSB soulignent souvent l'importance du bilinguisme comme motif justifiant leur préférence. La deuxième catégorie regroupe des motifs d'ordre pragmatique ou social. La majorité des motifs de cette catégorie touche à l'accès aux études postsecondaires et au marché de travail. Ces motifs sont surtout évoqués afin de justifier la préférence pour la scolarisation bilingue ou pour la scolarisation en langue anglaise. Seul un nombre relativement faible de membres du groupe FSLF évoque des motifs relevant de cette catégorie pour justifier leur préférence. La troisième catégorie est associée à l'importance de l'identité ethnolinguistique francophone et acadienne. Les personnes qui évoquent de tels motifs sont presque exclusivement des membres du groupe FSLF. Il semble qu'elles perçoivent la scolarisation de leurs enfants en français comme une manifestation de leur identité francophone tout autant qu'un moyen d'assurer la survie de leur communauté francophone.

Établissements scolaires

Le degré d'accord ou de désaccord par rapport à la mise en place des écoles homogènes de langue française et d'un conseil scolaire francophone autonome constitue une autre dimension de la position éducationnelle. Nous présentons ces résultats au tableau 3. Les deux premières lignes de ce tableau indiquent à quel point les personnes sondées souscrivent à la mise en place d'écoles primaires et d'écoles secondaires francophones distinctes et homogènes, respectivement. La troisième ligne indique à quel point elles souscrivent à l'établissement d'un conseil scolaire francophone autonome. Dans les trois cas, les ayants droit de la province ne souscrivent pas unanimement à la mise en place de ces établissements. Près des trois quarts des personnes sondées déclarent s'opposer à l'idée que les enfants des ayants droit fréquentent des écoles différentes et que ces écoles relèvent de la gestion d'un conseil scolaire différent.

Tableau 3

Pourcentage de répondants qui s'opposent, sont indifférents ou souscrivent aux établissements scolaires homogènes et autonomes

Variable	Désaccord	Indifférent	D'accord
Écoles primaires homogènes	70,9	7,7	21,5
Écoles secondaires homogènes	74,7	8,9	16,4
Conseil scolaire autonome	70,6	10,2	19,2

Discussion des résultats

Plusieurs recherches montrent que l'école française peut jouer, de concert avec la famille, un rôle déterminant pour la vitalité d'une communauté francophone minoritaire (Landry, 1995 ; Landry et Allard, 1991, 1992 et 1999). D'après une recherche effectuée récemment auprès des élèves francophones et acadiens de la Nouvelle-Écosse, le degré de scolarisation en français est lié de façon positive à la compétence orale et à la compétence cognitivo-scolaire en français, au désir d'intégration à la communauté francophone et à la force de l'identité francophone des élèves (Landry et Allard, 2000). De plus, cette étude ne révèle aucun lien existant entre le degré de scolarisation en français et la compétence en anglais.

Malgré ces résultats, la question de la langue de scolarisation des enfants semble toujours diviser la communauté francophone et acadienne de la province. Comment expliquer que moins d'un tiers (29,9 p. 100) des ayants droit des régions acadiennes de la province préfèrent une scolarisation en langue française ? Les résultats de la présente recherche vont dans le même sens que ceux des recherches antérieures sur la question de la position éducationnelle (Starets, 1986 ; Landry et Allard, 1985 ; Tardif, 1995 ; CIRCUM, 1999) ; la préférence pour la scolarisation bilingue semble constituer un choix pragmatique, basé sur la prémisse selon laquelle elle est associée à un degré de bilinguisme plus élevé.

La majorité des personnes qui préfèrent la scolarisation bilingue invoque des motifs qui sont liés à l'importance du bilinguisme. Il semble donc que, en dépit des recherches qui indiquent le contraire, les ayants droit des régions acadiennes de la Nouvelle-Écosse continuent à croire que la scolarisation bilingue constitue le meilleur moyen d'assurer l'apprentissage de l'anglais et du français chez leurs enfants. La deuxième catégorie de motifs en ordre d'importance a trait à l'accès aux études postsecondaires et au marché du travail. La préférence pour les cours donnés en anglais est plus élevée au niveau secondaire, particulièrement en ce qui concerne les cours de sciences et de mathématiques. D'abord, on semble penser que, puisque la majorité des emplois et la quasi-totalité des emplois en sciences et en technologie dans la province sont en anglais, il devient impérieux de faire ses études postsecondaires en anglais ; ensuite, on pense qu'une plus forte proportion de scolarisation en anglais au secondaire prépare les jeunes à faire face à cette éventualité. Par ailleurs, n'étant pas convaincues de l'importance de la scolarisation en langue française, ces personnes, il ne faut pas s'en étonner, ne favorisent pas l'établissement d'écoles homogènes ni de conseils scolaires autonomes.

Par conséquent, les personnes qui préfèrent la scolarisation bilingue ne semblent pas tenir compte des effets du milieu social sur le développement psycholangagier de leurs enfants et du fait que les compétences acquises dans la langue maternelle se transfèrent largement à la langue seconde. Aussi pensent-elles que c'est la scolarisation bilingue qui assurera le plus haut degré de bilinguisme et, donc, la plus grande mobilité sociale chez leurs enfants. À vrai dire, ces personnes semblent souffrir de ce que les auteurs ont appelé une certaine *naïveté sociale* (Landry et Allard, 1994b ; Landry et Rousselle, 2003). Tout se passe comme si elles pensaient que l'école exerce son activité dans une sorte de vacuum social et que l'apprentissage des langues s'acquiert exclusivement à l'école, sans influences extérieures.

En contrepartie, les personnes qui préfèrent la scolarisation en français ont tendance à invoquer des motifs liés à leur identité francophone et à l'importance du français, ce qui est conforme aux résultats obtenus dans les autres recherches réalisées sur cette question (Landry et Allard, 1985; Tardif, 1995; CIRCUM, 1999). De plus, une proportion considérable de ces personnes semble manifester une certaine *conscience sociale*. Parmi elles, deux personnes sur cinq expliquent qu'elles sont favorables à la scolarisation en français parce que celle-ci constitue le meilleur moyen d'assurer le bilinguisme chez les enfants. Dans le même sens, Deveau, Landry et Allard (en préparation) montrent que la préférence pour la scolarisation en français est associée au développement du bilinguisme de type additif ; autrement dit, les personnes qui préfèrent que les enfants soient scolarisés en français ont aussi tendance à entretenir une forte identité francophone et un désir de faire partie de la communauté francophone plutôt que de la communauté anglophone. Les résultats de cette recherche révèlent de plus que les personnes qui préfèrent la scolarisation en français ont tendance à être plus scolarisées et plus jeunes que les autres.

À la lumière de ces résultats, nous constatons que la victoire de l'école homogène de langue française ne constitue pas une fin en soi. Tant et aussi longtemps que seulement un ayant droit sur trois reconnaîtra l'importance de la scolarisation en français pour assurer le maintien du français, l'avenir de la langue française en Nouvelle-Écosse restera précaire. Premièrement, la préférence pour la scolarisation bilingue risque de se transposer en un exode des élèves des écoles de la minorité francophone vers les programmes d'immersion en français dans les écoles de la majorité. Deuxièmement, il serait naïf de croire que l'école à elle seule peut contrer la tendance vers l'assimilation dans cette province. Le nombre de francophones en Nouvelle-Écosse est passé de 37 525 (4,2 p. 100) à 35 380 (3,9 p. 100) entre 1991 et 2001, et, au dernier recensement, seulement 45,6 p. 100 des francophones parlaient surtout français au foyer (Allard, Landry et Deveau, 2003).

La vitalité ethnolinguistique d'un groupe dépend de l'ensemble des ressources démographiques, institutionnelles et communautaires disponibles dans sa langue, mais l'école peut constituer la « pierre angulaire » d'une prise en charge collective de leur propre destinée par les francophones et les Acadiens de cette province (Landry et Rousselle, 2003). Nous proposons donc que l'accent soit mis sur le rapport entre l'école et la communauté. L'engagement des membres de la communauté dans les activités de l'école et celui des élèves dans des projets communautaires favoriseraient un rapprochement entre l'école et sa communauté.

Nous considérons, d'abord, qu'il est primordial d'élaborer une stratégie qui vise à sensibiliser les ayants droit aux enjeux aussi bien de l'éducation que du développement du bilinguisme en milieu minoritaire. En ce sens, nous appuyons les quatre éléments du plan de Landry et Rousselle (2003) qui vise à maximiser la participation à l'école de langue française. Ces quatre éléments sont les suivants : une campagne de conscientisation des ayants droit et de la population en général, la mise en place de services d'appui à la langue française au préscolaire, une structure d'accueil favorable à l'intégration au système scolaire de langue française des enfants d'ayants droit qui ont des compétences limitées en français et une augmentation de la participation des futurs ayants droit aux établissements postsecondaires de langue française. Il importe de souligner ici que 74 p. 100 des enfants d'ayants droit d'âge scolaire dans cette province sont issus de couples exogames (Landry, 2003). L'école française de l'avenir doit être ouverte et adaptée à cette réalité, tout en restant fidèle à sa mission positive.

Ensuite, nous pensons que les écoles de la minorité doivent être des écoles communautaires fondées sur un partenariat famille-école-communauté (Landry et Rousselle, 2003 ; Gérin-Lajoie, 1996). Dans ce type d'école, les parents et les membres de la communauté sont amenés à participer activement à l'éducation des élèves et le programme d'études incite les élèves à s'engager dans des projets au sein de leur communauté.

Conclusion

Dans l'arrêt *Mahe*, la Cour suprême du Canada a décrit en ces termes le but de l'article 23 :

> L'objet général de l'art. 23 est clair : il vise à maintenir les deux langues officielles du Canada ainsi que les cultures qu'elles représentent et à favoriser l'épanouissement de chacune de ces langues, dans la mesure du possible, dans les provinces où elle n'est pas parlée par la majorité. L'article cherche à atteindre ce but en accordant aux parents appartenant à la minorité linguistique des droits à un enseignement dispensé dans leur langue partout au Canada. (par. 31)

Dans l'affaire *Doucet-Boudreau c. La Province de la Nouvelle-Écosse*, le juge LeBlanc a confirmé le droit des parents acadiens et francophones de la Nouvelle-Écosse d'avoir des programmes et des installations homogènes au niveau secondaire dans cinq régions de la province, soit à Chéticamp, à l'Isle Madame, à Clare, à Argyle et à Kingston-Greenwood. Cette décision a pris appui sur la jurisprudence de la Cour suprême du Canada et sur la preuve produite.

Malgré cette garantie constitutionnelle protégeant les écoles homogènes, les résultats présentés ici confirment que la majorité des ayants droit de ces régions préféraient que leurs enfants reçoivent une scolarisation bilingue dans des écoles mixtes, même si, au même moment, un certain groupe d'ayants droit de la province réclamait des écoles homogènes de langue française. L'école de langue française aura peu d'effet sur le maintien et l'épanouissement de la communauté francophone si une forte proportion des ayants droit continue de préférer la scolarisation bilingue, surtout si leur préférence les conduit à choisir d'envoyer leurs enfants à l'école de la majorité.

Même si les résultats et les conclusions de notre recherche se limitent au contexte étudié, nous pensons qu'ils apportent une contribution importante à la compréhension de la problématique en général. Ces résultats ne sont toutefois pas inédits. Dans une étude effectuée en 1994, Landry et Allard ont constaté que la moitié des francophones du Nouveau-Brunswick, si on leur en laissait le choix, préféreraient une scolarisation bilingue pour leurs enfants. De plus, selon diverses estimations (Gouvernement du Canada, 2003 ; Landry, 2003 ; Martel, 2001 ; Paillé, 2003), une partie importante des enfants d'ayants droit ne fréquentent pas l'école française. Il semble donc que, partout au pays, beaucoup de parents ayants droit ne sont pas sensibilisés aux conséquences collectives de leurs choix scolaires et sont peu informés sur les effets positifs de l'école française, tant pour le maintien de la langue française que pour le développement d'un bilinguisme de type additif chez leurs enfants.

NOTES

1. Kenneth Deveau, Paul Clarke et Rodrigue Landry sont les coauteurs du présent texte.
2. Aux termes de cet article :
   (1) Les citoyens canadiens :
      a) dont la première langue apprise et encore comprise est celle de la minorité francophone ou anglophone de la province où ils résident,
      b) qui ont reçu leur instruction, au niveau primaire, en français ou en anglais au Canada et qui résident dans une province où la langue dans laquelle ils ont reçu cette instruction est celle de la minorité francophone ou anglophone de la province, ont, dans l'un ou l'autre cas, le droit d'y faire instruire leurs enfants, aux niveaux primaire et secondaire, dans cette langue.
   (2) Les citoyens canadiens dont un enfant a reçu ou reçoit son instruction, au niveau primaire ou secondaire, en français ou en anglais au Canada ont le droit de faire instruire tous leurs enfants, aux niveaux primaire et secondaire, dans la langue de cette instruction.
   (3) Le droit reconnu aux citoyens canadiens par les paragraphes (1) et (2) de faire instruire leurs enfants, aux niveaux primaire et secondaire, dans la langue de la minorité francophone ou anglophone d'une province :
      a) s'exerce partout dans la province où le nombre des enfants des citoyens qui ont ce droit est suffisant pour justifier à leur endroit la prestation, sur les fonds publics, de l'instruction dans la langue de la minorité ;

b) comprend, lorsque le nombre de ces enfants le justifie, le droit de les faire instruire dans des établissements d'enseignement de la minorité linguistique financés sur les fonds publics.
3. Cette recherche a été possible grâce en partie à l'appui financier du Conseil scolaire acadien provincial de la Nouvelle-Écosse, de la Fédération des parents acadiens de la Nouvelle-Écosse, du ministère de l'Éducation de la Nouvelle-Écosse et du ministère du Patrimoine canadien. Un rapport de 173 pages présente l'ensemble des résultats de cette recherche (Deveau, 2001).
4. La Fédération est une organisation à but non lucratif dont le rôle principal consiste à veiller au développement éducatif et à la promotion des droits éducatifs des Acadiens et des francophones de la Nouvelle-Écosse.
5. Selon la Cour, rien n'empêchait les ayants droit de ramener l'affaire devant les tribunaux à l'avenir dans le cas où le gouvernement ne respecterait pas la décision du juge LeBlanc.
6. Voir *Doucet-Boudreau c. Nouvelle-Écosse (ministre de l'Éducation)* (2003).

BIBLIOGRAPHIE

ALLARD, Réal, Rodrigue LANDRY et Kenneth DEVEAU, « Profils sociolangagiers d'élèves francophones et acadiens de trois régions de la Nouvelle-Écosse », *Port Acadie*, n° 4, 2003, p. 89-124.

ANGERS, Maurice, *Initiation pratique à la méthodologie des sciences humaines*, Québec, Les Éditions CEC, 1996.

Arsenault-Cameron c. Île-du-Prince-Édouard, [2000] 1 R.C.S. 3.

Charte canadienne des droits et libertés, édictée en tant qu'annexe B de la Loi de 1982 sur le Canada, 1982, ch. 11 (R.-U.), entrée en vigueur le 17 avril 1982.

DEVEAU, Kenneth, *Les facteurs reliés au positionnement éducationnel des ayants droit des régions acadiennes de la Nouvelle-Écosse*, Moncton, Centre de recherche et développement en éducation, 2001.

Doucet-Boudreau c. La Province de la Nouvelle-Écosse, [2000] N.S.J. 191 (C.S.N.-É.).

Doucet-Boudreau c. Choix de la langue de scolarisation en milieu minoritaire francophone : le cas des ayants droit de la Nouvelle-Écosse (Canada), [2003] 3 R.C.S. 3.

GÉRIN-LAJOIE, Diane, « L'école minoritaire de langue française et son rôle dans la communauté », *The Alberta Journal of Educational Research*, n° 42, 1996, p. 267-279.

GOUVERNEMENT DU CANADA, *Le prochain acte : un nouvel élan pour la dualité linguistique canadienne. Le plan d'action sur les langues officielles*, Ottawa, 2003.

LANDRY, Rodrigue, « Le présent et l'avenir des nouvelles générations d'apprenants dans nos écoles françaises », *Éducation et francophonie*, n° 22, 1995, p. 13-24.

LANDRY, Rodrigue, *Libérer le potentiel caché de l'exogamie. Profil démolinguistique des enfants des ayants droit francophones selon la structure familiale*, Moncton, Institut canadien de recherche sur les minorités linguistiques, 2003.

LANDRY, Rodrigue, et Réal ALLARD, « Choix de la langue d'enseignement : une analyse chez des parents en milieu bilingue soustractif », *The Canadian Modern Language Review/La Revue canadienne des langues vivantes*, n° 41, 1985, p. 480-500.

LANDRY, Rodrigue, et Réal ALLARD, « Can Schools Promote Additive Bilingualism in Minority Group Children ? » dans Lilliam Malavé et Georges Duquette (dir.), *Language, Culture and Cognition: A Collection of Studies in First and Second Language Acquisition*, Clevedon, Multilingual Matters, 1991, p. 198-231.

LANDRY, Rodrigue, et Réal ALLARD, « Ethnolinguistic Vitality and Bilingual Development of Minority and Majority Group Children », dans Willem Fase, Koen Jaspaert et Sjaak Kroon (dir.), *Maintenance and Loss of Minority Languages*, Philadelphia, Benjamins, 1992, p. 223-251.

LANDRY, Rodrigue, et Réal ALLARD, *Profil sociolangagier des francophones du Nouveau-Brunswick*, Moncton, Centre de recherche et développement en éducation, 1994a.

LANDRY, Rodrigue, et Réal ALLARD, « Profil sociolangagier des francophones du Nouveau-Brunswick », *Canadian Studies/Études canadiennes*, n° 37, 1994b, p. 211-236.

LANDRY, Rodrigue, et Réal ALLARD, « L'éducation dans la francophonie minoritaire », dans Joseph Yvon Thériault (dir.), *Francophonie minoritaire au Canada : l'état des lieux*, Moncton, Éditions d'Acadie, 1999, p. 403-433.

LANDRY, Rodrigue, et Réal ALLARD, « Langue de scolarisation et développement bilingue : le cas des Acadiens et francophones de la Nouvelle-Écosse », Canada, *DiversCité Langues*, n° 5, 2000, [En ligne], [http://www.teluq.uquebec.ca/diverscite] (18 juillet 2002).

LANDRY, Rodrigue, et Serge ROUSSELLE, *Éducation et droits collectifs. Au-delà de l'article 23 de la Charte*, Moncton, Éditions de la Francophonie, 2003.

Mahe c. Alberta, [1990] 1 R.C.S. 342.

MARTEL, Angéline, *Droits, écoles, et communautés en milieu minoritaires : 1986-2002. Analyse pour un aménagement du français par l'éducation*, Ottawa, Commissariat aux langues officielles, 2001.

PAILLÉ, Michel, « Portrait des minorités francophones et acadiennes au Canada : un bilan démographique », dans Réal Allard (dir.), *Actes du colloque pancanadien sur la recherche en éducation en milieu minoritaire : bilan et prospectives*, Moncton, Centre de recherche et développement en éducation, 2003, p. 21-29.

Renvoi relatif à la Loi sur les écoles publiques au Manitoba, [1993] 1 R.C.S. 839.

RÉSEAU CIRCUM INC., *Motivations en ce qui a trait aux choix scolaires chez les parents ayants droit hors Québec*, Ottawa, ministère des Travaux publics et Services gouvernementaux Canada, 1999.

ROSS, Sally, *Les écoles acadiennes en Nouvelle-Écosse : 1758-2000*, Moncton, Centre d'études acadiennes, 2001.

STARETS, Moshé, « Les attitudes de parents acadiens à l'égard du français et de l'anglais », *The Canadian Modern Language Review/La Revue canadienne des langues vivantes*, nº 4, 1986, p. 792-805.

STARETS, Moshé, « Les attitudes des élèves acadiens néo-écossais à l'égard du français et de l'anglais », *Revue des sciences de l'éducation*, nº 16, 1990, p. 55-75.

STATISTIQUE CANADA, *Profil des communautés canadiennes de 1996*, 1996, [En ligne], [http://www12.statcan.ca/francais/Profil/PlaceSearchForm1_F.cfm] (17 juin 2002).

TARDIF, Claudette, « Variables de fréquentation de l'école secondaire francophone en milieu minoritaire », *Revue des sciences de l'éducation*, nº 21, 1995, p. 311-330.

PRÉSENTATION

PARTIE II : MÉMOIRE ET FRAGMENTATION. L'ÉVOLUTION DE LA PROBLÉMATIQUE IDENTITAIRE EN ONTARIO FRANÇAIS

Jean-Pierre Wallot, Université d'Ottawa

Depuis sa fondation, en 1958, le Centre de recherche en civilisation cana-dienne-française (CRCCF) a organisé une multitude de colloques portant sur une vaste palette de thèmes et de domaines touchant à la culture et à la société canadiennes-françaises, depuis la littérature et l'université jusqu'à l'économie, la démographie et la gouvernance linguistique. Après un colloque sur le Rapport Pepin-Robarts en 2001, un autre sur la gouvernance linguistique au Canada en 2002 et un dernier sur les itiné-raires de la poésie en 2003, il nous a semblé que le contexte se prêtait bien à un thème ontarien : « Mémoire et fragmentation. L'évolution de la problématique identitaire en Ontario français ».

L'Ontario français, à l'instar de toute communauté culturelle minoritaire, est sou-mis à des forces socioculturelles, politiques et économiques qui influent sur sa cohé-sion identitaire. Ces forces ont accru leurs pressions au cours des dernières décennies, notamment à la faveur de la montée de la « québécitude », de la dépendance de la minorité franco-ontarienne à l'égard des institutions fédérales et provinciales, de juge-ments des tribunaux accordant à cette minorité un meilleur contrôle sur ses institu-tions scolaires et hospitalières, lors même que son poids démographique décline, sans compter l'émergence d'une francophonie canadienne plurielle et de la francophonie internationale comme autres pôles d'attraction. Elles ont aussi favorisé l'émergence de discours identitaires parallèles, voire concurrents, dont il s'avère parfois difficile d'opérer la synthèse. Le paradigme de la rupture identitaire ou de la fin de l'unité nor-mative de l'ancien Canada français – dans la mesure où elle a existé – qui a contribué à l'éclatement du Canada français en diverses identités provinciales ou régionales au cours des années 1960 et 1970, se manifeste de plus en plus de nos jours à l'intérieur même de la communauté franco-ontarienne (ou devrions-nous dire, des communau-tés franco-ontariennes). Le foisonnement des acteurs dans le milieu associatif, par exemple, manifeste un gage de grande vitalité. En même temps, il témoigne peut-être aussi des difficultés qu'éprouvent les Franco-Ontariens à discerner une direction com-mune, un sens commun, à leurs activités et à leurs revendications.

Cette conjoncture contraste singulièrement avec l'homogénéité relative qui caractérisait autrefois la définition de l'identité franco-ontarienne et canadienne-française. Que reste-t-il, aujourd'hui, des anciennes certitudes des Franco-Ontariens sur le plan socioculturel et identitaire ? Que signifie l'identité franco-ontarienne pour ceux et celles qui s'en réclament ? Comment est-elle comprise et vue par eux-mêmes, certes, mais aussi par les autres ? Quelle place cherchent-ils à occuper au sein du Canada « francophone » et de la francophonie mondiale ? Quelles sont les nouvelles priorités qu'ils se donnent pour conforter leur développement communautaire ? Voilà quelques-unes des nombreuses questions qui ont été abordées dans le cadre de ce colloque qui a réuni des intervenants œuvrant dans plusieurs secteurs d'activité, notamment les arts, les lettres, les milieux communautaires, l'éducation, le fonctionnariat et la politique.

Les textes qui suivent constituent un échantillon des communications qui ont été présentées, sauf pour le premier qui synthétise les grands thèmes abordés lors des présentations et des discussions.

Le comité d'organisation

Michel Bock, chercheur postdoctoral, CRCCF, Université d'Ottawa

Joël Beddows, professeur adjoint, Département de théâtre, Université d'Ottawa

Anne Gilbert, professeure titulaire, Département de géographie, Université d'Ottawa

François-Pierre Gingras, professeur agrégé, École des études politiques, Université d'Ottawa

Jean-Pierre Wallot, directeur, CRCCF, Université d'Ottawa

ENTRE LE « QUI SOMMES-NOUS ? » ET LE « QUI SUIS-JE ? » SYNTHÈSE DU COLLOQUE ANNUEL 2004 DU CRCCF, « MÉMOIRE ET FRAGMENTATION. L'ÉVOLUTION DE LA PROBLÉMATIQUE IDENTITAIRE EN ONTARIO FRANÇAIS »

Christian Poirier
Université d'Ottawa

Le 5 mars 2004, le Centre de recherche en civilisation canadienne-française (CRCCF) tenait à l'Université d'Ottawa un colloque dont l'objectif consistait à s'interroger sur l'identité franco-ontarienne, son évolution historique, ses principales transformations récentes et ses possibles mutations à venir. Jean-Pierre Wallot a d'emblée évoqué l'horizon thématique de la journée en soulignant l'évolution, depuis le début du XXᵉ siècle, d'une identité franco-ontarienne relativement homogène et stabilisée dans ses principaux référents (liés au cadre canadien-français), vers une multiplicité d'identités francophones et franco-ontariennes. Dans ce contexte, il est alors difficile de cerner un sens commun qui s'appuierait sur le partage d'une mémoire collective susceptible d'inspirer le présent et l'avenir.

Dans une première série de communications, Michel Bock s'est interrogé sur le sort de la mémoire dans la construction historique de l'identité franco-ontarienne. À l'instar de Jean-Pierre Wallot, il a d'abord rappelé cette transformation historique de la conception organique et providentielle de la nation canadienne-française, conçue par les idéologues comme une communauté de langue, d'histoire, de religion et transcendant les frontières territoriales. Ce paradigme identitaire fut remis en question après la Seconde Guerre mondiale avec la montée irrésistible de la modernité, l'urbanisation et l'effritement des structures traditionnelles de socialisation (notamment les institutions cléricales ou celles contrôlées par le clergé). Cet éclatement se radicalisa durant les années 1960 alors que le Québec s'est distancié rapidement de la référence canadienne-française dans le cadre d'une Révolution tranquille qui allait marquer l'émergence d'une référence « québécoise » fondée sur une « nation québécoise », un État québécois et un territoire précis. L'identité franco-ontarienne s'est alors construite autour de la langue et s'est focalisée sur la province ontarienne, tout en présentant le visage d'une multiplicité de territoires (les Franco-Ontariens de l'Est, du Nord, de l'Ouest, du Sud, de Toronto…) et d'une différenciation ethnique accrue à la suite de l'arrivée d'une immigration francophone provenant de pays et d'horizons ethniques variés, sans parler de l'émergence de diplômés de classes d'immersion française.

Le défi consiste ainsi à construire un sens commun et une mémoire collective ne se réduisant pas à la seule dimension linguistique. Autrement dit, l'ouverture à l'altérité ne doit pas s'accompagner d'une amnésie identitaire. L'autre défi est de rapprocher les élites de la population car, selon M. Bock, le discours de nombreux leaders (dont ceux de l'Association canadienne-française de l'Ontario (ACFO)), demeure enraciné dans une conception relativement homogène – et, pourrait-on ajouter, idéalisée – de l'identité franco-ontarienne alors que la « réalité » du terrain montre plutôt une fragmentation de cette identité et une pluralité des façons de vivre son appartenance franco-ontarienne.

Christine Dallaire s'est ensuite penchée sur la reproduction des identités francophones chez les jeunes franco-ontariens à partir d'une série d'entretiens dans le cadre des Jeux franco-ontariens. Sa recherche montre que les jeux – qui sont organisés par les jeunes – mettent l'accent sur la participation plutôt que sur la compétition et revêtent divers aspects de sorte que l'on peut y retrouver autant de sports que de l'improvisation, des arts visuels et de la danse. Ces jeux sont donc différents de ceux que l'on retrouve en Acadie, au Québec ou en Alberta, où l'accent est plutôt placé sur les sports et la compétition. Les jeux franco-ontariens constituent donc un moment important de socialisation et d'expérience communautaire. Les jeunes mettent de l'avant un discours identitaire stratégique axé sur la langue (fierté de parler français et revendication traditionnelle pour des services en français), sur l'aspect multiculturel et sur l'importance du bilinguisme. Il s'agit d'une identité qui est perçue comme variable et multiple. Le professeur Dallaire souligne que la majorité des jeunes ne se disent pas que Franco-Ontariens, mais mentionnent également une pluralité de références (même anglophone).

Pour sa part, Marcel Grimard a proposé un bilan des actions récentes de l'ACFO-Toronto. Dans un contexte de régionalisation de l'identité franco-ontarienne, il a montré que celle-ci s'articule autour d'un discours à la fois modernisant, axé sur les droits linguistiques, et mondialisant, bien inscrit dans une économie globale dans laquelle la langue devient un atout stratégique pour ce qui est de l'employabilité et du développement touristique. Il a noté également que les Franco-Ontariens déploient de multiples stratégies discursives afin d'évoluer au sein de plusieurs catégories identitaires (gais et lesbiennes, jeunes, groupes ethniques, etc.). C'est dans ce contexte que l'ACFO-Toronto affiche la volonté de reconnaître et d'inclure la diversité ethno-culturelle au sein de l'identité franco-ontarienne. Il est donc important de se pencher sur les individus qui vivent de multiples situations minoritaires. À cet égard, il est nécessaire de maintenir un juste équilibre entre la revendication politique traditionnelle et des aspects plus sociaux liés au développement communautaire et à la diversité. Il est aussi primordial de maintenir un point de tension et un équilibre entre la similitude (célébrer ce que l'on possède en commun, comme la langue) et la valorisation de la différence.

Trois tables rondes ont ensuite ponctué le colloque. Animée par Joël Beddows, la première a traité de la problématique identitaire dans le domaine des arts et des lettres. Isabelle Bélisle a montré que les artistes effectuent un lien étroit entre l'identité franco-ontarienne (notamment l'aspect linguistique), conçue de façon complexe et ouverte à la diversité, et la professionnalisation. De plus, elle constate que les jeunes adolescents avec lesquels elle travaille valorisent le français (ils trouvent ça « cool » de s'exprimer dans la langue de Molière), mais n'attachent pas une grande importance à la communauté plus large des Franco-Ontariens. Pour eux, l'aspect qui prime est l'identité individuelle que l'on partage en petits groupes restreints. En l'occurrence, le fait de parler français doit venir d'un choix délibéré individuel et non d'une quelconque autorité. De même, Denis Bertrand a souligné que le théâtre franco-ontarien, la forme artistique la plus consommée en Ontario français et qui s'exporte de plus en plus dans le reste du Canada et à l'étranger, a récemment atteint un degré de maturité identitaire puisque les thématiques typiquement « franco-ontariennes » centrées sur l'importance de révéler les Franco-Ontariens et d'exprimer leur identité côtoient désormais des préoccupations plus universelles (par exemple, une réflexion sur la condition humaine) ainsi qu'une attention à l'esthétisme et la forme.

Prenant l'exemple de la littérature, François Paré s'est demandé s'il est possible de penser la culture franco-ontarienne en l'absence d'un milieu « naturel » (comme un peuple ou une nation) et en présence d'une dispersion des territoires. Il en résulte selon lui une culture de « l'itinérance » qui adopte notamment une conception de la langue comme étant la résultante d'une négociation avec la langue anglaise. Cette éthique normative de la pluralité a toutefois provoqué une occultation de la mémoire collective. Ainsi, la littérature franco-ontarienne, à l'image de l'identité franco-ontarienne, apparaît comme une littérature de choix individuels ne traitant que très peu des aspects collectifs. Dans le même domaine, denise truax a pisté le passage d'une littérature centrée sur la « souchitude » et axée autour de la prise de la parole et de la révélation de l'identité vers une approche plus postmoderne liée à l'éclatement des thématiques et des référents. De plus, si la littérature franco-ontarienne se porte bien et que le réseau institutionnel pour l'appuyer (maisons d'édition) est en bonne santé, il existe toutefois des défis importants, notamment celui de rejoindre le public.

Une deuxième table ronde animée par Anne Gilbert s'est penchée sur la question identitaire dans le secteur de l'éducation. À partir d'une recherche effectuée au sein du milieu universitaire dans le Nord de l'Ontario, Julie Boissonneault s'est demandé si, hormis la langue, il existait une appartenance commune. Elle constate que les jeunes valorisent de plus en plus une identité bilingue et que les enseignants sont peu préparés et outillés pour faire face à ces nouvelles identités multiples. Par ailleurs, les personnes travaillant dans le milieu de l'éducation revendiquent également une appartenance bilingue dont les enjeux et les impacts n'ont pas encore été suffisamment pris en compte, tant par les chercheurs et, par les acteurs impliqués que par les gouvernements.

Diane Gérin-Lajoie abonde dans le même sens, constatant que la communauté franco-ontarienne ne partage plus les mêmes intérêts ni la même culture, chacun définissant son rapport à la langue et à l'identité de façon complexe. On ne peut toutefois pas en conclure que cette identité bilingue – particulièrement valorisée chez les jeunes du secondaire – est une étape vers l'assimilation à la communauté anglophone. Il n'en demeure pas moins qu'il est nécessaire de s'interroger sérieusement sur le rôle de l'école dans la transmission de la langue française et de la culture franco-ontarienne. Il serait à tout le moins primordial de provoquer un débat public afin de mieux arrimer le système scolaire à cette identité bilingue vécue de façon fort différente chez les jeunes. Sinon, l'école risque de donner l'illusion d'un îlot homogène déconnecté des réalités vécues.

Selon Denis Vaillancourt, le défi est d'aller au-delà de l'article 23 de la Charte canadienne des droits et libertés pour aborder des éléments plus culturels. Mais quels référentiels va-t-on donner aux jeunes ? Quels sont les éléments de la « culture » franco-ontarienne ? Il est aussi important de s'adapter à une nouvelle clientèle qui n'est pas nécessairement francophone de souche et qui provient d'horizons ethniques variés. Pour Robert Arseneault, le matériel pédagogique proposé aux élèves est encore peu adapté à une nouvelle réalité marquée par une pluralité d'identités vécues dans un contexte accéléré de mondialisation. Ce matériel devrait soutenir une démarche de construction identitaire qui s'étend au-delà de la langue pour embrasser les aspects culturels. En somme, cette table ronde a montré qu'il est primordial de repenser les liens entre langue, culture et éducation.

La troisième table ronde, présidée par François-Pierre Gingras, a porté sur les aspects politiques de l'identité franco-ontarienne, qui hésite entre résistance, revendication active et possession tranquille de droits universels. Pierre Bergeron observe un décalage important ainsi qu'un manque de relais entre la population, les multiples institutions franco-ontariennes et les politiciens. Il se demande si la vitalité (par exemple la Cité collégiale à Ottawa ou le milieu théâtral) et la résistance (Montfort) que l'on peut observer dans certains milieux sont présentes dans la sphère politique. Dans la même lignée, Claude Denis constate que l'offre de services en français au sein des municipalités ontariennes est peu visible et ne fait pas l'objet de coordination entre les villes. Les francophones se sont peu penchés jusqu'à maintenant sur l'importance d'investir le secteur municipal. De plus, on a peu réfléchi à la gouvernance linguistique au sein des villes où il existe une forte mixité linguistique.

Claudette Boyer a pour sa part rappelé qu'il faudrait davantage de francophones dans le milieu politique afin de créer un véritable rapport de force avec tous les niveaux de gouvernement. Il faut un lobbying constant et pas seulement épisodique (Montfort). Autrement dit, les Franco-Ontariens doivent davantage suggérer des choses plutôt que d'être essentiellement réactifs. De plus, les institutions et les groupes d'intérêt devraient agir au-delà de leurs intérêts particuliers afin de manifester une vision et une action communes. Pour l'instant, dans un contexte d'affaiblissement de l'ACFO, on observe plutôt une multiplicité d'associations qui agissent chacune dans leur coin avec des revendications essentiellement axées sur la quête effrénée de subventions. En somme, non seulement l'autonomie d'une communauté minoritaire passe-t-elle par la complétude institutionnelle (au sens qu'en donne Raymond Breton (1991), c'est-à-dire l'importance du développement et du contrôle des institutions), mais elle implique aussi une mise en réseau active de ces institutions ainsi que des relais permanents entre celles-ci et, d'une part, la population et, d'autre part, la sphère politique.

Le colloque s'est clos sur un exposé-synthèse de Joseph Yvon Thériault qui s'est interrogé de façon particulièrement stimulante sur l'existence même de l'Ontario français qui, selon lui, n'existe pas et n'a jamais existé. Il existait, au sein du Canada français, ce que Fernand Dumont nomme une culture première, c'est-à-dire un vaste réseau d'interactions quotidiennes tissées au sein de multiples institutions, ainsi qu'une culture seconde, c'est-à-dire une référence permettant de construire une conscience collective au moyen de la langue, de la mémoire et de la religion. Mais l'éclatement des principales composantes de l'identité canadienne-française a provoqué une démultiplication des identités, des réseaux et des références; et les Franco-Ontariens ont beaucoup de difficulté à se concevoir et à être une communauté avec une référence commune et une conscience collective, et ce, même à l'échelle régionale. La difficulté pour les Franco-Ontariens de se nommer (Franco-Ontariens, Ontarois, francophones, bilingues, etc.) en témoigne. La crise actuelle de l'ACFO en est aussi un vif révélateur, l'Ontario français étant de plus en plus structuré autour d'une multitude de groupes représentant des intérêts particuliers. On peut également observer une faiblesse accrue des institutions.

Ainsi, si jamais l'Ontario français a existé, ce n'est que par le discours, et ce, en tant que réponse avortée à l'éclatement de l'identité canadienne-française durant les années 1960. Mais ce projet imaginaire, articulé par certaines élites, n'a pas pris et n'a jamais pu constituer les Canadiens français en Franco-Ontariens. On observe donc des identités multiples et une multitude de réseaux sectoriels ne communiquant que faiblement entre eux. Mais alors, si l'Ontario français n'existe pas, faut-il s'en plaindre, se demande Joseph Yvon Thériault ? Cette identité franco-ontarienne témoigne d'une conception non essentialiste de l'identité qui permet sa transformation et l'intégration d'autres références et d'autres cultures. Il existe toutefois un danger de relativisme culturel et notamment un risque d'affaiblissement du français (notons que 40 p. 100 des Franco-Ontariens ne parlent pas français à la maison) puisque l'aspect linguistique devient un simple élément parmi d'autres au sein de la carte identitaire. J. Y. Thériault a enfin classé avec justesse les différentes interventions du colloque en trois catégories : d'abord, les personnes qu'il nomme les fragmentés jovialistes et qui constatent une fragmentation mais qui ne s'en offusquent pas; ensuite, celles qu'il nomme les fragmentés nostalgiques qui s'en désolent et qui insistent sur la nécessité de construire un espace commun; et enfin, celles pour qui il y a plutôt une continuité identitaire entre le passé et le présent.

Ce colloque a donc permis de constater que l'identité franco-ontarienne est fragmentée et diversifiée. Il confirme ainsi les observations émises par certains chercheurs depuis les années 1990 (pensons notamment à Roger Bernard). Comme le mentionne Françoise Boudreau, « Plusieurs théoriciens et chercheurs de la francophonie ontarienne se sont bien rendu compte qu'il y a en fait plusieurs Ontario français, géographiquement, culturellement, ethniquement, et même linguistiquement » (1995 : 39). Cette fragmentation identitaire peut alors être vécue positivement par certains et plus négativement par d'autres. Quoi qu'il en soit, la question du « Qui sommes-nous ? » hante littéralement les francophones en milieu minoritaire, comme l'écrivait si bien Linda Cardinal en 1994.

Le colloque a en outre permis d'éclairer le décalage important entre le discours, qui projette littéralement l'existence d'une nation franco-ontarienne, et la réalité qui témoigne plutôt d'une multiplicité de petites communautés de destins. Cela rejoint les observations émises par Donald Dennie : « lorsqu'on tente de la saisir [la société franco-ontarienne] de façon empirique, on se bute à des obstacles majeurs qui laissent soupçonner que cette réalité est beaucoup plus une représentation idéologique qu'un fait tangible » (Dennie cité dans Boudreau, 1995 : 38). Ces groupes nationalitaires possèdent, selon Joseph Yvon Thériault, un niveau d'historicité plus fort que l'ethnie mais plus faible que la nation[1]. Ne possédant pas l'outil par excellence de l'historicité, à savoir l'État, les Franco-Ontariens se sont concentrés, sur le plan politique, à une défense de leurs droits linguistiques. En conséquence, poursuit Thériault,

> La francophonie ontarienne, plus nombreuse mais plus minoritaire, dispersée inégalement sur un vaste territoire, arrive difficilement à choisir entre la réalité nationale du Canada français, la complétude institutionnelle de l'Ontario français et une réalité démographique qui tend dans les faits à l'assimiler à l'Ontario urbain, cosmopolite et multiculturel, donc à l'Ontario ethnique (p. 26).

Bref, les Franco-Ontariens sont en quelque sorte « condamnés » à l'indécision identitaire, ce qui n'implique pas nécessairement d'en déduire des hypothèses pessimistes allant dans le sens de l'assimilation. Nous croyons à cet égard qu'il est nécessaire d'avoir un regard réaliste et nuancé sur les phénomènes sociaux tout en demeurant critique et vigilant. Linda Cardinal a toutefois raison de mentionner qu'en portant trop l'attention sur l'abandon que les Canadiens français du Québec auraient fait subir au reste du Canada français en devenant Québécois, on occulte le rôle que le gouvernement fédéral a joué dans cette fragmentation à partir de la fin des années 1960, en réduisant les identités francophones à la seule dimension linguistique. Selon Linda

Cardinal, les leaders de la communauté franco-ontarienne ont également joué un rôle dans cette dynamique centrée sur les droits linguistiques. En outre, par l'évacuation d'un débat sur le contenu de l'identité franco-ontarienne, cette stratégie a permis de maintenir l'illusion de l'existence d'une communauté relativement homogène. Enfin, sur le plan politique, l'accent que les Franco-Ontariens ont placé sur la défense des droits et, par le fait même, sur l'inscription de l'identité au sein de paramètres essentiellement juridiques a pu « vider » et aseptiser l'identité collective.

Le colloque a également permis de repérer un décalage entre les discours et les actions des gouvernements fédéral et ontarien – qui mettent l'accent sur l'aspect linguistique – et les Franco-Ontariens qui se déclarent attachés au bilinguisme et qui souhaiteraient articuler une représentation plus élargie (en termes culturels) de leur identité. On est ici dans un contexte d'hybridité des identités alors que les Franco-Ontariens refusent l'exclusivité d'une identité (par exemple, être seulement francophone). Le colloque confirme ainsi les observations de Roger Bernard qui constatait en 1994 que la spécificité franco-ontarienne était de plus en plus articulée autour d'une telle identité bilingue[2]. Mais qu'est-ce qu'une identité bilingue ? Comment opérationnaliser culturellement, politiquement et institutionnellement ce concept ? Si on se doute bien qu'il ne s'agit pas ici d'un retour aux écoles bilingues, alors de quoi s'agit-il sur le plan identitaire ? D'autres recherches plus poussées devront être entreprises à ce sujet. De même, comme le soulignait Raymond Breton (1994), il existe un besoin criant de recherches sur les différentes modalités d'appartenance et d'identification des Franco-Ontariens. À tout le moins, le colloque aura eu le mérite de révéler l'importance grandissante prise par cette référence.

De nombreuses autres questions découlent de cette diversification identitaire. Comment construire un sens commun s'appuyant sur une mémoire qui ne sacrifie pas l'ouverture et la diversité ? Comment trouver et maintenir un point de tension entre deux postures qu'il faut éviter, soit un dogmatisme trop homogénéisant et un discours totalement déconstructionniste ? Aussi, comment réconcilier l'aspect linguistique (qui permet à plusieurs communautés ethniques d'adopter l'identité franco-ontarienne) et une conception plus élargie de l'identité (en termes culturels, mémoriels et politiques) qui ne s'adosserait pas à une représentation organique et essentialiste de l'identité ? Nous sommes en fait en présence d'un véritable paradoxe : ramener l'identité franco-ontarienne à la seule dimension linguistique vide littéralement cette identité de sa mémoire et de son (ses) sens; mais en même temps, cela permet une ouverture vers d'autres cultures qui ne se reconnaissent pas dans cette histoire. De plus, pour les Franco-Ontariens, comment concilier dans le rapport avec la majorité anglophone ces deux revendications en apparence antinomiques que sont la demande d'une reconnaissance de la différence (qui passe ici essentiellement par les revendications de services en français et le maintien des institutions) et la demande d'une intégration non discriminante à la communauté majoritaire ?

Ce colloque a ainsi suscité des questions fondamentales avec lesquelles tant les Franco-Ontariens que d'autres communautés doivent composer. C'est que chaque individu est en mesure de vivre à son échelle et au sein de sa culture ce constat de l'aspect construit, non essentialiste et quelque part « indéterminé » de l'identité franco-ontarienne. Le philosophe Paul Ricœur (1990) a bien montré que l'identité implique toujours trois versants qui se complètent mutuellement : la mêmeté (être identique à soi-même et conserver un sentiment de continuité), l'ipséité (l'intégration de la nouveauté et du changement) et l'altérité (le rapport avec les autres différents de soi). L'identité se modifie au fur et à mesure de l'évolution de soi et des nouvelles interprétations de sa situation dans la temporalité, en fonction de rapports nouveaux ou reconduits dans l'aménagement de la mémoire et des utopies.

De plus, toutes les sociétés doivent gérer le paradoxe dont nous faisions état plus haut[3]. Même une nation aussi « forte » que la France s'interroge sur ses référents identitaires. Le récent débat concernant le voile islamique en est une vive illustration. Au Québec, les relations entre la mémoire et la question de l'interprétation de la condition identitaire ont fait et font l'objet d'une attention soutenue non seulement de la part des chercheurs, mais aussi d'une large proportion de citoyens. La société québécoise est engagée depuis plus d'un demi-siècle dans une vaste opération de réaménagement symbolique de ses représentations d'elle-même et des autres, ce qui implique un réaménagement de la mémoire. Il s'agit d'une redéfinition tant interne qu'externe de l'identité. Sur le premier plan, le basculement de Canadien français à Québécois, durant la Révolution tranquille, a provoqué une remise en question des fondements identitaires traditionnels (religion et traditions). Si la langue française est propulsée au cœur de l'identité québécoise, la question entourant les autres marqueurs identitaires du « nous » collectif demeure ouverte. Sur le second plan, l'identité doit se redéfinir en relation avec un pluralisme ethnique et culturel de plus en plus présent depuis les années 1970. Les processus récents de mondialisation des marchés et des cultures imposent de surcroît la nécessité, pour la collectivité québécoise, de se (re)définir et de s'interpréter constamment.

De même, on peut observer dans la plupart des pays occidentaux des changements majeurs dans les formes d'identification sociale des individus. Globalement, jusqu'aux années 1960, l'identité des individus et des groupes était fortement structurée par les rapports de classe et les rapports politiques conçus sous les angles nationaux (identification au pays) et partisans. À partir des années 1960 et 1970, et selon des modalités et des temporalités différentes dans les divers pays, émergent des formes nouvelles d'identification sociale fortement structurées autour de l'identité, qu'elle soit ethnique, sexuelle ou liée à l'âge. L'espace social et les discussions au sein de l'espace public sont ainsi définis de plus en plus en termes socioculturels, parallèlement aux dimensions économiques et partisanes qui demeurent, encore aujourd'hui et pour nombre d'individus, des axes d'identification importants. Mais, de façon générale, la modernité véhiculait un projet éminemment collectif articulé autour de l'idée de nation. Or, le monde postmoderne et capitaliste dans lequel nous vivons a placé au centre de ses préoccupations la question de l'individu et de ses besoins et priorités plutôt que celle du collectif. Loin de nous l'idée de juger négativement cette séparation entre l'individu et la communauté. Elle permet une diversification et un métissage salutaire des identités, des imaginaires et des pratiques. Simplement, il ne faut alors pas s'étonner de ce que les assises et l'évolution des appartenances collectives deviennent floues et changeantes. L'image d'un monde partagé entre des États-nations souverains, conjuguant parfaitement unité territoriale et unité culturelle, est désormais périmée. Il y a éclatement et déplacement de l'État-nation (mais non sa disparition, comme certains chantres de la mondialisation l'affirment). C'est dire que la nation – appuyée par l'État – est de moins en moins perçue comme le lieu central et prioritaire d'articulation des interactions sociales. Les individus trouvent et développent du sens au sein d'une multiplicité de lieux et d'espaces d'identification. Tous ces éléments composeront, d'un individu à l'autre, une carte identitaire particulière elle-même soumise à de multiples transformations. À cet égard, il semble bien que les Franco-Ontariens ne se posent pas tant la question du « Qui sommes-nous ? » que celle du « Qui suis-je ? ».

Cet éclatement des référents identitaires est en grande partie lié à une modification des processus destinés à les faire intérioriser : à côté des canons traditionnels de la socialisation – à savoir, la famille, l'école, l'État et la religion –, on retrouve d'autres formes de structuration identitaire : groupes d'amis, associations, télévision, Internet, etc. On observe une transformation majeure des cadres institutionnels sous les effets de la démocratisation, de la montée de l'individualisme, de la régionalisation de la planète (et l'émergence des localismes) et de la mondialisation des marchés.

Toutes ces questions sont également liées à un changement d'horizon épistémologique concernant la réalité et la vérité. Si le postulat moderne était fondé sur l'objectivité et l'abstraction, la réalité et la vérité sont aujourd'hui davantage appréhendées comme étant relatives à un contexte, à un groupe social et à un système de pouvoir. La réalité est construite par les individus et la vérité est toujours prise dans un réseau conceptuel, social et historique particulier. L'importance prise par la subjectivité des individus, qui affecte leur manière d'entrer en relation avec l'environnement social, fait en sorte qu'il est difficile de séparer très nettement l'objectivité des énoncés de leur enracinement énonciatif (contextes culturel et spatio-temporel). Il y a, ainsi, une diversification des horizons interprétatifs et des normes comportementales. Autrement dit, la conviction (croire en quelque chose) cohabite avec – et parfois se substitue à – la transmission.

Voilà donc un ensemble de facteurs qui contribuent au positionnement du questionnement identitaire sur le devant de la scène de nombreux débats contemporains. Comme on peut le constater, ces variables pèsent toutes – avec des intensités variables – sur les pays occidentaux, voire, sur l'ensemble des populations de la planète. Ces éléments soulignent combien il serait pertinent d'effectuer des recherches de nature comparée entre l'Ontario français et d'autres sociétés. Sans nécessairement apporter de réponses à ces questions extrêmement complexes, ce colloque a provoqué des débats particulièrement féconds et la présence de personnes provenant d'horizons disciplinaires et sectoriels différents (arts, éducation, politique, journalisme...) a grandement contribué à sa qualité et à son succès. Il a fait la démonstration que l'effort de conceptualiser les identités franco-ontariennes nécessite la prise en compte de dynamiques tant culturelles qu'historiques, sociologiques et politiques.

NOTES

1. L'historicité se définit comme la conscience et la capacité de faire sa propre histoire. Voir Joseph Yvon Thériault, 1994.
2. L'auteur avance même l'hypothèse de l'émergence d'une identité franco-ontarienne « hors francité ».
3. Ces propos sont inspirés de Christian Poirier, 2004.

BIBLIOGRAPHIE

BERNARD, Roger, « Du social à l'individuel : naissance d'une identité bilingue », dans Jocelyn Létourneau (dir.), *La question identitaire au Canada francophone*, Sainte-Foy, Presses de l'Université Laval, 1994, p. 155-163.

BRETON, Raymond, *The Governance of Ethnic Communities, Political Structures and Processes in Canada*, New York, Grenwood Press, 1991.

BRETON, Raymond, « Modalités d'appartenance aux francophonies minoritaires. Essai de typologie », *Sociologie et sociétés*, vol. 26, n° 1, 1994, p. 59-71.

BOUDREAU, Françoise, « La francophonie ontarienne au passé, au présent et au futur : un bilan sociologique », dans Jacques Cotnam, Yves Frenette et Agnès Whitfield (dir.), *La francophonie ontarienne : bilan et perspectives de recherche*, Hearst, Le Nordir, 1995, p. 39.

CARDINAL, Linda, « Ruptures et fragmentations de l'identité francophone en milieu minoritaire ; un bilan critique », *Sociologie et sociétés*, vol. 26, n° 1, 1994, p. 71-86.

DENNIE, Donald, « De la difficulté d'être idéologue franco-ontarien », *Revue du Nouvel-Ontario*, n° 1, p. 79, cité dans Françoise Boudreau, *op. cit.*, p. 38.

POIRIER, Christian, « Qu'est-ce que l'identité ? », *Le cinéma québécois. À la recherche d'une identité ? t. I, L'imaginaire filmique*, Québec, Presses de l'Université du Québec, 2004, p. 17-37.

RICŒUR, Paul, *Soi-même comme un autre*, Paris, Seuil, 1990.

THÉRIAULT, Joseph Yvon, « Entre la nation et l'ethnie. Sociologie, société et communautés minoritaires francophones », *Sociologie et sociétés*, vol. 26, n° 1, 1994, p. 15-32.

LE SORT DE LA MÉMOIRE DANS LA CONSTRUCTION HISTORIQUE DE L'IDENTITÉ FRANCO-ONTARIENNE

Michel Bock
Université d'Ottawa

Cet exposé au titre ambitieux vise à dégager brièvement une perspective historique pour encadrer les discussions qui portent sur le thème du colloque, à savoir l'évolution de la problématique identitaire en Ontario français. Dans un texte aussi bref, il ne s'agit pas d'analyser en profondeur une question qui mériterait à elle seule de nombreuses thèses. Il faut espérer, tout au plus, que ces quelques réflexions prudentes alimenteront le débat.

La problématique identitaire se situe résolument au cœur des débats universitaires, intellectuels, voire politiques à travers le monde occidental et ailleurs. Bien qu'elle ne soit pas de conception récente, elle se pose avec une acuité toute particulière depuis le XIXᵉ siècle. Sans chercher à en expliquer la genèse, affirmons tout simplement que la problématisation contemporaine des questions identitaires est attribuable à de nombreux facteurs dont ont été témoins les XIXᵉ et XXᵉ siècles et plus particulièrement les soixante dernières années : importance croissante des mouvements migratoires transnationaux, multiplication fulgurante des moyens de communication et des médias d'information, accélération de l'industrialisation et de l'urbanisation, émergence de la « société de l'information », etc. La conjugaison de ces facteurs a provoqué l'effritement du mode de vie traditionnel des sociétés occidentales – souvent rural et agricole –, de leurs structures traditionnelles et de leurs anciennes solidarités. Comme jamais auparavant, l'altérité, pour reprendre un terme bien à la mode de nos jours, et le relativisme culturel ont fait irruption dans la vie des Occidentaux, dont l'identité et les certitudes de jadis ont été profondément ébranlées. Aujourd'hui, il n'est pas rare d'entendre parler d'identités « plurielles », « fragmentées » et en concurrence (on est en droit de se demander, pour le reste, si ce concept d'une « identité plurielle » n'est pas en soi porteur d'un paradoxe, voire d'une contradiction). Les identités se définissent en fonction de critères multiples tels la culture – y compris la langue –, l'État, l'Église, la classe sociale, le groupe ethnique ou le sexe auquel on appartient, lorsque ce n'est pas en fonction de plusieurs de ces critères à la fois. Dans ce contexte, la cohésion identitaire – pour peu qu'on y accorde encore quelque importance – s'est transformée en un défi de taille, certains adeptes des thèses postmodernes et déconstructionnistes les plus radicales allant jusqu'à proposer qu'elle n'a jamais été qu'une construction dépourvue même de substance historique.

Il est vrai que ces bouleversements ne se sont pas fait sentir partout de la même manière ou avec la même intensité. À vrai dire, ce sont probablement les cultures minoritaires – les « petits peuples », comme on l'aurait dit autrefois avec plus de romantisme – qui en ont été ébranlées le plus profondément. En cette matière, le cas de l'Ontario français est exemplaire. Depuis un siècle, les Canadiens français de l'Ontario – qu'ils se qualifient de Franco-Ontariens, de francophones de l'Ontario ou d'Ontarois – ont vu leur cadre de référence identitaire se redéfinir et se fragmenter au rythme de leur évolution politique, socio-économique et démographique. Serait-il trop fort d'affirmer que ce phénomène a fait une victime ou, à tout le moins, une estropiée, soit la mémoire comme fondement du discours identitaire franco-ontarien.

Le XXe siècle a été le théâtre d'une mutation intellectuelle significative en Ontario français. L'unité relative qui avait caractérisé les traditionnels porteurs de l'identité franco-ontarienne a été fragmentée à la suite de l'apparition de nouveaux « définisseurs de situation », pour emprunter au jargon des sociologues, dans l'arène publique. Ces remises en question se sont souvent effectuées au nom d'un idéal démocratique rejetant dans une certaine mesure la référence au passé comme instrument de mobilisation. D'ailleurs, la cohabitation entre les nouveaux et les anciens intervenants dans la définition de l'identité des Franco-Ontariens ne s'est pas toujours faite sans heurt. Il est tentant d'établir une corrélation entre ce phénomène de la fragmentation identitaire et la crise de confiance que traverse actuellement le leadership de la communauté franco-ontarienne. Les déboires fortement médiatisés que connaît ces jours-ci l'Association canadienne-française de l'Ontario (ACFO), son principal porte-parole, sont sans doute partiellement attribuables à la difficulté qu'éprouve l'Association depuis quelques années à formuler un projet de développement synthétique susceptible de donner un sens aux intérêts spécifiques et de plus en plus nombreux qui caractérisent une partie de l'Ontario français. Le rapport du Groupe-conseil baastel sur le positionnement stratégique de l'ACFO, présenté en janvier 2004, fait d'ailleurs grand cas des relations parfois tendues qu'entretient l'Association avec les autres membres du milieu associatif franco-ontarien[1]. Un coup d'œil rapide sur l'évolution historique de la problématique identitaire franco-ontarienne au XXe siècle permettra peut-être de trouver à ce phénomène quelques éléments d'interprétation.

L'identité franco-ontarienne dans son cadre canadien-français

On dit souvent que c'est au début du XXe siècle et plus précisément durant la crise du Règlement XVII, de 1912 à 1927, que sont « nés », en quelque sorte, les Franco-Ontariens. René Dionne affirme que le conflit scolaire et le grand congrès de 1910, au cours duquel a été fondée l'Association canadienne-française d'éducation d'Ontario (ACFEO), l'ancêtre de l'ACFO actuelle, ont permis aux Franco-Ontariens « d'affirmer avec force leur identité collective » (1995 : 357). Selon Yolande Grisé, l'apparition du vocable « Franco-Ontarien » durant la crise scolaire traduisait la « rupture psychologique » entre les Canadiens français de l'Ontario et ceux du Québec. Face à l'antagonisme de l'État ontarien, qui voyait en l'école un outil privilégié d'assimilation à la majorité anglo-saxonne, les Franco-Ontariens auraient compris que leur sort allait différer de celui que le destin réservait à leurs compatriotes du Québec (1982).

Que les Canadiens français de l'Ontario aient pris conscience de la précarité de leur situation au début du siècle, que le terme « Franco-Ontarien » soit apparu à cette époque pour inscrire dans le discours l'esprit de cohésion qui s'était répandu en plusieurs de leurs milieux, cela paraît difficilement contestable. On doit cependant s'interroger sur l'idée voulant que la crise scolaire ait engendré une rupture entre les Canadiens français du Québec et de l'Ontario dès le début du siècle. D'après Pierre Savard, au contraire, le Règlement XVII aurait provoqué un rapprochement « spectaculaire » entre les uns et les autres (1993 : 234).

En réalité, cet épisode, qui prit parfois les allures d'une lutte épique, ne concerne pas que les seuls Franco-Ontariens : il appartient, au contraire, à la grande histoire du Canada français[2]. Ainsi, le Québec ne s'est pas tenu à l'écart du conflit scolaire, loin s'en faut. Les intervenants qui ont pris la défense des Franco-Ontariens étaient nombreux et provenaient des milieux à la fois cléricaux, intellectuels et politiques. Pensons surtout au cardinal Bégin de Québec, à l'archevêque Bruchési de Montréal, aux premiers ministres québécois Gouin et Taschereau et aux journalistes Olivar Asselin, Omer Héroux et Henri Bourassa. Sans compter le prêtre et historien Lionel Groulx, le principal maître à penser du mouvement nationaliste canadien-français à partir des années 1920, que plusieurs historiens présentent pourtant comme l'auteur d'une idéologie séparatiste, limitée aux frontières québécoises et excluant, par le fait même, les minorités françaises des autres provinces[3].

Les liens qui se sont tissés entre les milieux nationalistes du Québec et de l'Ontario français découlaient d'une conception organique de la nation canadienne-française qui valorisait par-dessus tout la « Tradition » comme facteur d'inclusion ou d'exclusion, par-dessus même toute considération géographique ou politique. Les idéologues nationalistes de la première moitié du XXe siècle concevaient la nation canadienne-française comme une communauté de langue, de culture, d'histoire et de foi. La nation était donc antérieure à l'État et existait à l'extérieur de tout cadre territorial précis. Les nationalistes la rendaient analogue à un « organisme » dont l'existence se déployait dans l'espace, mais aussi dans le temps : née à l'époque de la Nouvelle-France, qui avait recouvert pour un temps la majeure partie du continent nord-américain, elle s'acheminait, d'après eux, vers l'accomplissement de son destin temporel (Bock, 2004 ; Boily, 2003).

Car ce nationalisme organiciste avait un corollaire, celui de la création des nations par la Providence. Cette idée, introduite au Canada français dès le XIXe siècle, a été développée, au début du XXe siècle, par des penseurs comme, entre autres, le théologien Louis-Adolphe Pâquet, Henri Bourassa et Lionel Groulx[4]. Selon eux, les Canadiens français avaient hérité d'une mission apostolique, celle de propager, en Amérique, la civilisation française et catholique. C'était ce messianisme qui faisait des Canadiens français un peuple de « fondateurs » et qui justifiait l'établissement partout au pays de communautés françaises minoritaires, perçues dès lors comme le prolongement ou les « vestiges », en quelque sorte, de l'Empire français d'Amérique. Ce nationalisme organiciste et messianique paraîtra archaïque aux modernes ou aux postmodernes que nous sommes devenus. Concrètement, il impliquait cependant deux principes fort importants aux yeux des nationalistes canadiens-français de la première moitié du XXe siècle :

1. le Québec, en tant que foyer de la nation canadienne-française, avait la responsabilité morale de prêter main-forte aux minorités françaises, les différents membres d'un même « organisme » ou « corps » devant interagir harmonieusement les uns avec les autres ;

2. toute violation des droits scolaires et religieux des minorités était un affront au principe des peuples fondateurs et, pire encore, aux desseins de la Providence.

On devine que ce raisonnement s'est transformé en un argument puissant pour revendiquer le maintien et la multiplication des droits scolaires, linguistiques et culturels des minorités françaises partout au pays, voire en Amérique. Les Franco-Ontariens et leurs alliés du Québec en usèrent largement, d'ailleurs, durant la crise du Règlement XVII. Cette forme de nationalisme empruntait, pour le reste, à plusieurs courants idéologiques. Du romantisme politique européen, elle reprenait l'idée que la nation n'était pas le résultat d'un « contrat social », c'est-à-dire une construction politique artificielle, mais qu'elle était plutôt une réalité organique forgée par les siècles ; de la tradition contre-révolutionnaire française et canadienne-française, elle retenait la thèse de l'ordre providentiel des choses, l'idée que l'autorité ultime, quel que fût le régime politique en place, était d'origine divine ; et de l'ultramontanisme, elle maintenait le rôle accordé au clergé comme guide spirituel et social de la nation.

Il s'agissait donc d'une idéologie profondément conservatrice ou, pour emprunter à Pierre Trépanier, une « doctrine du traditionalisme » (1999 : 223 ; 2002). En Ontario français, comme ailleurs au Canada français, elle a été diffusée par un système de socialisation dont les deux principales composantes ont longtemps été la paroisse et l'école. Dans ce réseau d'institutions sociales, qui a aussi englobé les secteurs de la santé et des œuvres caritatives, de même que les mouvements d'Action catholique, le clergé a occupé, comme chacun le sait, une fonction cruciale d'encadrement[5]. Il s'agit là d'un phénomène dont les origines historiques remontent au « réveil religieux » des années 1840, au lendemain de l'échec des Rébellions du Bas-Canada, alors que les autorités britanniques permirent au clergé catholique canadien-français de multiplier ses effectifs de façon substantielle après huit décennies de restrictions (voir Voisine, 1989, 1991 ; Hardy, 1994 ; Rousseau, 1995 ; Rousseau et Remiggy, 1992). Mais en Ontario, par ailleurs, les responsabilités considérables qui ont incombé au clergé en matière d'éducation ont été longtemps imputables au refus du gouvernement provincial de mettre sur pied un système scolaire de langue française du niveau primaire au niveau universitaire. Bien entendu, il serait imprudent de réduire au traditionalisme nationaliste l'ensemble des débats d'idées qui ont eu cours en Ontario français durant la première moitié du XXe siècle – les contraintes de ce texte m'empêchent de faire toutes les nuances qui s'imposent. Mais on aurait tort également de limiter la portée de cette idéologie, d'autant plus qu'une partie, du moins, du leadership franco-ontarien et canadien-français durant cette période a transité par les institutions cléricales, et en particulier par les collèges classiques jusqu'à leur disparition vers la fin des années 1960. Ce discours sur la valorisation du passé et de la tradition a fourni à de nombreuses générations des moyens d'action que l'Ontario français d'aujourd'hui éprouve beaucoup de mal à remplacer.

L'identité franco-ontarienne à l'heure des ruptures

Cette conception de l'identité franco-ontarienne ferait l'objet d'une profonde remise en question au lendemain de la Deuxième Guerre mondiale dans la foulée des transformations politiques, économiques et culturelles des années 1940 aux années 1960, transformations telles que l'accélération de l'industrialisation et de l'urbanisation, l'augmentation spectaculaire du taux de natalité (le *baby boom*), la reprise à peine moins spectaculaire de l'immigration, un interventionnisme étatique de plus en plus grand en matière sociale et économique, de même que l'apparition d'innovations technologiques nombreuses, dont la moindre n'aura certainement pas été la télévision[6].

Ces bouleversements ont laissé une empreinte profonde dans la société canadienne-française. L'accélération du processus d'urbanisation et la hausse du taux de natalité, bien courte dans le temps mais supérieure à la croissance des effectifs cléricaux, ont donné lieu à un certain relâchement des structures religieuses et cléricales. Les institutions dans lesquelles le clergé avait occupé une place prépondérante, comme les écoles et les hôpitaux, ont dû recourir de plus en plus fréquemment au laïcat pour assurer leur fonctionnement. En même temps, on a assisté à l'émergence de mouvements de contestation au Québec qui critiquaient ce qu'ils considéraient comme l'immobilisme et l'archaïsme du « clérico-nationalisme » canadien-français traditionnel. Ceux-ci se divisèrent en plusieurs camps, dont deux se sont davantage imposés. Le mouvement « néolibéral », hostile à toute forme de nationalisme, gravitait surtout autour de la revue *Cité libre*, fondée en 1950 par Pierre Elliott Trudeau et Gérard Pelletier. Le mouvement « néonationaliste », qui croyait plutôt en la nécessité de moderniser le nationalisme canadien-français traditionnel, investit des organes comme *L'Action nationale* et *Le Devoir* et eut comme principaux animateurs trois histo-riens de l'Université de Montréal, Maurice Séguin, Guy Frégault et Michel Brunet, triumvirat qu'on baptisa l'« École historique de Montréal » (voir Lamarre, 1993 ; Behiels, 1985).

Comment réconcilier le Canada français avec les nouvelles réalités urbaines, indus-trielles et culturelles, avec l'affirmation croissante des droits individuels avec, en un mot, la modernité ? Voilà la question qui se posait sur les lèvres de ces jeunes intellec-tuels réformateurs. D'un côté, il y avait, d'après eux, les forces du progrès, tournées vers l'avenir. De l'autre, il y avait les traditionalistes qui, à leur avis, rejetaient la modernité et vouaient les Canadiens français à une existence médiocre, composée de « mythes consolateurs » et en marge des autres sociétés occidentales. Le discours des traditionalistes, tourné vers le passé, était devenu périmé, croyait-on de plus en plus, dans le contexte de l'après-guerre. Au premier rang des mythes que ces intellectuels dénonçaient vertement, on trouvait la thèse de la création providentielle des nations, que les nationalistes traditionalistes avaient longtemps invoquée pour expliquer la dispersion des Canadiens français et responsabiliser le Québec envers les minorités. L'heure du Canada français semblait avoir sonné.

La suite de cette histoire est connue. Des historiens et des sociologues comme Gaé-tan Gervais (2003), Marcel Martel (1997), Yves Frenette (1998), Roger Bernard (1988), Danielle Juteau et Jean Lapointe (1979) l'ont bien étudiée. Dans le contexte politique et économique de l'après-guerre, le mouvement néonationaliste ferait du rattrapage politique et économique son mot d'ordre : l'État québécois en serait l'outil privilégié dès le déclenchement de la Révolution tranquille en 1960. À la longue, le cadre de défi-nition identitaire des Canadiens français du Québec, devenus des « Québécois », serait territorialisé. La rupture avec les minorités qui s'en est suivie ne ferait plus aucun doute au lendemain des États généraux du Canada français de 1966, 1967 et 1969. À cette rupture politique et identitaire s'ajouterait une rupture structurelle : une bonne partie du réseau institutionnel canadien-français serait démantelée, l'Église abandon-nant à l'État provincial, tant au Québec qu'en Ontario, le champ des responsabilités sociales qu'elle avait longtemps occupé, notamment en matière d'éducation, en même temps que l'État fédéral se porterait volontaire, dans sa lutte contre l'indépendantisme québécois, pour financer les institutions culturelles des minorités françaises par l'intermédiaire de ses nouvelles politiques linguistiques.

L'identité canadienne-française était chose du passé, en Ontario comme au Québec. La généralisation rapide du terme « francophone » pour identifier les Canadiens fran-çais de l'Ontario en témoigne de façon éloquente. En réduisant l'identité des Franco-Ontariens à sa seule dimension linguistique, on rejetait un argument longtemps invo-qué pour justifier l'existence des Franco-Ontariens, soit l'appartenance ancestrale de leur province à l'Empire français d'Amérique. Autrement dit, on a longtemps cru que les Franco-Ontariens n'étaient pas une minorité « comme les autres », en raison de leur histoire. La référence au passé était devenue d'autant plus problématique pour les Franco-Ontariens que l'histoire du Canada français était en voie de « québécisation » par les nouveaux praticiens de la discipline (Rudin, 1997) et ne semblait plus leur appartenir ou leur correspondre.

Avec la diversification ethnoculturelle de la communauté franco-ontarienne durant les décennies subséquentes, on comprend bien le défi, commun à toutes les sociétés occidentales, que pose le maintien de la mémoire comme élément de définition identitaire. D'ailleurs, la difficulté qu'on éprouve en certains milieux à assumer le passé canadien-français de l'Ontario français est évoquée très clairement dans le rapport du Groupe-conseil baastel sur le positionnement stratégique de l'ACFO :

> [L]a dénomination actuelle de l'organisme provincial des Francophones [sic] de l'Ontario [l'ACFO] ne semble plus inspirer le même sentiment d'appartenance que par le passé. Aujourd'hui, l'utilisation du vocable « canadien-français » sonne plus comme un archaïsme que comme une appellation rassembleuse. Chez les jeunes, entre autres, on s'identifie d'abord comme des « Francophones » ou, à la limite, comme des « Franco-Ontariens » (p. 16).

Et les auteurs de proposer que l'ACFO soit rebaptisée l'« Assemblée des francophones de l'Ontario ».

En conclusion de cet exposé très général, on peut soulever deux ou trois interrogations, qui n'en font qu'une seule, en réalité. La première concerne la question du sens commun dans la construction identitaire. Dans le monde occidental, le contexte intellectuel actuel fait une large place à la fragmentation et à l'atomisation des intérêts. L'idée qu'on puisse apporter un sens commun à une expérience collective est parfois accueillie avec scepticisme et méfiance. S'il est vrai qu'il est important pour l'être humain de se savoir situé dans un contexte historique, c'est-à-dire dans l'espace et dans le temps, est-il possible pour les Franco-Ontariens d'apporter à leur expérience collective un sens qui ne se soit pas réduit à une simple entreprise linguistique et qui puisse également en englober la dimension historique ? Cela n'est-il pas d'autant plus nécessaire que sur le plan de l'action et des revendications, en éliminant la dimension historique de la présence française en Ontario, on doit se rabattre sur un argument démographique qui n'est peut-être pas toujours d'un très grand secours.

Le défi demeure entier : comment éviter que l'ouverture à l'altérité et à la diversité, objectif tout à fait louable et nécessaire, ne conduise à l'amnésie identitaire ? Bien entendu, personne n'accepterait un retour au traditionalisme canadien-français de la première moitié du XXᵉ siècle. Il ne s'agit pas, autrement dit, de faire manger de la tourtière aux immigrants. Redonner à la mémoire collective une place dans la définition identitaire des Franco-Ontariens n'entraînerait pas une survalorisation de la culture quotidienne, primaire, « anthropologique » d'antan, mais plutôt d'une culture secondaire, d'une tradition intellectuelle capable de donner un sens à l'action, sens dont la communauté franco-ontarienne actuelle semble en panne.

En 1934, l'ACFEO adoptait une devise qui correspondait bien au devoir de mémoire qu'elle s'était donné : « Garde le dépôt ». En 1972, l'Association, devenue l'ACFO, en adoptait une autre : « Nous sommes, nous serons ». L'identité franco-ontarienne se conjuguerait dorénavant au présent et au futur, mais plus au passé. Que sommes-nous et que deviendrons-nous sans comprendre ce que nous avons été ? La question est ancienne, mais est peut-être plus d'actualité que jamais.

NOTES

1. *Plan de positionnement stratégique pour l'ACFO provinciale*, rapport présenté par le Groupe-conseil baastel ltée à l'Association canadienne-française de l'Ontario, janvier 2004, 30 p. Disponible sur le site Web de l'ACFO : www.acfo.ca.
2. Sur la crise du Règlement XVII, voir Gervais, 1996 ; Choquette, 1977 ; Simon, 1983 ; Welch, 1993.
3. Sur les débats entourant cette question, voir, notamment, Wade, 1963 ; Oliver, 1956 ; Gaboury, 1970 ; Frégault, 1978 ; Giguère, 1978 ; Senese, 1979 ; Trofimenkoff, 1975 ; Dupuis, 1992 ; Badour, 1967 ; Smith, 1973. Sur la place des minorités françaises dans l'œuvre et la pensée de Lionel Groulx, voir Bock, 2004.
4. Voir, par exemple Bélanger, 1985 ; Pâquet, 2003 ; Bourassa, 1910 ; Bock, 2004.
5. Sur les mouvements d'Action catholique consacrés à la jeunesse, voir la récente étude de Bienvenue, 2003.
6. Il suffit de consulter quelques-unes des nombreuses synthèses qui existent en histoire canadienne contemporaine pour se faire une idée juste de l'ampleur de ces bouleversements, voir Couturier, Johnston et Ouellette, s.d. ; Bothwell. Dummond et English, 1989 ; Finkel, 1997 ; Cardin, Couture et Allaire, 1996 ; Durocher, Linteau et Robert, 1989a et b.

BIBLIOGRAPHIE

BADOUR, Mireille, *Le nationalisme de L'Action nationale*. Mémoire de maîtrise en science politique, Université McGill, 1967.

BÉLANGER, Réal, « Le nationalisme ultramontain : le cas de Jules-Paul Tardivel », dans Nive Voisine et Jean Hamelin (dir.), *Les ultramontains canadiens-français*. *Études d'histoire religieuse présentées en hommage au professeur Philippe Sylvain*, Montréal, Éditions du Boréal, 1985, p. 267-304. Notes p. 342-347.

BEHIELS, Michael D., *Prelude to Quebec's Quiet Revolution. Liberalism Versus Neo-Nationalism, 1945-1960*, Kingston, McGill-Queen's University Press, 1985.

BERNARD, Roger, *De Québécois à Ontarois*, Ottawa, Le Nordir, 1988.

BIENVENUE, Louise, *Quand la jeunesse entre en scène. L'Action catholique avant la Révolution tranquille*, Montréal, Éditions du Boréal, 2003.

BOCK, Michel, *Quand la nation débordait les frontières. Les minorités françaises dans la pensée de Lionel Groulx*, Montréal, Éditions Hurtubise HMH, 2004.

BOILY, Frédéric, *La pensée nationaliste de Lionel Groulx*, Sillery, Éditions du Septentrion, 2003.

BOTHWELL, Robert, Ian DUMMOND et John ENGLISH, *Canada Since 1945: Power Politics and Provincialism*, Toronto, University of Toronto Press, 1989.

BOURASSA, Henri, *Religion, langue, nationalité : discours prononcé à la séance de clôture du XXIᵉ Congrès eucharistique à Montréal, le 10 septembre 1910*, Montréal, Le Devoir, 1910.

CARDIN, Jean-François, Claude COUTURE et Gratien ALLAIRE, *Histoire du Canada. Espace et différences*, Sainte-Foy, Presses de l'Université Laval, 1996.

CHOQUETTE, Robert, *Langue et religion. Histoire des conflits anglo-français en Ontario*, Ottawa, Éditions de l'Université d'Ottawa, 1977.

COUTURIER, Jacques-Paul, Wendy JOHNSTON et Réjean OUELLETTE, *Un passé composé. Le Canada de 1850 à nos jours*, Moncton, Éditions d'Acadie, s.d.

DIONNE, René, « 1910. Une première prise de parole collective en Ontario français », dans *Cahiers Charlevoix 1. Études franco-ontariennes*, Sudbury, Société Charlevoix et Éditions Prise de parole, 1995, p. 15-124.

DUPUIS, Jean-Claude, *Nationalisme et catholicisme. L'Action française de Montréal (1917-1928)*. Mémoire de maîtrise en histoire, Montréal, Université de Montréal, 1992.

DUROCHER, René, Paul-André LINTEAU et Jean-Claude ROBERT, *Histoire du Québec contemporain. De la Confédération à la crise (1867-1929)*, Montréal, Éditions du Boréal, t. I, 1989a.

DUROCHER, René, Paul-André LINTEAU et Jean-Claude ROBERT, *Histoire du Québec contemporain. Le Québec depuis 1930*, Montréal, Éditions du Boréal, t. II, 1989b.

FINKEL, Alvin, *Our Lives. Canada after 1945*, Toronto, Lorimer, 1997.

FRÉGAULT, Guy, *Lionel Groulx tel qu'en lui-même*, Montréal, Léméac, 1978.

FRENETTE, Yves, *Brève histoire des Canadiens français*, Montréal, Éditions du Boréal, 1998.

GABOURY, Jean-Pierre, *Le nationalisme de Lionel Groulx. Aspects idéologiques*, Ottawa, Éditions de l'Université d'Ottawa, 1970.

GERVAIS, Gaétan, « Le Règlement XVII (1912-1927) », *Revue du Nouvel-Ontario*, n° 18, 1996, p. 123-192.

GERVAIS, Gaétan, *Des gens de résolution. Le passage du Canada français à l'Ontario français*, Sudbury, Éditions Prise de parole, 2003.

GIGUÈRE, Georges-Émile, *Lionel Groulx. Biographie. « Notre État français, nous l'aurons !... »*, Montréal, Bellarmin, 1978.

GRISÉ, Yolande, « Ontarois : une prise de parole », *Revue du Nouvel-Ontario*, n° 4, 1982, p. 81-88.

HARDY, René, « À propos du réveil religieux dans le Québec du XIXᵉ siècle : le recours aux tribunaux dans les rapports entre le clergé et les fidèles », *Revue d'histoire de l'Amérique française*, vol. 48, n° 2, 1994, p. 187-212.

JUTEAU-LEE, Danielle, et Jean LAPOINTE, « The Emergence of Franco-Ontarians: New Identity, New Boundaries », dans Jean L. Elliot (dir.), *Two Nations, Many Cultures. Ethnic Groups in Canada*, Scarborough, Prentice-Hall, 1979, p. 99-113.

LAMARRE, Jean, *Le devenir de la nation québécoise selon Maurice Séguin, Guy Frégault et Michel Brunet, 1944-1969*, Sillery, Éditions du Septentrion, 1993.

MARTEL, Marcel, *Le deuil d'un pays imaginé. Rêves, luttes et déroute du Canada français. Les rapports entre le Québec et la francophonie canadienne (1867-1975)*, Ottawa, Presses de l'Université d'Ottawa, 1997.

OLIVER, Michael, *The Social and Political Ideas of French Canadian Nationalists, 1920-1945*. Thèse de doctorat en histoire, Université McGill, 1956.

PÂQUET, Louis-Adolphe, « La vocation de la race française en Amérique », édition commentée par Dominique Foisy-Geoffroy, *Mens. Revue d'histoire intellectuelle de l'Amérique française*, vol. 3, n° 1, 2003, p. 61-95.

ROUSSEAU, Louis, « À propos du "réveil religieux" dans le Québec du XIXᵉ siècle : où se loge le vrai débat ? », *Revue d'histoire de l'Amérique française*, vol. 49, n° 2, 1995, p. 223-245.

ROUSSEAU, Louis, et Frank W. REMIGGI, « Le renouveau religieux montréalais au XIXᵉ siècle : une analyse spatio-temporelle de la pratique pascale », *Studies in Religion/Sciences religieuses*, vol. 21, n° 4, 1992, p. 431-454.

RUDIN, Ronald, *Making History in Twentieth Century Québec*, Toronto, University of Toronto Press, 1997.

SAVARD, Pierre, « Relations avec le Québec », dans Cornelius J. Jaenen (dir.), *Les Franco-Ontariens*, Ottawa, Presses de l'Université d'Ottawa, 1993, p. 231-263.

SENESE, Phyllis M., « Catholique d'abord ! : Catholicism and Nationalism in the thought of Lionel Groulx », *Canadian Historical Review*, vol. 60, n° 2, 1979, p. 154-177.

SIMON, Victor, *Le Règlement XVII : sa mise en vigueur à travers l'Ontario, 1912-1927*, Sudbury, Société historique du Nouvel-Ontario, Documents historiques n° 78, 1983.

SMITH, Donald, « L'Action française, 1917-1921 », dans Fernand Dumont, Jean-Paul Montminy et Jean Hamelin (dir.), *Idéologies au Canada français. 1900-1929*, Québec, Presses de l'Université Laval, 1973, p. 345-367.

TRÉPANIER, Pierre, « Le maurrassisme au Canada français », *Les Cahiers des Dix*, n° 53, 1999, p. 167-233.

TRÉPANIER, Pierre, *Qu'est-ce que le traditionalisme ? Causerie-débat tenue à Montréal, le samedi 8 juin 2002*, s.l., Club du 3 juillet, [2002].

TROFIMENKOFF, Susan Mann, *Action Française. French Canadian Nationalism in the Twenties*, Toronto, University of Toronto Press, 1975.

VOISINE, Nive (dir.), *Histoire du catholicisme québécois*, volume 2 : *Les XVIIIᵉ et XIXᵉ siècles*. (tome 1 : *Les années difficiles (1760-1839)*, de Lucien Lemieux ; tome 2 : *Réveil et consolidation (1840-1898) ?*, de Philippe Sylvain, Montréal, Éditions du Boréal, 1989, 1991.

WADE, Mason, *Les Canadiens français de 1760 à nos jours. Tome II (1911-1963)*, trad. Adrien Venne, Montréal, Le Cercle du Livre de France, 1963. L'édition originale anglaise de cette étude date de 1955.

WELCH, David, « Early Franco-Ontarian Schooling as a Reflection and Creator of Community Identity », *Ontario History*, vol. 85, n° 4, décembre 1993, p. 321-347.

« FIER DE QUI ON EST… NOUS SOMMES FRANCOPHONES ! »
L'IDENTITÉ DES JEUNES AUX JEUX FRANCO-ONTARIENS

Christine Dallaire
Université d'Ottawa

Depuis 1994 les Jeux franco-ontariens attirent annuellement jusqu'à huit cents élèves des écoles secondaires françaises de l'Ontario. Cet événement de grande envergure, véritablement conçu et dirigé par et pour les jeunes, comprend six volets d'activités (sports, arts visuels, musique, amuseur public, improvisation et quizz franco-ontarien) et se rapproche ainsi d'un festival jeunesse. La Fédération de la jeunesse franco-ontarienne (FESFO)[1] a créé ces jeux multidisciplinaires afin d'aider ses membres à relever quatre défis auxquels ils font face : appuyer leur quête d'identité en créant des modèles de réussite ; surmonter la dévalorisation associée au fait minoritaire et à la réputation négative de la jeunesse ; vaincre l'assimilation et nourrir l'éveil culturel ; les sortir de la désillusion et bâtir des ponts avec la communauté franco-ontarienne (FESFO, (s.d.a) ; FESFO/E1, 2001). À cet effet, l'organisme jeunesse a fait preuve d'innovation afin d'élaborer une formule qui mise sur la performance, la coopération et la fierté. Cette stratégie favorise le développement des talents des adolescents et les invite à se produire sur scène dans un contexte qui facilite les rencontres et les échanges avec d'autres jeunes francophones des quatre coins de la province (FESFO, (s.d.b)). Cette créativité a porté ses fruits, et l'ambiance qui règne durant cette fin de semaine en est une de célébration de la jeunesse et de fierté franco-ontarienne.

Les Jeux franco-ontariens (JFO) constituent ainsi un lieu de production de l'identité francophone et deviennent, par conséquent, pour la chercheure un endroit tout à fait approprié pour étudier les manifestations de cette appartenance chez les jeunes minoritaires. En effet, l'étude ethnographique menée lors de leur huitième édition tenue à Windsor, en mai 2001, permet de mieux comprendre les identités francophones de ceux qui ont pris part à ces jeux[2]. Le but du présent article est d'approfondir comment les participants[3] conçoivent leur identité francophone et comment ils décrivent la communauté franco-ontarienne[4]. L'analyse s'inspire des travaux de Michel Foucault (1976, 1983, 1984) et présume que les identités francophones sont le produit des discours qui accordent un sens identitaire à la pratique du français et au rapport à cette langue. La théorie du discours offre les outils théoriques pour examiner comment les façons de penser et de parler ainsi que les façons d'agir contribuent à la construction sociale de l'identité. En fait, elle permet de comprendre comment les comportements linguistiques et les autres pratiques symboliques produisent l'appartenance et permettent d'exprimer sur la place publique les rapports sociaux qui constituent la communauté. Ainsi, les discours qui définissent le « francophone[5] », selon les liens à langue française, deviennent les ressources par lesquelles les parlants français accordent un sens identitaire à la langue et se reconnaissent ou non en tant que francophones. Par ailleurs, la notion de performativité telle que l'a élaborée Judith Butler (1990, 1991, 1993) dans son adaptation féministe de la théorie du discours permet de comprendre que le parlant français s'identifie comme francophone parce qu'il exécute des pratiques associées à l'appartenance francophone. C'est parce que l'identité est une performance, produite en fonction de la fréquence et de la régularité de la répétition de ces pratiques, qu'elle est dynamique, variable et qu'elle peut être forte ou faible.

L'article porte ainsi sur les énoncés qu'utilisent les jeunes pour expliquer leur conception de l'identité francophone. Le cadre d'interprétation de la réalité discursive élaboré lors de travaux antérieurs pour mieux cerner la complexité de la construction de l'identité francophone devient ici utile (Christine Dallaire 2003, 2001 ; Christine Dallaire et Claude Denis, 2000). Les discours culturel et linguistique sont les deux discours sur l'identité et la communauté francophone qui gouvernent les pratiques liées à la langue française et qui reproduisent les identités francophones au Canada. L'analyse examine dans un premier temps les définitions de l'appartenance francophone qu'émettent les participants pour déterminer s'ils énoncent le discours culturel ou le discours linguistique. Ces deux discours sont notamment traversés par trois dichotomies identitaires : 1) le français comme langue première par opposition à une langue seconde ou autre ; 2) l'identité routinière et/ou stratégique ; 3) l'identité nationale/majoritaire par opposition à l'identité provinciale/minoritaire. L'article précise dans un deuxième temps la façon dont les jeunes aux Jeux formulent ces dichotomies pour définir l'identité francophone. Étant donné les limites d'espace, l'analyse présente les tendances qui révèlent d'une part la performance variable des identités francophones des jeunes aux JFO, et, d'autre part, l'énonciation plutôt uniforme et similaire de certaines variations discursives.

Les Jeux et la reproduction discursive de l'identité « franco-ontarienne »

La FESFO est reconnue pour son expertise en animation culturelle grâce à l'arsenal de stratégies et de moyens qu'elle déploie pour promouvoir l'histoire et la culture franco-ontariennes, pour former de jeunes leaders et les conscientiser aux défis de la communauté, et pour mousser l'appartenance franco-ontarienne. Aux JFO, c'est aussi son habileté à arrimer la planification de toutes les composantes de l'événement visées et identitaires qui contribue à son succès. En outre, l'uniformité et la cohérence du message qui circule durant la fin de semaine quant à la définition de l'identité franco-ontarienne marquent indéniablement l'environnement des Jeux et, par conséquent, la reproduction des identités chez les jeunes. Les entrevues menées auprès de onze des animateurs de la FESFO et l'observation participante[6] des Jeux révèlent que les jeunes utilisent des éléments discursifs stables et semblables pour définir les critères d'appartenance franco-ontarienne : quiconque veut vivre en français en Ontario, peu importe sa langue maternelle ou ses origines ethnoculturelles, peut revendiquer son affiliation à la communauté franco-ontarienne. Étant donné ce contexte discursif constant, il n'est pas surprenant que les résultats qui suivent montrent que les jeunes de la huitième édition des Jeux énoncent de façon prédominante des fragments discursifs semblables.

Les JFO de 2001 rassemblaient 583 participants de 14 à 18 ans, recrutés dans 64 des 77 écoles secondaires de langue française de l'Ontario, en plus d'un groupe de 176 jeunes bénévoles provenant des deux écoles hôtesses des Jeux[7]. Les données ont été recueillies au moyen de l'observation participante, d'entrevues, de dessins et de questionnaires. Durant la fin de semaine, 29 entrevues de groupe d'une durée de trente minutes ont été effectuées auprès de 107 participants et bénévoles (59 filles et 48 garçons). Les répondants étaient invités à exprimer leur conception : a) des jeux ; b) de l'identité et de la communauté francophones ; c) de leur propre identité. À la fin de l'entrevue, on a demandé aux jeunes soit de dessiner soit de définir en une phrase ou deux leur vision de l'identité ou de la communauté franco-ontarienne. La plupart des 113 dessins ou énoncés produits décrivent la communauté. Toutefois, dans certains dessins, les jeunes expliquent leur propre identité alors que dans d'autres, ils dépeignent à la fois leur identité et celle de la communauté. Des questionnaires à réponses courtes ont aussi été distribués aux participants et aux bénévoles le dernier matin des Jeux afin de recueillir des données démographiques. Les questions portaient (le questionnaire était composé de données démographiques, c'est-à-dire âge, sexe, ethnicité et des données sociolinguistiques) sur l'identité francophone, les pratiques linguistiques et la participation aux activités communautaires. Au total, 587 questionnaires ont été obtenus ce qui représente 77,3 p. 100 des 759 participants et bénévoles[8].

Les résultats des questionnaires présentés au tableau 1 permettent de dresser un portrait sociodémographique des participants[9]. Les JFO attirent un plus grand nombre de filles et surtout les élèves les plus âgés du secondaire. Que le quart des jeunes déclarent des héritages ethnoculturels variés, parfois plus d'un antécédent ethnique par répondant, révèle le caractère multiculturel de l'ensemble des participants. Bien que faibles, les proportions de jeunes nés à l'extérieur du Canada (3,8 p. 100) et/ou dont la langue maternelle déclarée est autre que le français ou l'anglais (3,6 p. 100), d'une part, en plus de la grande variété de pays d'origine[10], de langues maternelles[11] et de langues parlées à la maison, d'autre part, confirment cette diversité culturelle. Les participants entretiennent aussi des rapports différents à la langue française. La proportion de ceux ayant le français comme langue maternelle, dont l'origine ethnique est française ou canadienne-française, qui proviennent de familles francophones et qui communiquent surtout en français à la maison et entre amis est d'approximativement 60 p. 100. Près du tiers (31,7 p. 100) des participants proviennent de familles linguistiquement mixtes où l'un des parents a le français comme langue maternelle. Toutefois, moins de jeunes (23,9 p. 100) ont déclaré avoir à la fois le français et l'anglais comme langues premières. Près du cinquième des participants n'ont pas le français comme langue maternelle, et le français n'est pas la langue première d'au moins un des parents pour 11,3 p. 100 des jeunes.

En somme, les JFO rassemblent des jeunes diversifiés sur le plan ethnoculturel, mais plus encore sur le plan des pratiques linguistiques et du rapport à la langue française. Cependant, ils partagent tous la même caractéristique scolaire, c'est-à-dire que chacun fréquente une école secondaire de langue française. Il faut préciser que les JFO sont réservés aux élèves qui font leurs études en français. Étant donné la réputation que la FESFO s'est faite auprès des jeunes et le but manifeste des Jeux quant à la promotion de l'identité et de la fierté franco-ontariennes, il est clair que ceux qui y prennent part partagent aussi une attitude favorable au fait français qui dépasse le fait d'étudier dans cette langue. C'est d'ailleurs ce que révèlent les tableaux 2 et 3. C'est d'abord dans l'espoir de s'amuser que les jeunes participent aux JFO, mais le caractère francophone de l'événement est aussi une motivation à raison de 18,5 p. 100 de toutes les explications données pour leur participation aux JFO de 2001 et de 15,8 p. 100 des motifs évoqués pour leur première participation s'ils en étaient déjà à plus d'une. De plus, 40,4 p. 100 des réponses données pour décrire les Jeux renvoient à leur caractère francophone. Le tableau 1 confirme d'ailleurs que deux tiers de ces jeunes participent aussi à d'autres activités à caractère francophone telles que les ligues d'improvisation, le Festival franco-ontarien de théâtre scolaire, la Nuit sur l'étang, les Tournois franco-ontariens, le Festival franco-ontarien, les Forums régionaux « organizzaction » et autres. Non seulement ces jeunes reconnaissent-ils la francité des Jeux, mais ils l'approuvent. Et plus encore, plus de la moitié des jeunes s'identifient principalement comme francophones (voir le tableau 4). En effet, à la question « Quel terme t'identifie le mieux ? (c'est-à-dire Franco-Ontarien, francophones, Canadien, bilingue, Canadien français ou autre) », 54,7 p. 100 des répondants ont indiqué une étiquette identitaire qui explicite une dimension francophone. Les participants sont de toute évidence déjà sujets aux, et sujets des, discours produisant l'identité francophone avant la fin de semaine des JFO. L'étude permet donc d'explorer quels fragments discursifs gouvernent leur reproduction du « francophone ».

Les jeunes et l'identité culturelle par opposition à l'identité linguistique

Deux discours, les discours culturel et linguistique, contribuent à la construction contemporaine des identités et des communautés francophones au Canada. Dans le discours culturel, l'appartenance francophone découle d'une histoire et d'une culture particulières liées à la langue française au Canada. Ce discours souligne ainsi une dimension ethnique comme critère d'identification. Autrement dit, le discours culturel suppose que le francophone hérite d'un patrimoine associé au français comme langue première et encore parlée. Bien qu'il n'existe pas nécessairement de consensus sur la description de cette culture commune selon les diverses reproductions de ce discours, il renvoie généralement aux traditions et aux expériences des descendants des colons français de la Nouvelle-France. Ce discours a gouverné la construction historique des communautés francophones, mais l'émergence du discours linguistique durant les années 1970 a menacé, voire supplanté dans le cas des JFO, la position dominante du discours culturel[12]. Selon le discours linguistique, la performance du français constitue le critère ultime de l'appartenance francophone. Ce deuxième ensemble discursif permet ainsi la construction d'une communauté potentiellement pluriculturelle qui ne restreint pas l'appartenance selon l'héritage, ou l'adoption, d'une culture particulière. Il n'en demeure pas moins que ces deux discours énoncent le même critère élémentaire : le francophone parle français. Autant dire que la distinction fondamentale entre les deux constructions discursives de l'appartenance francophone est celle de l'origine ethnoculturelle.

Les entrevues menées auprès des participants aux huitièmes JFO illustrent comment les jeunes qui y prennent part reproduisent de façon prédominante le discours linguistique pour définir les critères d'appartenance à la communauté franco-ontarienne. Ils répètent ainsi le message que diffusent la FESFO et ses animateurs. Les participants conviennent qu'il existe une vision ethnoculturelle de la communauté, mais ils la rejettent d'emblée. Cela ne veut toutefois pas dire que les jeunes ignorent ou renient les fondements historiques de la communauté franco-ontarienne. Au contraire, ils précisent même qu'on ne peut nier l'histoire de l'Ontario français, que ce soit par exemple le rôle de l'exploitation minière, mais ils expliquent que la culture évolue alors que la langue demeure centrale. Ils insistent sur l'importance de connaître l'histoire, mais ils renvoient davantage aux luttes et aux revendications qu'ont menées les « ancêtres » pour assurer un milieu de vie français qu'aux traditions culturelles. Il est d'ailleurs notable qu'aucun des 113 dessins ne fasse allusion aux symboles ethnoculturels habituels tels que la tourtière et les pâtés à la viande, les danses folkloriques ou le violon. Ces traditions sont pratiquement absentes aussi de leurs propos en entrevue pour définir l'appartenance francophone. Un participant évoque de telles traditions pour préciser qu'elles existent, mais il ajoute que l'origine ethnique ne doit pas être un critère nécessaire à l'appartenance franco-ontarienne :

Premièrement, qu'est-ce que c'est ma perception de ce que je vois, qu'est-ce qu'on veut qu'un Franco-Ontarien soit, par la perception de ce que je ressens. […] Franco-Ontarien, je l'ai toujours perçu comme quelqu'un, comme X avait dit, qui appartient à une communauté où les parents sont francophones, descendance québécoise ou au moins… Il y a tout un héritage, un aspect culturel, on s'en va à la messe dimanche, on mange de la dinde et tout ça à certains temps de l'année, la tarte à la viande et tout ça, la tourtière. Moi, je ne connais pas ça. Mais j'aime la langue française. Je ressens un attachement à leur communauté d'individus qui parlent le français en Ontario. Et vraiment, à ce niveau, j'aimerais considérer un Franco-Ontarien comme une personne qui aime la langue française, qui est ouverte à ça, qui parle le français, et c'est ça. Un peu comme X, nonobstant ses origines, que la personne s'identifie à un groupe de personnes qui parle le français, vit en Ontario, aime ça, est confortable comme ça, est confortable dans la peau, voilà, c'est un Franco-Ontarien, c'est un francophone. Je dis ça, peut-être c'est très superficiel, ma définition, parce que, pour ma perspective, je ne voudrais pas rendre la définition plus complète que ça. Qu'il faut avoir une affiliation raciale. Parce que pour moi, je ne pourrais jamais être Franco-Ontarien dans ce cas. […] Essayer de distinguer selon la race et tout ça, je ne peux pas vraiment faire ça parce que, pour moi, ça ne serait pas « convénient ». Mais je trouve qu'on ne devrait pas faire ça. Si la personne est confortable de vivre dans une communauté où on parle le français et il y a certainement une culture qui se développe parce que dans tout rassemblement de personnes, il y a des coutumes qui deviennent une culture qui se manifeste, cette personne peut se considérer franco-ontarienne. (JFO/E/V18#1)[13].

Ce dernier refuse le critère ethnique parce qu'il se considère Franco-Ontarien malgré ses origines « anglophones » canadiennes (JFO/E/V18#1). Néanmoins, ceux qui signalent avoir des antécédents ethniques canadiens-français appuient également cette vision de l'appartenance francophone, et 11 des dessins précisent que la communauté franco-ontarienne regroupe des parlants français de divers patrimoines ethnoculturels (voir la figure 1). À la question sur les origines ethniques des membres de la communauté, les jeunes ont été catégoriques en affirmant que l'identité franco-ontarienne ne dépend pas d'un héritage particulier. Comme le souligne une participante en discutant de cette thématique : « Mais ma génération ne met pas d'emphase sur d'où tu viens. C'est qui tu es, ce n'est pas d'où tu viens » (JFO/E/C18#1).

Les résultats du tableau 5 quant aux justifications qu'ont données les jeunes pour expliquer leur choix identitaire confirment que le critère ethnoculturel n'est pas pertinent. Bien que plus de la moitié des répondants aient des origines canadiennes-françaises ou françaises (voir le tableau 1), l'ethnicité représente moins de 4 p. 100 de toutes les raisons expliquant leur identité. En effet, 1,7 p. 100 des participants évoquent leur ethnicité canadienne-française ou française alors que 1,9 p. 100 choisissent une identité particulière parce qu'ils n'ont pas cette ethnicité. Il est intéressant de noter que la plus grande proportion de références à l'ethnicité canadienne-française ou française est associée à l'identité « francophone » (5,7 p. 100), alors que le fait que ceux qui choisissent « Canadien » évoquent des ethnicités différentes pour expliquer leur choix identitaire ne devrait pas surprendre, étant donné le sens plus inclusif accordé à cette identité[14]. Leur construction de la communauté franco-ontarienne correspond à celle de la FESFO et comprend autant les parlants français nouvellement arrivés dans la province que ceux dont les familles sont établies en Ontario depuis des centaines d'années et ceux pour qui la langue française ne fait pas partie du patrimoine familial. Ce qui ressort de toute évidence dans les énoncés des jeunes, c'est que la dimension stratégique de l'identité – le fait de prendre un engagement envers la pratique de la langue française – supplante tout critère ethnoculturel. Cette insistance sur le caractère volontaire et réfléchi de l'identité francophone sera exposée plus loin. Il importe de noter ici que les jeunes formulent les énoncés du discours linguistique afin d'ouvrir les frontières de la communauté à tous les parlants français.

Cependant, la notion de « culture » n'est pas absente de leurs propos. Au contraire, elle est présente dans les entrevues et dans 26 des dessins[15]. Toutefois, les jeunes ne définissent pas cette notion de culture et semblent surtout renvoyer à une histoire de luttes et de revendications pour affirmer les droits des francophones. La culture franco-ontarienne serait marquée par une « solidarité » et le fait « qu'on a appris à se battre ensemble ». Étant donné que la FESFO s'efforce de promouvoir les produits culturels franco-ontariens contemporains (tels que la chanson populaire et les émissions de TFO, la télévision éducative et culturelle de l'Ontario français, et que les JFO tiennent davantage du festival culturel par les volets et les spectacles, les participants pensent peut-être aussi davantage aux « arts » et à la culture populaire francophones lorsqu'ils utilisent le mot « culture ». Ainsi, certains énoncés peuvent être difficiles à classifier, et il est impossible de faire une analyse précise du sens donné à la notion de « culture » puisqu'elle n'est pas expliquée (voir la figure 2).

Des propos d'entrevues peuvent aussi être incertains. Par exemple, dans la citation suivante, le répondant fait référence à un engagement envers la culture française et/ou franco-ontarienne comme critère d'appartenance.

> Moi je pense que tu es Franco-Ontarien, tu l'es dans le cœur. [...] Si tu vis en Ontario et tu as un attachement à la culture française, franco-ontarienne, tu es dans ce qui rentre pour moi comme un Franco-Ontarien. [...] Tu n'as pas besoin d'être blanc, d'être là depuis 1800-je-ne-sais-pas-trop-quoi. Tu peux être d'une autre culture, d'un autre pays, tu vis en Ontario et tu vis dans notre réalité, tu es Franco-Ontarien pour moi. (JFO/E/V18#1).

Bien que dans certaines versions du discours culturel, un parlant français qui ne partage pas l'ethnicité canadienne-française, mais qui adopte ses traditions et pratiques culturelles pourrait revendiquer l'identité francophone (Dallaire, 2003), cette citation ne semble pas reprendre cette conception. En effet, ce participant n'évoque pas des traditions ou des pratiques ethnoculturelles durant l'entrevue, mais plutôt des éléments de fierté franco-ontarienne et l'expérience de vivre en français en Ontario aujourd'hui. Par ailleurs, le reste de la citation atteste que, selon ce jeune, l'origine des parlants français n'est pas un critère légitime d'appartenance. On pourrait alors présumer que l'expression « attachement à la culture française, franco-ontarienne » ne s'insère pas dans le discours culturel qui ajoute une dimension ethnique à l'appartenance francophone. Nonobstant cette difficulté à analyser certains énoncés, un plus grand nombre de dessins (43) reproduisent un discours à prédominance linguistique, et les entrevues attestent de la vision pluriculturelle de la communauté franco-ontarienne qu'avancent les jeunes. La constance des énoncés du discours linguistique tout au long d'une même entrevue, mais aussi d'une entrevue à l'autre, est particulièrement notable[16].

Le français comme langue première par opposition à une langue seconde/autre

Alors que la question de la langue maternelle émerge spontanément et de façon fréquente dans d'autres lieux de reproduction du francophone (Dallaire, 2003, 2001), elle ne semble pas préoccuper autant les jeunes aux JFO. Pourtant, près du cinquième (18,3 p. 100) d'entre eux n'ont pas appris le français comme langue première. L'insistance des participants sur l'inclusion des parlants français de divers groupes ethnoculturels doit peut-être s'interpréter comme une façon indirecte ou sous-entendue de faire référence à la langue maternelle. Bien que cet axe dichotomique n'apparaisse pas instinctivement dans les propos des jeunes pour exclure ou inclure des parlants français[17], ils sont unanimes lorsque la question leur est posée : non, la langue première n'est pas un critère d'appartenance francophone.

> S'il y a quelqu'un, un anglophone, un Chinois, un Japonais, quoi que ce soit, qui se force pour parler, qui veut par lui-même apprendre le français et qui demeure en Ontario, quoi que ce soit. Nous autres, oui, on a peut-être notre langue natale, mais quelqu'un qui veut parler le français, il est autant Franco-Ontarien que quelqu'un d'autre. (JFO/E/C19#1).

Cette problématique semble résolue pour ces jeunes. La langue maternelle n'importe pas, c'est plutôt la pratique du français qui compte et le désir de s'associer à la communauté franco-ontarienne. C'est sur la notion de la fréquence de la pratique de la langue française que les opinions des participants divergent.

> Chercheure : Puis est-ce que vous diriez qu'il faut qu'on soit de langue maternelle française pour être Franco-Ontarien, Franco-Ontarienne ?
>
> Participante : Non, j'espère que non ! Tu devrais, même si tu peux juste t'exprimer un peu en anglais, c'est une bonne chose aussi. Mais être capable d'utiliser les deux langues fait vraiment que tu es une personne complète. Et de cette façon, tu peux être encore partie des francophones. Et tu peux être francophone même si tu parles l'anglais aussi. Je ne pense pas que tu devrais être exclu parce que [...] tu ne parles pas assez de français. (JFO/E/K19#1).

En effet, la grande majorité de ces jeunes sont bilingues et vivent une partie de leur vie sociale en anglais. Par exemple, deux tiers d'entre eux parlent l'anglais avec leurs amis au moins la moitié du temps (voir tableau 1). Ils ne s'attendent donc pas à ce que les francophones parlent exclusivement en français. Toutefois, certains des répondants aux entrevues ont mentionné que la langue française devrait tout de même occuper une place prépondérante dans la vie des Franco-Ontariens. « Oui. Il faut parler en français, mais il faut que ce soit une partie de toi qui est vraiment importante. » (JFO/E/V19#6) Quoique moins nombreux, ces jeunes précisent en outre qu'un parlant français qui vit quotidiennement en anglais mais qui connaît la langue française ne pourrait revendiquer l'appartenance francophone. Bref, les jeunes s'entendent sur la non-pertinence de la langue première comme critère d'appartenance, mais il n'y a pas de consensus quant à la fréquence nécessaire de la performance du français ou sur l'importance qu'elle prend dans la vie du Franco-Ontarien.

L'identité routinière et/ou stratégique

La dichotomie routinière et/ou stratégique renvoie à la façon dont les jeunes décrivent, d'une part, la communauté franco-ontarienne comme si elle était fondée sur des relations de « sociation » et/ou de « communalisation » (Thériault, 1994) et, d'autre part, l'identité francophone comme si elle était une identité prise pour acquise (routinière) ou plutôt consciente et réfléchie (stratégique) (Giddens, 1984). Joseph Yvon Thériault explique que les communautés francophones sont construites à partir de deux types de rapports entre francophones : 1) les relations de communalisation en fonction de leurs traits culturels communs (identité culturelle) ; 2) les relations de sociation par lesquelles ces derniers s'engagent politiquement et s'unissent par une entente contractuelle (identité politique). Par ailleurs, la dichotomie routinière et/où stratégique qu'Anthony Giddens propose dans sa définition de la conscience contribue à la description de ces relations dans lesquelles s'engagent les francophones de la communauté. Ce couple conceptuel dénote deux types de conscience/identité : l'une semble spontanée et renvoie aux activités ordinaires ; l'autre traite des actions délibérées et réfléchies.

Le but de l'analyse est d'examiner comment les jeunes conçoivent les rapports qui reproduisent la communauté et le niveau de conscience qu'ils associent à l'identité francophone. Les entrevues et les dessins révèlent que la dimension stratégique est de loin la plus prépondérante dans les descriptions de l'identité et de la communauté franco-ontarienne qu'énoncent spontanément les jeunes. Elle est présente par exemple dans 71 dessins par des références à l'importance de « se battre », de « se tenir ensemble », de « s'entraider », de prendre « notre place »[18], d'exiger des services en français, d'agir pour l'avenir de la communauté, de s'afficher comme francophones et surtout une insistance sur la fierté comme si c'était une qualité à nourrir, à déclarer, à réaffirmer plutôt qu'un sentiment qui va de soi.

> On se tient ensemble peu importe notre grosseur, notre hauteur ou notre couleur. On est fier de qui on est… nous sommes FRANCOPHONES[19] !!! (JFO/E/C20#1d, dessin)

En effet, les jeunes insistent sur l'importance de parler en français dans des lieux publics et de ne pas être gênés de s'afficher comme francophones. Non seulement la dimension stratégique est-elle dominante relativement à la dimension culturelle presque absente[20], mais il s'agit aussi de l'élément de définition le plus fondamental qu'énoncent les participants à la question « Qu'est-ce qu'un Franco-Ontarien ? »

> C'est quelqu'un qui vit en Ontario, mais qui est fier. Pas juste qui parle français, mais qui est fier puis qui veut démontrer qu'il parle français. Puis qu'il peut faire ce qu'il peut pour ne pas perdre son français. Puis qui va continuer la culture. (JFO/E/K20#2).

> Même si tu viens d'une famille complètement anglaise, qu'il n'y avait jamais de français auparavant, mais toi tu fréquentes une école française puis tu parles français, tu t'impliques dans la FESFO, tu es fier de parler cette langue même si votre communauté fait pitié pas mal en tant que français puis les activités et tout. Toi, tu peux devenir Franco-Ontarien juste en parlant le français puis en étant fier de ta culture. (JFO/E/V19#3).

> S : Bien moi, pour moi, il y a seulement une chose, vraiment : il faut être fier. Si on n'est pas fier, on est peut-être, ça veut peut-être dire que tu n'es pas fier d'être francophone. Vraiment, il faut qu'on soit fier. Si on est fier, on s'implique vraiment beaucoup. Si tout le monde, tous les français de l'Ontario sont fiers et le montrent qu'ils sont fiers, le monde va réagir à ça et

on va avoir, peut-être, plus d'activités en français, plus de choses en français dans la communauté anglaise.

N : C'est ça. C'est la fierté. C'est ça qu'il faut, c'est ça que ça prend pour être français. Parce que si tu es fier, tu vas le parler. Puis si tu le parles, le français va vivre en Ontario. Puis il va éclore. Puis c'est ça. Il faut être fier. Puis si tu es fier, le reste va venir. Mais au cœur, c'est la fierté.

A : Dès que tu parles en français en Ontario, tu es considéré un Franco-Ontarien. Mais pour être un vrai Franco-Ontarien, il faut que tu aimes, il faut que tu sois capable de te battre pour avoir ta langue puis il faut que tu participes à des choses. (JFO/E/V19#2).

Selon les participants, le francophone doit faire le choix de parler en français et de s'engager dans les activités de la communauté. Ils estiment que l'identité francophone relève d'une décision personnelle (voir la figure 2) et qu'elle doit être continuellement renouvelée par la performance de la langue française et surtout par le fait de s'afficher comme francophone. Cette thématique du choix conscient que doit faire le parlant français concerne non seulement son identité personnelle, mais aussi sa responsabilité envers la communauté. Le Franco-Ontarien doit proclamer sa fierté francophone, appuyer les institutions francophones et s'engager dans les luttes pour faire valoir ses droits en participant par exemple à un rassemblement pour « sauver Montfort » ou en exigeant des services en français (voir les figures 3 et 4).

Contrairement aux deux autres dichotomies identitaires, la dichotomie routinière et stratégique n'est pas exclusive, et l'appartenance francophone intègre généralement ces deux dimensions de l'identité. Toutefois, les participants n'énoncent de façon prédominante que la dimension stratégique de la construction de l'identité et de la communauté. Quoique certains d'entre eux (7,6 p. 100) semblent prendre leur identité pour acquise en écrivant des réponses semblables à « C'est ce que je suis » à la section du questionnaire leur demandant d'expliquer leur choix d'identité[21] et qu'à peine un peu plus de jeunes (9,4 p. 100) (voir le tableau 5) soulignent sans équivoque la dimension stratégique de l'identité, ce sont dans les entrevues et les dessins qu'ils spécifient le critère du choix délibéré pour définir le « francophone ». Bien qu'il soit propre aux minorités de rendre explicitement problématique la reproduction de leurs identités, leur insistance sur la thématique du choix délibéré à faire quant à la reproduction de l'identité individuelle est particulièrement notable. Des trois dichotomies, c'est la dimension stratégique qui s'avère la plus pertinente pour comprendre comment les participants se représentent l'identité et la communauté franco-ontariennes. Ce n'est pas le simple fait de parler en français qui détermine le Franco-Ontarien selon eux, c'est le fait de « vouloir » parler français et la décision de continuer de vivre en français ; ce n'est pas le simple fait de partager un drapeau, de se réunir aux JFO et de chanter ensemble « Notre Place » qui reproduit la communauté, c'est de le faire dans le but de montrer sa fierté francophone et de s'épanouir en tant que minorité. Le critère qui s'ajoute à la pratique de la langue française pour déterminer l'appartenance francophone est le désir de vivre en français en Ontario et l'engagement à le faire.

Quoique la dimension stratégique domine dans la définition qu'offrent les jeunes de l'identité francophone, elle est obligatoirement associée à la construction de l'identité individuelle, mais plus nuancée quant à la reproduction de la communauté. Les jeunes ne refusent pas nécessairement les parlants français qui ne semblent pas activement ou directement participer aux luttes et aux revendications de la communauté. Ils admettent que certains francophones seront plus actifs que d'autres et que vivre en français en prenant part aux activités ou en appuyant les institutions de la communauté, telles les écoles de langue française, peut suffire. La prépondérance de la dimension stratégique dans leurs propos est une autre illustration qui atteste du succès de la FESFO à véhiculer et à promouvoir une vision de la francophonie ontarienne qui les interpelle et qu'ils reprennent.

Identité nationale/majoritaire par opposition à l'identité provinciale/minoritaire

La dernière dichotomie renvoie à la conception du « francophone » en tant que membres d'une minorité ou en tant que membre d'une nation/majorité. En effet, Thériault (1994) stipule que les communautés francophones ne peuvent trancher entre se reproduire en communauté nationale, concept qui a historiquement été associé à l'idée d'une nation canadienne-française, et se réinventer comme minorité institutionnelle dans leur contexte provincial[22]. Bien que cette explication reflète de façon générale l'incertitude identitaire qu'expriment des adultes[23] quant à cette dichotomie identitaire, chez les jeunes, par contre, l'identité nationale prend un tout autre sens. Comme leurs pairs en Alberta, les jeunes aux JFO n'énoncent pas l'idée d'une nation francophone distincte au sein du Canada (Dallaire, 2003). Le dilemme qui se présente à eux est plutôt d'affirmer leur appartenance à la minorité linguistique provinciale, la communauté franco-ontarienne, ou leur appartenance à la majorité conçue comme la nation canadienne bilingue.

Que l'identité franco-ontarienne soit le choix le plus fréquent (37,6 p. 100) des jeunes aux JFO illustre l'influence déterminante de la dimension minoritaire dans la construction de leur identité. Il est intéressant aussi de noter que 56 dessins évoquent spécifiquement des mots ou des symboles associés à la minorité provinciale (c'est-à-dire le terme « franco-ontarien », le drapeau franco-ontarien). De ce fait, cette dimension dichotomique est la deuxième plus importante, suivant la dimension stratégique, quant à la fréquence de son apparition dans les dessins. La dimension minoritaire de la construction de la communauté francophone émerge de plus dans la préoccupation des jeunes pour sa survie, notamment quant à la menace des transferts linguistiques (voir la figure 5), et dans leur besoin de savoir que « Je ne suis pas tout seul dans mon petit coin à parler français » (JFO/E/K20#1). Dans ce contexte, les JFO deviennent un moyen pour les jeunes de « pouvoir démontrer que même si on est une minorité, on est capable de faire quelque chose d'intéressant » (JFO/E/V18#2) et que, par ailleurs, les francophones sont « ici pour rester ». Le caractère minoritaire de la communauté est aussi évidemment à la base de l'importance qu'ils accordent à la solidarité et aux luttes pour les droits des francophones, constat déjà souligné dans l'analyse de la dichotomie stratégique et/ou routinière.

La dimension nationale/majoritaire marque aussi la construction identitaire chez les jeunes, mais elle semble plus associée à leur façon de concevoir leur identité individuelle plutôt qu'à celle de percevoir la communauté francophone. En effet, elle est surtout présente dans leurs propos lorsqu'ils expliquent qu'ils appartiennent aussi à la nation canadienne, nation qu'ils présument bilingue.

> Moi, c'est canadienne franco-ontarienne. Juste parce que le Canada, c'est français-anglais. N'oubliez pas, il y a le français dedans. Que tu sois n'importe où, en Ontario, Québec, Colombie-Britannique, Yukon ou Nunavut, tu as le droit de parler français. C'est ton droit. La langue, les deux langues nationales, c'est français, anglais. Que je sois en Allemagne,

que je sois au Portugal, que je sois n'importe où, je suis canadienne franco-ontarienne. (JFO/E/C19#1).

Cette participante intègre les deux dimensions, minoritaire et nationale, dans sa définition de soi. Elle ne peut les distinguer ou en choisir une plutôt que l'autre. Dans une telle explication, la dimension nationale se conjugue à la dimension stratégique, ce désir de déclarer, et ce faisant de consolider, la présence et la place des francophones. Les entrevues permettent de comprendre que, pour ces jeunes, choisir de s'identifier comme « Canadien français » (10,5 p. 100) est une autre illustration de la dimension nationale/majoritaire qui s'associe aussi à la vision d'un Canada officiellement bilingue[24] où les francophones auraient vraisemblablement le même poids politique que les anglophones.

Par ailleurs, les entrevues révèlent aussi que le choix de l'identité « canadienne » (18,3 p. 100) ou « canadienne bilingue » (3,0 p. 100) n'est pas nécessairement un rejet de l'appartenance francophone et qu'il peut illustrer une autre forme du dilemme entre une identité francophone majoritaire ou minoritaire telle que construite par les jeunes. Comme il a été montré ailleurs (Dallaire, sous presse), les participants aux JFO contestent en grande partie l'identité monolithique francophone et reproduisent plutôt une identité hybride, à la fois francophone et anglophone. Comme être « Canadien », pour eux, signifie être bilingue et participer aux deux composantes, francophone et anglophone, de la nation canadienne, cette identité souligne ainsi leur appartenance à la nation sans pour autant rejeter l'appartenance francophone. Cependant, cette hybridité identitaire est asymétrique et variable d'un jeune à l'autre. Ainsi, les jeunes ne conçoivent pas une nation francophone quelconque qui pourrait se rapprocher d'une majorité. Pour pouvoir s'inscrire dans la majorité, ils construisent une nation bilingue. Alors que les jeunes énoncent des positions semblables, voire presque unanimes, en ce qui concerne les deux autres dichotomies, ils prennent différentes approches quant à la dichotomie minoritaire/nationale[25]. D'une part, certains reproduisent une identité minoritaire pendant que d'autres préfèrent une identité nationale et, d'autre part, ils adoptent différentes variations pour exprimer la dimension majoritaire/nationale de leur identité.

Conclusion

> When I first arrived at the Jeux franco-ontariens after a hectic bus ride of « L'arbre est dans ses feuilles », I thought that I was there to win in athletic events. But, surprisingly, at the end of the opening ceremonies, when Paul Demers was singing « Notre Place » and everyone from all over Ontario knew the lyrics, including me, it struck m[e] hard : mon nom est Courville. Je suis un Franco-Ontarien. Il y a quelque chose d'encore plus grand à être fier de ce que je suis que de suivre la majorité. La médaille d'argent que j'ai remportée en athlétisme m'est précieuse. Mais elle ne vaudra jamais l'identité que ces jeux m'ont donnée. Mon nom est Courville, et je suis fier de qui je suis !

> Paul Courville – participant au volet sport

> É. S. Thériault (Timmins)

> (FESFO, (s.d.a))

Par la mise en œuvre de son expertise en animation culturelle, la FESFO réussit à aviver la fierté franco-ontarienne des participants et à créer un environnement qui les incite à se reproduire en tant que « francophones ». Les JFO deviennent donc un incubateur de leadership et d'appartenance franco-ontarienne. Étant donné son succès à véhiculer un message fixe et constant qui convient aux jeunes, ces derniers reproduisent les mêmes énoncés discursifs pour décrire l'identité francophone. Ce sont la performance de la langue française et le choix délibéré de vivre en français, peu importe les origines ethnoculturelles ou la langue maternelle, qui déterminent l'appartenance francophone.

Toutefois, force est de constater que, même chez un groupe de jeunes favorisant l'appartenance francophone, il n'y a pas de consensus quant à la terminologie choisie pour exprimer cette identité. L'identité « franco-ontarienne », celle que la FESFO exhorte, est la plus fréquente, mais elle n'est le choix que d'un peu plus du tiers des participants. La non-uniformité dans la façon d'exprimer la dichotomie minoritaire/ nationale contribue sûrement à expliquer la diversité de leurs choix identitaires. Affirmer une affiliation à la minorité francophone ou à la majorité présumée bilingue ? Déclarer son appartenance francophone ou dévoiler son hybridité identitaire ? Il reste que cette inconstance ne remet pas en question leur affiliation à la francophonie, mais plutôt le degré de cette appartenance. En effet, ces jeunes reproduisent des hybridités identitaires asymétriques (Dallaire et Denis, sous presse). Chez certains la composante francophone est prépondérante, chez d'autres elle est plus faible que la composante anglophone et chez une proportion probablement encore plus faible, les deux composantes sont équivalentes. Peu importe la force de cette identité francophone, l'analyse des JFO de 2001 confirme les résultats de l'étude de Marie-Claude Asselin (1995) : les Jeux franco-ontariens ont un effet incontestable sur la construction de l'identité francophone des jeunes qui y prennent part. En dépit du fait que cet événement attire les participants qui ont déjà une attitude positive envers l'appartenance francophone, il n'en reste pas moins que cette fin de semaine joue un rôle important dans la reproduction de la fierté franco-ontarienne auprès des jeunes. Il s'agit d'un constat encourageant étant donné les enjeux perpétuels de renouvellement de la communauté franco-ontarienne. Cette étude ne peut cependant évaluer la durée ou la portée de l'influence des JFO sur la construction identitaire des jeunes. Néanmoins, tel que le soulignent les participants, l'identité francophone se reproduit par le fait de « vivre » en français. Pour qu'elle subsiste, ils devront continuer de répéter fréquemment leur performance en tant que « francophones ». Espérons que les Jeux franco-ontariens leur auront donné la motivation de le faire encore longtemps.

NOTES

1. Baptisée à l'origine *Fédération des élèves du secondaire franco-ontarien*, elle a adopté le nom de *Fédération de la jeunesse franco-ontarienne* en avril 1994, tout en conservant l'acronyme FESFO.
2. Ces résultats proviennent d'une recherche comparative plus vaste des Jeux de l'Acadie, des Jeux francophones de l'Alberta et des Jeux franco-ontariens financée par le Conseil de recherches en sciences humaines du Canada.

3. Dans le présent article, la forme non marquée (c'est-à-dire le masculin singulier) pour désigner des person-nes renvoie aussi bien à des adolescentes qu'à des adolescents.
4. Je voudrais remercier le Centre de recherche en civilisation canadienne-française de l'Université d'Ottawa pour l'invitation à présenter ces résultats lors du colloque « Mémoire et fragmentation. L'évolution de la pro-blématique identitaire en Ontario français ». Mes remerciements s'adressent aussi à Claude Denis pour ses commentaires judicieux sur la version remaniée de cette communication.
5. J'utilise le concept de « francophone » de façon très large pour faire référence à tous les types d'identités associés à la pratique de la langue française au Canada ainsi qu'aux diverses affiliations que les individus peu-vent établir avec les communautés francophones minoritaires. Ce concept comprend, par conséquent, des éti-quettes tels « Franco-ontarien », « Canadien français », « francophone » et « bilingue ».
6. Dans le cadre de cette étude ethnographique, les animateurs de la FESFO et les participants savaient que la chercheure et ses assistantes de recherche assistaient aux Jeux à titre de chercheures. Nous avons circulé parmi les jeunes toute la fin de semaine, partagé nos repas avec eux, effectué les entrevues durant les temps libres, assisté aux ateliers, aux cérémonies et aux spectacles. Les notes d'observation portaient sur les comportements et les pratiques linguistiques et identitaires ; le contenu et l'organisation des cérémonies, des discours et des spectacles ; le décor (affiches, drapeaux…) et l'ambiance (musique, réactions de la foule…).
7. Quelques bénévoles, membres de l'équipe de coordination des Jeux, provenaient d'autres régions de la pro-vince. Il s'agissait d'« anciens » de la FESFO, étudiants à l'université ou œuvrant maintenant sur le marché du travail.
8. Je tiens à remercier la FESFO de m'avoir appuyée tout au long de cette recherche et d'avoir facilité la collecte des données. Je suis aussi très reconnaissante à tous les participants, les bénévoles et les membres de l'équipe d'animation qui ont généreusement accepté de répondre aux questions. De plus, une collecte de données aussi riche n'aurait été possible sans l'excellente collaboration des assistantes de recherche, Véronique Martin et Karine Henri.
9. Pour alléger le texte, l'utilisation du terme « participants » dans l'analyse qui suit renvoie à la fois aux adoles-centes et aux adolescents qui ont participé à l'un des six volets ainsi qu'aux jeunes qui ont pris part aux JFO à titre de bénévoles.
10. Les 20 pays d'origine indiqués sont : le Zaïre/Congo (4), l'Algérie (3), le Burundi (3), l'Allemagne (2), la Corée du Sud, la Georgie, la Côte-d'Ivoire, le Liban, Madagascar, le Mali, le Mexique et les États-Unis.
11. Les langues maternelles mentionnées sont : l'arabe (2), l'allemand/suisse allemand (2), l'iranien (2), l'espa-gnol (2), le swahili (2), le berbère, le chinois, le hollandais, le kirundi, le malgache, le malien, le perse, le polo-nais, l'ungala, le vietnamien et le yiddish.
12. Voir Linda Cardinal (1997) sur le rôle du régime des droits des langues officielles sur la reproduction de la nation canadienne-française en un groupe linguistique. Cette transformation a par ailleurs eu lieu dans le con-texte du multiculturalisme, des politiques d'inclusion interculturelles, des droits individuels et des change-ments démographiques qui ont aussi contribué à cette transformation (Cardinal, 1994 ; Bernard, 1998).
13. Les citations provenant des transcriptions d'entrevues ont été modifiées, au besoin, selon les conventions de la communication écrite. Deux types de changements ont été effectués pour transposer le langage vernaculaire des conversations en texte. Les phrases ont d'abord été « nettoyées » par l'élimination des expressions super-flues comme « tu sais », « -là » (p. ex. affaires-là) et « autres » (p. ex. nous autres, eux autres). De plus, les mots tels que « ben » et « pis » de même que les locutions telles que « j'pense » ont été remplacées par « bien », « et » ainsi que « je pense ». Ensuite, les phrases ont été corrigées selon les règles grammaticales, essentiellement pour l'accord des verbes et l'ajout du « ne », puisque dans la langue orale, la négation est souvent réduite à « pas ». Transformer les paroles en texte écrit vise à éviter que le lecteur ne soit distrait par la forme vernacu-laire, et ainsi à l'aider à mieux saisir le sens des propos. J'ai donc choisi de rester fidèle à l'esprit et au sens des paroles des répondants plutôt qu'à la lettre.
14. Voir l'étude de Jean Lafontant (2000) sur les jeunes francophones du Manitoba.
15. Parmi ces derniers, 14 dessins font référence au mot « culture » et à la langue française alors que 8 dessins ne renvoient qu'à la « culture ».
16. Au point où l'une des assistantes de recherche a commenté après avoir mené quelques entrevues que ces jeunes lui semblaient avoir presque subi un « lavage de cerveau ». Cette constatation dénote l'uniformité des définitions énoncées, l'insistance des jeunes sur une vision ouverte et inclusive de la communauté et sûrement le succès de la FESFO à promouvoir un message cohérent qui plaît aux jeunes.
17. Par exemple, il n'est présent dans aucun des dessins sauf dans la figure 1 où le participant y fait référence pour expliquer son attachement à la langue française.
18. L'expression « notre place » renvoie probablement à la chanson de Paul Demers, chansonnier franco-onta-rien, popularisée dans les écoles de langue française de la province, notamment par la FESFO. Elle est toujours reprise aux cérémonies d'ouverture des JFO, et j'ai par ailleurs été frappée de constater que les jeunes en con-naissent si bien les paroles. L'effet d'entendre 800 jeunes la chanter ensemble au début des Jeux est étonnant. Les paroles de la chanson affirment que les francophones sont dispersés aux quatre coins de la province et insistent sur l'importance de célébrer et de maintenir « notre place ».
19. En caractères majuscules sur le dessin original.
20. Les jeunes réfèrent à la notion de culture, mais ne discutent pas de la communauté comme étant, par exem-

ple, construite sur le partage ou la transmission des traditions ou des pratiques culturelles et ils ne conçoivent pas non plus d'une identité vécue « naturellement » comme certains des jeunes aux Jeux francophones de l'Alberta (Dallaire, 2003).

21. Après la question 18 invitant les jeunes à indiquer le terme qui les identifie le mieux, la question 19 demande : « Selon ta réponse à la question 18, pourquoi t'identifies-tu ainsi ? ».

22. Dans le second cas, les communautés francophones se définissent avant tout en fonction de leur rapport de minoritaire avec leurs gouvernements provinciaux respectifs plutôt que de se penser en tant que composante d'une nation, même si leurs revendications renvoient à leur appartenance nationale.

23. Voir Dallaire et Denis (2000).

24. Lafontant (2002) a aussi constaté que les jeunes francophones du Manitoba adoptent une position semblable à celle du bilinguisme officiel promu par le gouvernement fédéral depuis 1969.

25. Julie Boissonneault (1996) obtient aussi des résultats de questionnaires qui pointent vers une incertitude entre les marques identitaires franco-ontarienne, canadienne-française et canadienne chez des étudiants de niveaux collégial et universitaire. Bien que les données des entrevues aux JFO ne concordent pas entièrement avec l'interprétation qu'offre Boissonneault du sens accordé à ces marques identitaires, soit structurelles ou culturelles, ces deux études en arrivent à la même conclusion à savoir l'absence de consensus quant à l'identification à la province/minorité ou à un groupe affilié au Canada, territoire plus large (que ce soit la nation canadienne bilingue ou la nation canadienne-française).

26. Les participants ont parfois choisi plus d'une identité et ont écrit les raisons expliquant ces divers choix. Les résultats présentés ici renvoient à l'ensemble des raisons qu'ont donné les participants. Ainsi, ces raisons peuvent référer aux autres identités (et non à la principale) qu'ils ont choisies.

Tableau 1

Résultats du questionnaire – Caractéristiques sociodémographiques des participants aux Jeux franco-ontariens, 2001 (N=587)

Caractéristiques sociodémographiques		%
Âge	10 à 14 ans	10,8
	15	26,1
	16	28,0
	17	18,8
	18 ans et plus	16,4
Sexe	Féminin	63,1
	Masculin	33,8
Lieu de naissance	Ontario	82,1
	Québec	9,8
	Autres provinces	4,4
	Hors du Canada	3,8
Ethnicité	Canadienne-française	52,7
	Française	9,2
	Canadienne	5,3
	Anglo/Canadienne-anglaise	8,4
	Autre	24,5

Caractéristiques sociodémographiques		%
Langue(s) maternelle(s)	Français	57,7
	Anglais	14,7
	Français et anglais (en parts égales)	23,9
	Autre	3,6
Langue(s) maternelle(s) des parents	Français	57,0
	Anglais/autre	11,3
	Français et anglais	31,7
Langue(s) parlée(s) à la maison	Français (toujours, surtout ou plus)	52,3
	Anglais (toujours, surtout ou plus)	31,7
	Français et anglais (en parts égales)	13,3
	Autre	2,7
Langue(s) parlée(s) avec les ami(e)s	Français (toujours, surtout ou plus)	32,2
	Anglais (toujours, surtout ou plus)	45,8
	Français et anglais (en parts égales)	21,3
	Autre	0,7
Autres activités francophones	Oui	67,9

Tableau 2

Résultats du questionnaire – Les motivations des jeunes à participer aux Jeux franco-ontariens, 2001 (N=587)

« Pourquoi as-tu décidé(e) de participer aux Jeux franco-ontariens… »	Cette année ?	La 1re fois ?
	%	%
Plaisir	24,6	22,3
Francophonie, français, FESFO, spécial francophone, rencontres francophones	18,5	15,8
Spécial	11,6	10,4
Pour les volets/pour le sport, habiletés/apprendre	10,0	7,4
A été recruté ou encouragé	7,0	22,0
Rencontres, suivre ou revoir des amis	13,5	6,8
Autre, entraide, crédits (diplôme), curiosité, chance	14,8	15,1

Tableau 3

Résultats du questionnaire – Comment les participants perçoivent les Jeux franco-ontariens, 2001 (N=587)

« Pour toi les Jeux c'est… »	%
Plaisir	16,5
Rencontres, rassemblement	14,4
Spécial	10,1
Activités/volets, habiletés/ apprendre	6,4
Fierté franco-ontarienne, français, rassemblement/rencontres francophone, spécial à caractère francophone, francophonie	40,4
Autre, valorisation, entraide	12,4

Tableau 4

Résultats du questionnaire – Identité principale des jeunes aux Jeux franco-ontariens, 2001 (N=587)

Identité principale	%
*Franco-Ontarien	37,6
Bilingue	19,0
Canadien	18,3
*Canadien français	10,5
*Francophone	6,6
Canadien bilingue	3,0
Autre	5,1
*Total des identités explicitement « francophones »	**54,7**

Tableau 5

Résultats du questionnaire – Raisons motivant les choix d'identité, selon l'identité principale des jeunes aux Jeux franco-ontariens, 2001 (N=587)

Raisons motivant les choix d'identités :	Total[26] %	Franco-ontarienne %	Canadienne-française %	Francophone %	Bilingue %	Canadienne %
Bilinguisme actif	18,4	4,1	4,8	5,7	70,1	16,9
Nation	14,5	4,4	31,3	2,9	4,3	38,7
C'est ce que je suis	7,6	8,8	9,6	8,6	4,3	4,9
*Français spontané/routinier	14,2	21,6	18,1	25,7	2,6	5,6
*Identité francophone stratégique (fierté)	9,4	14,4	10,8	11,4	3,4	4,2
*Ethnicité canadienne-française/française	1,6	1,9	2,4	5,7	0,9	0,7
*Culture francophone	3,6	5,3	2,4	5,7	0,0	3,5
*Langue maternelle française	0,9	0,6	2,4	2,9	0,0	0,7
Autres ethnicités	1,9	0,3	0,0	0,0	0,0	2,8
Territoire : Province	14,1	29,2	2,4	2,9	1,7	4,2
Autres	10,3	7,5	10,8	17,2	9,4	11,3
Unité canadienne	1,1	0,3	3,6	5,7	0,0	1,4
Manque de français	0,9	0,0	1,2	0,0	1,7	2,8
Identité minoritaire	1,1	1,6	0,0	5,7	0,0	0,7
Anglais spontané/routinier	0,5	0,0	0,0	0,0	1,7	1,4
*Total des raisons associées à la francophonie	29,7	43,8	36,1	51,4	6,9	14,7

Figure 1

Dessin d'un participant qui mentionne que les origines ethnoculturelles ne sont pas un critère d'appartenance à la communauté franco-ontarienne (JFO/E/V19#7a).

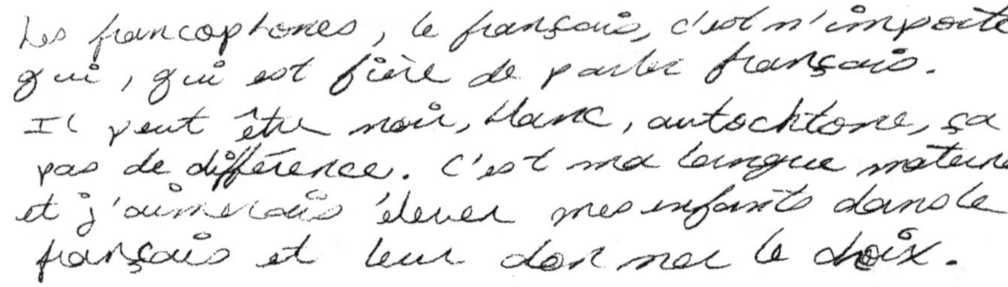

Les francophones, le français, c'est n'importe qui, qui est fière de parler français. Il peut être noir, blanc, autochtone, ça pas de différence. C'est ma langue maternelle et j'aimerais élever mes enfants dans le français et leur donner le choix.

Figure 2

Dessin d'un bénévole représentant la dimension stratégique de l'identité francophone en Ontario (JFO/E/C18#2d).

C'est la culture Française la fierté d'être Francophone Le choix de 'être

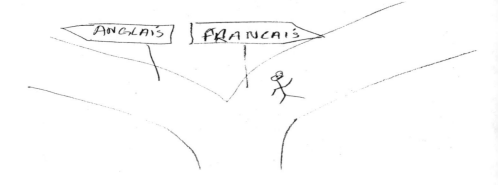

ANGLAIS   FRANCAIS

Figure 3

Dessin d'un participant qui représente la solidarité, la fierté et la ténacité de la communauté franco-ontarienne (JFO/E/C19#1b).

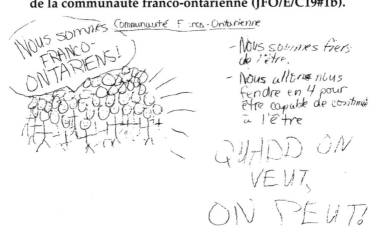

Figure 4

Dessin d'un participant représentant la dimension stratégique de la communauté franco-ontarienne et l'importance de lutter pour la survie du français. (JFO/E/C19#1a).

Figure 5

Dessin d'un participant représentant la dimension minoritaire de la communauté franco-ontarienne et le danger d'assimilation qui la guette (JFO/E/C18#1d).

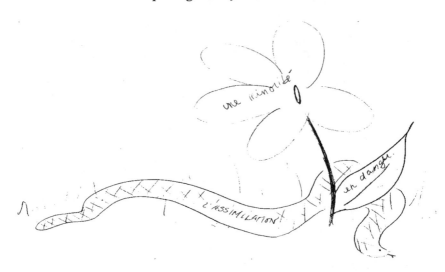

BIBLIOGRAPHIE

ASSELIN, Marie-Claude, *The Franco-Ontarian Games Study: Final Report*, Toronto, Sport and Recreation Policy and Planning Branch, Ontario Ministry of Citizenship, Culture and Recreation, 1995.

BERNARD, Roger, *Le Canada français : entre mythe et utopie*, Ottawa, Le Nordir, 1998.

BOISSONNEAULT, Julie, « Bilingue/francophone, Franco-Ontarien/Canadien français : choix des marques d'identification chez les étudiants francophones », *Revue du Nouvel-Ontario*, vol. 20, 1996, p. 173-192.

BUTLER, Judith, *Gender Trouble. Feminism and the Subversion of Identity*, New York et London, Routledge, 1990.

BUTLER, Judith, « Imitation and Gender Insubordination », dans Diana Fuss (dir.), *Inside/out: Lesbian Theories, Gay Theories*, New York et London, Routledge, 1991.

BUTLER, Judith, *Bodies that Matter: on the Discursive Limits of 'Sex'*, New York, Routledge, 1993.

CARDINAL, Linda, « Ruptures et fragmentations de l'identité francophone en milieu minoritaire ; un bilan critique », *Sociologie et sociétés*, vol. 26, n° 1, 1994, p. 71-86.

CARDINAL, Linda, « Droits linguistiques, droits des minorités, droits des nations : quelques ambiguïtés à clarifier avant de parler d'avenir », *L'engagement de la pensée. Écrire en milieu minoritaire francophone au Canada*, Ottawa, Le Nordir, 1997, p. 23-35.

DALLAIRE, Christine, « La communauté francophone en Alberta : ce que les jeunes en pensent », dans Paul Dubé et Pamela Sing (dir.), *Communautés francophones. Espaces d'altérités*, Edmonton, Institut de recherche de la Faculté Saint-Jean, 2001, p. 27-57.

DALLAIRE, Christine, « Les Jeux francophones de l'Alberta : un projet de développement communautaire », dans Nathalie Kermoal (dir.), *Variations sur un thème : la francophonie albertaine dans tous ses états*, Edmonton, Salon d'histoire de la francophonie albertaine, 2003, p. 193-221

DALLAIRE, Christine, « "Not Just Francophones": The Hybridity of Minority Francophone Youths in Canada », accepté pour publication dans *International Journal of Canadian Studies*, n° 28, (sous presse).

DALLAIRE, Christine, et Claude DENIS, « 'If You Don't Speak French, you're Out': Don Cherry, the Alberta Francophone Games, and the Discursive Construction of Canada's Francophones », *Canadian Journal of Sociology/ Cahiers canadiens de sociologie*, vol. 25, n° 4, 2000, p. 415-440.

DALLAIRE, Christine, et Claude DENIS, « Asymetrical Hybridities: Youths at Francophone Games in Canada », *Canadian Journal of Sociology/Cahiers canadiens de sociologie*, vol. 30, n° 2, (sous presse).

FÉDÉRATION DE LA JEUNESSE FRANCO-ONTARIENNE (FESFO)/E1 (FESFO/E1). Entrevue le 25 octobre avec Félix Saint-Denis, agent de développement, 2001.

FÉDÉRATION DE LA JEUNESSE FRANCO-ONTARIENNE (FESFO), *Les Jeux franco-ontariens. New Liskeard 2002, 17 au 20 mai*, Ottawa, FESFO, [s.d.a]. Document de présentation des Jeux.

FÉDÉRATION DE LA JEUNESSE FRANCO-ONTARIENNE (FESFO), *Des Jeux… qui nous rassemblent ! « performance, coopération, fierté ». Formule proposée pour l'organisation de jeux franco-ontariens spéciaux*, Vanier, FESFO [s.d.b].

FOUCAULT, Michel, *Histoire de la sexualité. I. La volonté de savoir*, France, Gallimard, 1976.

FOUCAULT, Michel, « Afterword. The Subject and Power », dans Hubert Dreyfus et Paul Rabinow (dir.), *Michel Foucault: Beyond Structuralism and Hermeneutics*, 2e édition, Chicago, The University of Chicago Press, 1983, p 208-226.

FOUCAULT, Michel, *Histoire de la sexualité. II. L'usage des plaisirs*, France, Gallimard, 1984.

GIDDENS, Anthony, *The Constitution of Society. Outline of the Theory of Structuratio*, Cambridge, Polity Press, 1984.

LAFONTANT, Jean, « Le "Je" dans la chambre aux miroirs », *Francophonies d'Amérique*, n° 10, 2000, p. 53-68.

LAFONTANT, Jean, « Langue et identité culturelle : points de vue des jeunes francophones du Manitoba », *Francophonies d'Amérique*, n° 14, 2002, p. 81-88.

THÉRIAULT, Joseph Yvon, « Entre la nation et l'ethnie. Sociologie, société et communautés minoritaires francophones », *Sociologie et sociétés*, vol. 26, n° 1, 1994, p. 15-32.

L'ASSOCIATION DES COMMUNAUTÉS FRANCOPHONES DE L'ONTARIO DE TORONTO : DE LA CHANSON À L'ACTION

Marcel Grimard
Association des communautés francophones de l'Ontario de Toronto

À seize ans durant la fête de mon anniversaire, mon grand-père maternel, alors âgé de quatre-vingt-dix ans, m'a pris à part et m'a dit : « Maintenant que tu es un homme, il est temps que tu connaisses l'histoire de tes ancêtres ». Il m'a raconté l'arrivée de notre premier ancêtre en Nouvelle-France, la déportation de mon ancêtre Bergeron en 1755, l'engagement de mon arrière-arrière-grand-père dans la rébellion des Patriotes, la lutte scolaire de mon arrière-grand-père dans les cantons de l'Est et la fuite vers les États-Unis de mon grand-père pour éviter la conscription durant la Première Guerre mondiale, sa découverte de New York et des années folles. Cette rencontre m'a marqué pour la vie, et j'ai compris que chaque génération a une obligation envers la suivante et que les privilèges dont je profite aujourd'hui sont le résultat de l'action des générations qui m'ont précédé.

J'aimerais dans le présent article vous présenter les changements que nous avons apportés à l'Association des communautés francophones de l'Ontario de Toronto (ACFO-TO) et les motivations qui soutiennent notre démarche, démarche qui suit mon parcours en Ontario.

Ayant commencé, en 1997, mon doctorat en sociologie de l'éducation et de l'équité sociale à l'Institut de recherches pédagogiques de l'Ontario de l'Université de Toronto, j'ai rapidement participé aux activités du Centre de recherche en éducation franco-ontarienne (CREFO). J'ai eu la chance de travailler avec Monica Heller, Normand Labrie, Diane Farmer et Diane Gérin-Lajoie sur plusieurs projets de recherche dont le plus important le projet « prise de parole », auquel ont collaboré des personnes provenant de Toronto, de Moncton, de Francfort et de Montpellier. Durant ces années de formation, j'ai appris les notions d'analyse de discours, d'hégémonie discursive, de violence symbolique, bref les différents cadres théoriques sur lesquels était fondée cette importante recherche ethnométhodologique sur la construction identitaire des francophones en situation minoritaire en Ontario et en Acadie.

Selon les résultats de cette recherche, trois discours sont présents dans les communautés francophones en situation minoritaire : le discours traditionnel, le discours modernisant et le discours mondialisant.

Le premier discours, le discours traditionnel, se caractérise par un discours dominé par l'élite dite traditionnelle : les professions libérales, le clergé et la petite bourgeoisie marchande. Les valeurs véhiculées sont l'attachement à la terre, la survie de la langue française et la pratique de la religion catholique. Par ailleurs, afin d'assurer sa survie, la communauté francophone doit se séparer de la communauté anglophone. Cette séparation se fait en « démonisant » le capitalisme, les syndicats socialistes et le monde urbain. Ce discours manichéiste vise à assurer la survie de la race canadienne-française par la revanche des berceaux, la piété et le dédain de l'enrichissement.

Le second discours, le discours modernisant, s'inscrit dans la période d'affirmation nationale des Canadiens français du Québec. Ce discours se construit autour de l'obtention de droits linguistiques ou du respect des droits linguistiques des Canadiens français par la voie des tribunaux ou la voie législative et de l'intervention du gouvernement fédéral pour mettre en place les institutions de langue française à l'extérieur du Québec. Cependant avec l'arrivée au pouvoir des libéraux de Jean Lesage et le slogan « Maîtres chez nous », au début des années 1960, il se produit un schisme identitaire. La montée du mouvement du Front de libération du Québec, les États généraux du Canada français (1967), la fondation du parti Québécois ou le slogan « Égalité ou indépendance » de Daniel Johnson, le chef de l'Union nationale participent à la création de l'État québécois (Nation building) et son corollaire une identité québécoise. Au même moment, pour répondre à cette montée nationaliste, le gouvernement fédéral crée la Commission royale Laurendeau-Dunton, fait adopter la Loi sur les langues officielles, etc. Plusieurs services, institutions de langue française sont nés de ce discours. En ce qui a trait à l'identité canadienne-française, elle se régionalise pour répondre à l'identité québécoise : Acadien en Atlantique, Franco-ontarois puis Franco-Ontarien, puis Franco-Manitobain, Saskachewanais, etc.

Le troisième discours, le discours mondialisant, se manifeste vers le milieu des années 1980 avec le néolibéralisme de Margaret Thatcher et de Ronald Reagan. En parallèle, les régions ressources, où il y a une forte concentration de francophones, connaissent un déclin économique en raison de la baisse des prix des matières premières, de la concurrence des pays en voie de développement et de la diminution des ressources (morue, mines, bois). La construction identitaire se renouvelle par une commodification[1] de la langue comme un avantage commercial, un capital qu'il faut faire fructifier. La langue est un moyen pour atteindre un marché économique. Là où il y a une forte présence de francophones comme au Nouveau-Brunswick ou dans le Nord de l'Ontario, la langue est perçue comme un atout économique et un moyen pour diversifier la structure économique, par exemple en attirant des centres d'appel bilingues pour servir le marché québécois et le marché nord-américain, ou pour créer des infrastructures touristiques (l'industrie la plus importante de la planète depuis le début des années 1990).

Ces trois discours coexistent aujourd'hui, s'imbriquant les uns dans les autres. Une lutte discursive constante est maintenant engagée dans les communautés francophones en situation minoritaire. Celle-ci nous influence présentement, que ce soit par l'annonce de l'honorable ministre Meilleur qui veut aider les entreprises franco-ontariennes à exporter vers les pays de la francophonie et faire de l'Ontario un membre de la francophonie (discours mondialisant), ou par la demande de l'ACFO-Provinciale pour un appui financier plus grand du gouvernement fédéral (discours modernisant), ou encore par l'ensemble des membres des Chevaliers de Colomb qui font une corvée pour refaire le toit d'une église (discours traditionnel).

En plus de ces trois discours, d'autres activités discursives témoignent de changements sociolinguistiques particuliers à l'Ontario français. En 1998, je participais avec la professeure Claudine Moise de l'Université de Montpellier à une recherche ethnolinguistique dans le Nord de l'Ontario, au cours de laquelle nous avons rencontré 40 personnes de Sudbury, de Kirkland Lake, de Larder Lake, de Kapuskasing et de Hearst. Durant les entrevues, les participants ont adoptés différentes positions discursives qui correspondent à l'un des trois discours. Cependant, il y a des sous-discours qui se dégagent des entrevues tel un discours de la nordicité francophone basé sur l'occupation du sol, l'hiver, l'éloignement des grands centres, la possibilité de vivre en français et l'histoire de la colonisation du Nord. Ce discours véhicule des opinions extrêmes : « il faudrait avoir un mouvement séparatiste du Nord pour créer une province à nous » ou « nous on est les vrais francophones de l'Ontario ». Dans les régions minières, on trouve un discours de la pauvreté : les personnes s'identifient au passé glorieux des mines, période durant laquelle les gens gagnaient de bons salaires, évoquent des accidents miniers et la possible réouverture d'une mine. Sur un ton pessimiste, ces personnes expriment leur désir de continuer la lutte, de rester et de trouver des solutions pour renouveler la communauté. Il y a aussi un discours divergeant entre les francophones qui s'impliquent et ceux qui ne le font pas selon la professeure Claudine Moise qui l'a résumé ainsi : plus on s'implique dans la communauté francophone plus on est pessimiste sur son avenir et moins l'on s'implique, plus on est optimiste (2003). En plus, ce qui est ressorti de cette étude de terrain, c'est la variété des étiquettes identitaires que les participants utilisaient : franco-ontarien, bilingue, francophone, parlant français, canadien-français, descendant d'un Canadien français.

Parallèlement à ma collaboration comme assistant de recherche, j'ai entrepris ma propre recherche ethnographique sur la construction identitaire des gais et des lesbiennes francophones en milieu minoritaire. Trente-six entrevues semi-structurées ont été menées entre 1998 et 2000. Dans le cadre de cette recherche, Normand Labrie et moi avons montré comment la question de l'homosexualité dans la communauté francophone conserve un caractère tabou, comment les participants construisent des stratégies discursives pour maintenir à la fois leur positionnement dans la communauté francophone et leur participation dans la communauté gaie et lesbienne dominée par la communauté anglophone. Parmi ces stratégies, il y a l'utilisation de l'implicite, le non-dit et le silence. Par ailleurs, il se dégage aussi un discours qui construit la communauté francophone selon un système d'inclusion et d'exclusion par l'utilisation de structures linguistiques telles les métaphores ou l'utilisation de discours inscrits dans une historicité de la question gaie et lesbienne et la construction de la communauté franco-ontarienne. En utilisant la conception de Giddens (1999) de centre-périphérie, nous montrons qu'il existe une tension entre l'élite et la périphérie.

Les cadres théoriques de Gayle Rubin (1993), de Michel Foucault (1999) et de Sedgwick Eve Kosofsky (1990) nous permettent d'une part de déterminer les caractéristiques des participants faisant partie du centre et de ceux faisant partie de la périphérie. D'autre part, nous pouvons positionner les discours acteurs selon leurs différentes identités. Il apparaît ainsi que les participants construisent une identité stratégique qui favorise deux grands discours : celui de la contestation du centre et celui de l'homogénéité. Dans les faits, l'hypothèse de l'existence d'une identité stratégique est possible dans la mesure où les participants peuvent s'approprier une ou plusieurs identités. Cela pose aussi le problème des identités multiples et les difficultés de soutenir une cause, bref de passer à l'action (revendiquer) ou de l'abandon d'une ou plusieurs causes (l'indifférence).

Malheureusement en 2002, j'ai dû me résoudre à abandonner mes études doctorales en raison des coûts élevés des frais de scolarité. Après une période de deuil et ma crise de la mi-temps de la vie, j'ai rencontré des gens impliqués et non impliqués dans la communauté francophone de Toronto témoignant des différentes tensions, de la frustration, du pessimisme et, à l'opposé, de l'optimisme. D'autres racontent leur sentiment d'exclusion, leur sentiment de ne pas avoir de légitimité parce qu'ils sont immigrants, assimilés ou ont une maîtrise douteuse de la langue française parlée et écrite.

Demeurant à Toronto, ces personnes prennent conscience du statut particulièrement précaire qu'occupe la communauté francophone, que ce soit par le nombre, la fragmentation culturelle, le statut minoritaire envers d'autres groupes linguistiques, culturels et minorités visibles. Le chinois, l'italien, l'indu-pardu sont des langues plus parlées que le français. Il y a à Toronto plus de 250 communautés ethnoculturelles.

Les récents rapports de la commissaire aux langues officielles et la consultation d'Immigration Canada pour favoriser l'immigration de francophones à l'extérieur du Québec posent un sérieux problème quant à la capacité de la communauté francophone de l'Ontario d'assurer l'intégration des groupes ethnoculturels et des minorités visibles en provenance des pays francophones. Le dernier discours en octobre 2003 de l'honorable Denis Codère, ministre de l'Immigration, est préoccupant pour la communauté franco-ontarienne. Règle générale, la responsabilité d'assurer l'intégration d'un nouvel immigrant revient au groupe majoritaire, par exemple le gouvernement français ne demande pas à la minorité corse d'assumer cette responsabilité. La politique, énoncée par le ministre, fait de notre communauté l'une des rares sinon la seule au monde à se voir confier le mandat d'assurer l'intégration des immigrants.

À Toronto, l'intégration sociale et économique des nouveaux immigrants est freinée par le discours identitaire de la communauté francophone, le manque de ressources institutionnelles ainsi que le racisme. En outre, les nouveaux immigrants comprennent mal notre situation linguistique vu leur méconnaissance de notre histoire d'oppression. N'ayant pas cette connaissance, ils ne perçoivent que nos privilèges liés à la race, à la citoyenneté, à notre bilinguisme ainsi qu'à la classe sociale. Ces tensions se traduisent par une fragmentation communautaire, chaque groupe fonde leur propre association et désire leur part du faible budget consacré à la communauté francophone par le ministère Patrimoine canadien.

Il y a bien sûr d'autres problématiques telles que la diminution de l'utilisation des services en français, le dépeuplement du Nord de l'Ontario, l'urbanisation croissante de la communauté francophone, le déclin économique des régions rurales, etc.

Il est important de mentionner qu'il y a aussi des éléments positifs. Par exemple, nous avons obtenu des collèges de langue française, ainsi que la gestion scolaire. Nous avons un réseau de radios communautaires qui continue de croître. Nous avons de plus en plus d'entrepreneurs francophones. Il y a donc des forces positives.

Par contre, dans la Ville reine, il est impératif de construire une communauté francophone pour que nos programmes, services et institutions puissent s'épanouir et pour que nous puissions offrir des emplois et créer une dynamique communautaire afin de prendre notre place dans un environnement multiethnique, multilinguistique, multiculturel, multireligieux, etc.

C'est pourquoi en mars 2003, l'Association canadienne-française de l'Ontario-Toronto déposait un rapport de consultation qui présentait d'abord un portrait assez sombre de l'Association. L'Association était perçue très négativement par les personnes consultées. Certaines indiquaient la désuétude de son mandat et de ses objectifs, d'autres trouvaient que la façon de revendiquer donnait une mauvaise réputation aux francophones. D'autres encore croyaient que les personnes qui s'impliquaient étaient là pour se promouvoir socialement et n'avaient pas vraiment l'intérêt de la communauté à cœur. Les personnes immigrantes exprimaient un sentiment d'aliénation envers la communauté de « souche ». De plus, les principaux bailleurs de fonds mentionnaient leur manque de confiance envers la capacité de l'Association à remplir son mandat, à atteindre ses objectifs d'impact, à se renouveler, etc.

Afin de donner suite à l'ensemble de ces critiques, le nouveau conseil d'administration élu en juillet 2003 a proposé une série de changements. D'abord, l'Association a changé son nom en celui de l'Association des communautés francophones de l'Ontario-Toronto. Ce choix s'explique par le fait que l'Ontario français est divisé géographi-quement. Chacune des régions vit une réalité qui lui est propre, que ce soit sur le plan linguistique, démographique, économique et social. En marquant cette diversité qui existe, on peut concevoir des stratégies de tolérance envers l'expérience de l'autre. En outre, il y a plusieurs façons de vivre son identité francophone comme homme ou femme, ouvrier ou professionnel, hétérosexuel ou gai/lesbienne, blanc ou minorité visible, etc. En fait, nous sommes une société postmoderne, ouverte et sensible à la diversité tant individuelle que collective. En ce qui concerne les nouveaux immigrants francophones, ceux-ci ne constituent pas un tout homogène, chaque communauté francophone immigrante rencontre des obstacles particuliers, ce qui entraîne des pro-blèmes d'insertion socioprofessionnelle. Bref, en devenant, l'Association des commu-nautés francophones de l'Ontario-Toronto, on marque un désir d'inclusivité. Comme vous le remarquerez, nous avons conservé l'acronyme ACFO-TO pour conserver le symbolisme et l'ancrage historique de l'Association et pour souligner les luttes et les gains de nos prédécesseurs.

Nous avons aussi changé le statut de l'organisation. Nous sommes devenus un organisme de charité et nous sommes présentement dans l'attente de la délivrance de notre numéro d'organisme de charité par Revenu Canada. Nous avons choisi cette voie parce que nous voulons diversifier nos sources de financement et briser le cycle de dépendance envers le gouvernement fédéral. En faisant cela, nous devenons plus responsables financièrement à l'égard des donateurs communautaires et nous acqué-rons ainsi une plus grande légitimité auprès des corporations pour des dons ou des commandites pour nos projets. En outre, nous pouvons obtenir des dons de fonda-tions privées plus facilement.

Pour obtenir ce numéro d'organisme de charité, nous avons modifié notre mission et nos objectifs. Nous nous donnons maintenant le mandat d'assurer le développe-ment des compétences et du leadership des communautés francophones et celui de promouvoir la langue française et les cultures francophones.

Nous avons mis sur pied la première partie d'un programme de développement des capacités et du leadership communautaires qui comporte trois phases. La pre-mière phase consiste à offrir une formation de base d'une durée de 54 heures, divisée en 6 formations de 9 heures chacune : l'introduction à la problématique franco-onta-rienne, la gestion de bénévoles, la mise sur pied d'un événement, la préparation d'un plan de communication, les moyens d'apporter un changement social et l'organisation d'une campagne de financement. Cette formation est suivie d'une période de stage supervisé de 45 heures en milieu communautaire francophone. La deuxième phase est similaire dans sa structure, à l'exception des formations, ces dernières ont pour objec-tif de fournir aux participants un contenu plus étoffé sur les parties suivantes : la ges-tion de bénévoles, l'organisation de campagne de financement et la gestion des relations publiques avec les médias. Puis ils apprennent les règles de bases de la ges-tion d'un organisme communautaire et les moyens de développer son leadership per-sonnel. Cette formation est suivie à nouveau d'un stage. La troisième phase est un programme de mentorat de 50 heures dont le but consiste à ce qu'un francophone bien établi dans le milieu communautaire aide un jeune leader à bien connaître les fonc-tions d'un administrateur d'un organisme communautaire afin qu'il puisse agir effica-cement à titre d'administrateur et lui donne les conseils nécessaires afin de développer son leadership.

En résumé, la première formation consiste à présenter la problématique de la com-munauté franco-ontarienne selon un contexte historique depuis la déportation des

Acadiens en 1755. Cette présentation montrent les tensions qui existent entre les anglophones et les francophones depuis cet événement : la Conquête, l'Acte de Québec, la rébellion de 1837-1838, le rapport Durham, l'Acte d'union, l'Affaire Riel, l'affaire des écoles françaises du Manitoba, le Règlement XVII, la Première et la Deuxième Guerre mondiale, Duplessis, la Révolution tranquille, la Loi sur les langues officielles, les référendums au Québec de 1980 et de 1995, l'Entente de Charlottetown de 1992 et la lutte de l'Hôpital Montfort.

Cette approche historique vise à mettre en évidence la tension linguistique et religieuse qui existe entre les deux groupes et le rapport de force qui s'en dégage. Par la suite, je fais un retour avec les participants en leur demandant de partager avec le groupe une partie de leur histoire qui aurait des liens avec le contenu de la présentation. Alors, ils nous parlent des abus de la colonisation, des dictatures, de la pauvreté, de la mortalité des enfants attribuable à la malnutrition, etc. Ce retour émotionnel fait émerger une expérience commune de l'oppression, à savoir que le vécu des francophones à travers l'histoire canadienne n'est pas si différent de le leur. Le résultat final est une convergence identitaire, dans la mesure où les nouveaux immigrants s'approprient, en partie, la cause franco-ontarienne et nous développons une empathie envers le vécu de l'immigrant.

Ce programme n'est qu'un exemple. Nous élaborons plusieurs projets, mais le fondement de ceux-ci sera toujours la façon dont un ou plusieurs organismes communautaires pourront bénéficier du projet. Bref, tous nos projets visent un partenariat pour développer les communautés francophones. Au lieu d'être un concurrent désirant obtenir des ressources, l'ACFO-TO les partagera en mettant sur pied des partenariats financiers où chaque partenaire recevra une partie du budget dans le but de développer nos capacités, notre leadership et promouvoir la langue française et les communautés francophones.

Jusqu'à maintenant, nous avons recruté 30 bénévoles qui proviennent de la francophonie canadienne et de la francophonie internationale, voici un tableau sommaire montrant la distribution de ces bénévoles et de leurs implications :

Pays	Nombre	Sexe	Projets
Québec	6	4 hommes 2 femmes	Conseil d'administration (4) Traduction de documents (2)
Congo	5	2 hommes 3 femmes	Conseil d'administration Formateurs Développement de projets
Ontario	2	1 homme 1 femme	Conseil d'administration Développement de projets
Maroc	3	2 hommes 1 femme	Conseil d'administration Relations communautaires Soutien informatique
Ontario (Anglophone)	1	1 homme	Collecte de fonds
Roumanie	2	1 homme 1 femme	Responsable des bénévoles Formateurs – plaidoyer social

Pays	Nombre	Sexe	Projets
France	3	2 hommes 1 femme	Formateur Implication communautaire (Élaboration d'un projet dans la communauté)
Algérie	1	1 femme	Relations communautaires
Cameroun	2	2 femmes	Implication communautaire
Burundi	2	2 femmes	Implication communautaire
Djibouti	1	1 femme	Implication communautaire
Belgique	1	1 femme	Implication communautaire
Sénégal	1	1 homme	Implication communautaire

Il est clair que pour construire une communauté francophone composée de plusieurs groupes identitaires à Toronto, l'ACFO-TO adopte un discours de la diaspora : nous avons un trait identitaire commun, construisons sur les intérêts communs pour enrichir les communautés, les organismes et les individus.

Finalement, pour moi, en partageant l'histoire de mes ancêtres avec ma collectivité, j'espère conserver vivante l'histoire de ceux-ci, mais surtout m'assurer que leurs luttes pour conserver la langue et la culture françaises en Amérique ne seront pas restées vaines et qu'elle se perpétuera à travers cette francophonie canadienne multiculturelle.

NOTE

1. Terme emprunté de l'anglais par Monica Heller qui signifie la commercialisation d'un bien ; dans le contexte qui nous intéresse, il s'agit de la commercialisation de la langue comme bien marchandable.

BIBLIOGRAPHIE

MOISE, Claudine, « Le nouvel Ontario : nordicité et identité », dans Monica Heller et Normand Labrie (dir.), *Discours et identité*, Rennes, Éditions EME, 2003, p. 41-88.

GIDDENS, Anthony, *The Consequenses of Modernity*, Stanford, Stanford University Press, 1999.

RUBIN, Gayle. « Thinking Sex », *The Lesbian and Gay Studies Reader*, New York, Routledge, 1993, p. 3-44.

FOUCAULT, Michel, *L'archéologie du savoir*, Paris, Gallimard, 1999.

KOSOFSKY, Sedgwick Eve, *Epistemology of the Closest*, Berkeley, Los Angeles University of California Press, 1990.

LE THÉÂTRE FRANCO-ONTARIEN – UNE IDENTITÉ EN ÉVOLUTION

Denis Bertrand
Théâtre Action

Le théâtre continue de jouer un rôle important dans l'édification d'une identité franco-ontarienne, même si la nature de son apport a été appelée à évoluer au fil des ans. Ceux et celles toujours à la recherche d'un théâtre francophone engagé seront heureux d'apprendre que les compagnies n'hésitent pas à revisiter occasionnellement ce terroir fertile d'où ont été puisées plusieurs productions pendant les années 1970 et 1980. Pour les autres, intéressés à l'expérience artistique que propose le théâtre, peu importe la parole véhiculée, les huit compagnies[1] d'ici peuvent aussi répondre à leurs attentes.

Même si ces deux pôles peuvent sembler difficilement conciliables dans le contexte du développement et du maintien de l'identité franco-ontarienne, ils sont effectivement liés et exercent une influence sur les nouvelles générations de créateurs qui font leur place dans le milieu.

Mais il y a une ombre qui accompagne cet arc-en-ciel. Ce sont les difficultés que rencontrent ces jours-ci le théâtre professionnel et les productions destinées au grand public lorsqu'il est question de rejoindre et de toucher les francophones qui vivent à l'extérieur des centres urbains que sont Sudbury, Toronto et Ottawa. Le défi identitaire, pour ainsi dire, se trouve de ce côté.

Avant de poursuivre plus loin cette analyse, examinons le parcours suivi par le théâtre professionnel dans la dernière partie du XXe siècle pour en arriver rapidement aux caractéristiques du théâtre d'aujourd'hui.

Les débuts du théâtre professionnel franco-ontarien tel qu'on le connaît de nos jours remontent aux années 1960, avec l'avènement en 1965 de l'Atelier à Ottawa, sous la direction de Gilles Provost, et la naissance du Théâtre du P'tit Bonheur[2] à Toronto, en 1967.

Ces deux instances, issues du théâtre communautaire, se sont professionnalisées rapidement et présentaient, règle générale, des textes québécois, étrangers et de répertoire. Gilles Provost a ensuite fondé pendant les années 1970 la Compagnie Gilles-Provost qui, malgré ses assises à Ottawa, chevauchait allègrement la frontière Ontario-Québec avec la présentation de bon nombre de ses spectacles à Hull (Québec). Même si au départ ces compagnies faisaient peu de place à la création, elles ont permis aux publics de la Ville reine et de la capitale nationale[3] de découvrir le théâtre d'expression française et ont servi de « lieux » de rassemblement pour leurs communautés artistiques respectives.

La parole franco-ontarienne a pris l'avant-scène avec la création du Théâtre du Nouvel-Ontario (TNO) à Sudbury, en 1971. Sous la direction d'André Paiement, le TNO s'était donné pour mandat d'illustrer la réalité que vivaient les francophones dans leurs familles, dans leurs paroisses et dans le milieu franco-ontarien. C'est ainsi que naissent des œuvres telles que *Moé, j'viens du Nord, s'tie* et *Lavalléville*. Ces dernières et d'autres pièces produites à cette époque se voulaient le reflet du vécu de « monsieur et madame Tout-le-Monde ». L'expression est du TNO, non de moi.

À Ottawa, ou plus précisément à Vanier, c'est au Théâtre d'la Corvée[4] que revient l'honneur d'œuvrer au développement de la culture franco-ontarienne, dès son avènement en 1975. Le spectacle *La parole et la loi* demeure l'œuvre la plus connue de cette compagnie. La lutte au Règlement XVII, ses séquelles et les combats de l'époque y tenaient une place de choix. De l'aveu même des dirigeants de la compagnie, le théâtre d'alors se voulait « une forme d'action, car faire du théâtre en Ontario, c'est un choix politique ».

L'influence du travail de ces deux compagnies, jointe aux initiatives de développement lancées en 1972 par l'organisme de service Théâtre Action et à l'intérêt marqué des bailleurs de fonds publics pour l'avènement d'un dire franco-ontarien, a contribué à la création d'autres compagnies, dont le Théâtre de la Vieille 17 à Rockland en 1979 et le Théâtre Cabano[5]. Ont suivi le Théâtre la Catapulte en 1991, le Théâtre La Tangente et Corpus à la fin des années 1990.

Toutes ces compagnies ont touché à un moment ou l'autre de leur existence au théâtre dit « identitaire », où l'accent était mis sur l'histoire ou le quotidien de l'Ontario français. La Vieille 17 l'a fait dès ses débuts avec la création collective *Les murs de nos villages* (1979), puis avec *Hawkesbury Blues* (1981), de Brigitte Haentjens et de Jean-Marc Dalpé, et plus récemment avec *Exils* (1997). Le TNO, le Théâtre français de Toronto et le Théâtre la Catapulte ont tour à tour produit ces dernières années des spectacles de contes se déroulant à Sudbury, Toronto et Ottawa, rédigés par des auteurs originaires de ces localités. Le TNO présente ces temps-ci *Autour d'un foyer*, inspiré d'un mélodrame rédigé en 1921. L'action se déroule à Windsor et l'appartenance linguistique se situe au cœur de l'action. L'œuvre a été remaniée, bien entendu, et oscille maintenant entre la réalité vécue par les francophones du Sud-Ouest de la province au début du XXe siècle et celle vécue par l'Ontario français en cette amorce de XXIe siècle.

Je n'ai énuméré que quelques faits saillants d'une longue liste d'œuvres et de productions théâtrales dites identitaires. Je n'oublie pas *Frenchtown*, de Michel Ouellette, produit par le TNO, ni *La p'tite Miss Easter Seals*, de Lina Chartrand, présentée par le Théâtre franc.ais de Toronto, et combien d'autres encore.

Les observateurs et les observatrices de la scène théâtrale franco-ontarienne auront noté sans doute que j'ai omis de mentionner, depuis le début, une œuvre en particulier.

C'est parce que la pièce en question a eu un impact important sur l'évolution du théâtre franco-ontarien, et ce, à plusieurs plans. Il s'agit évidemment du *Chien*, de Jean-Marc Dalpé, présenté par le TNO et le Théâtre français du Centre national des Arts en 1988.

Outre la qualité du texte qui a permis à son auteur de devenir le premier dramaturge franco-ontarien à remporter le prix littéraire du Gouverneur général (volet théâtre de langue française), *Le chien* se distinguait pour d'autres raisons :

- il s'agissait de la première œuvre à présenter le Nord de l'Ontario comme un endroit où il ne fait pas nécessairement bon vivre. Jusqu'alors, le Nord ou le *Nouvel*-Ontario (notez l'adjectif employé) avait toujours été présenté comme une région rude, mais pleine de possibilités, peuplée de gens courageux et déterminés. Dans *Le chien*, le personnage de la mère a une vision tout autre de cette partie de la province. « J'haïs toute icitte, *affirme-t-elle*. Toute. Nomme-lé pis j'l'haïs. J'haïs les arbres. Les hosties d'épinettes. Rachitiques, grises pis tassées comme dans une canne de sardine. (…) C'est mon mauvais rêve à moé icitte. Je l'ai dans' peau. Je l'ai dans'os comme un cancer[6] » (p. 33). Il est entendu que *Le chien* est une œuvre de fiction et que ces commentaires ne représentent pas nécessairement l'opinion personnelle de Jean-Marc Dalpé. Ils n'en constituent pas moins un changement par rapport à la parole véhiculée jusqu'alors en ce qui a trait au Nord ;

• d'un point de vue esthétique, la production avait été conçue pour être présentée dans des lieux autres que les centres culturels ou les écoles secondaires de l'Ontario français. Le TNO visait nettement un nouveau marché, le Québec pour ne pas le nommer, en incluant à la limite Ottawa et Toronto où on retrouvait des infrastructures de présentation équivalentes à celles disponibles plus largement dans plusieurs régions au Québec.

Ainsi, peu de Franco-Ontariens auront eu l'occasion de voir la première œuvre primée d'un de leurs auteurs les plus connus.

Qu'est-ce qui explique ce virage ? Il y a eu tout d'abord la crise entourant la production *Les Rogers*, une coproduction du TNO et du Théâtre de la Vieille 17. La pièce contenait une scène où les fesses d'un des comédiens, en l'occurrence Jean-Marc Dalpé, étaient exposées au public. Il n'en a pas fallu plus pour que certains diffuseurs reviennent sur leur engagement d'accueillir le spectacle qui était pourtant promis à belle tournée en Ontario français.

Puis, il y a la maturité du théâtre lui-même. Dalpé et le TNO n'étaient que les premiers à exprimer publiquement ce que le milieu théâtral ressentait de plus en plus : pour réussir et pour avoir la possibilité d'aborder de nouveaux thèmes, au-delà de ceux de nature purement identitaire, il fallait exporter les œuvres. Les compagnies voulaient aussi se produire dans des lieux qui leur permettraient de faire l'emploi de toutes les techniques du théâtre moderne (scénographie, éclairage, etc.), ce qui était et demeure toujours impossible dans la majorité des régions de l'Ontario français, faute d'infrastructures appropriées.

C'est de ce constat que sont nés les centres de théâtre La Nouvelle Scène à Ottawa et celui du Théâtre du Nouvel-Ontario à Sudbury. Dans la Ville reine, le Théâtre français de Toronto s'affaire depuis quelque temps déjà à se doter d'un lieu similaire.

Tout comme l'Ontario et le Canada s'urbanisent de plus en plus, on peut en dire autant du théâtre professionnel franco-ontarien. Aujourd'hui, tous les spectacles destinés au grand public sont conçus pour être présentés dans des conditions optimales : dans une bonne salle bien équipée, tant du point de vue du producteur que du spectateur. Il ne s'agit pas d'un simple caprice de la part des compagnies.

Les bailleurs de fonds, notamment le Conseil des Arts du Canada et celui de l'Ontario, examinent de près la qualité des productions mises de l'avant par le milieu. Le travail des compagnies franco-ontariennes est comparé à celui de leurs consœurs du Québec, de l'Acadie et de l'Ouest canadien. Cela comprend l'esthétique du spectacle.

Les compagnies ne se sont pas pour autant terrées dans leurs centres de théâtre. Elles produisent encore des pièces pour enfants et pour adolescents qui circulent régulièrement dans les centres culturels et les écoles. Ces productions sont conçues pour la tournée et peuvent être adaptées à toutes sortes de lieux. Elles peuvent être autant fantaisistes, comme *Pinocchio* de la Compagnie Vox Théâtre ou *Grimm Grimm* du Théâtre français de Toronto, ou inspirées du quotidien, comme *Maïta* (les enfants qui travaillent), du Théâtre de la Vieille 17 et du Théâtre de Sable, ou *La meute* (les rapports de dominants-dominés au sein d'une famille) du Théâtre la Catapulte.

Depuis *Le chien* et l'avènement des centres de théâtre, il est clair que le théâtre professionnel franco-ontarien a atteint de nouveaux sommets d'excellence. Au cours des cinq dernières années, le Masque de la meilleure production franco-canadienne, décerné annuellement par l'Académie québécoise du théâtre, a été remis à quatre spectacles franco-ontariens. Toutes les compagnies et un nombre important d'artistes actifs dans le milieu se sont partagé une myriade de prix et de reconnaissances, tant locales, provinciales que nationales. Le théâtre franco-ontarien s'exporte principalement au Québec, en Acadie, dans l'Ouest canadien, en Europe et en Amérique latine. Ce faisant, le théâtre contribue au rayonnement de l'Ontario français au-delà de ses frontières.

Il reste maintenant à rétablir les ponts avec les communautés franco-ontariennes en région qui n'ont pas accès au théâtre pour grand public, ne possédant pas les infrastructures nécessaires pour accueillir le théâtre d'aujourd'hui. Le milieu théâtral doit s'associer aux diffuseurs de l'Ontario français pour trouver des solutions à ce dilemme.

Au-delà de ce défi, il y a les jeunes artistes d'ici, installés dans l'Est ontarien, à Sudbury, à Ottawa et à Toronto, qui cherchent à faire leur marque dans le théâtre franco-ontarien. On assiste actuellement à l'émergence d'une nouvelle vague de créateurs, issus des programmes d'études postsecondaires en théâtre, qui cherche non seulement à s'intégrer dans le milieu tel qu'il est, mais qui a l'intention de faire sa place en développant ses propres possibilités de créer. Ces artistes veulent travailler avec les compagnies et les centres de théâtre, mais ils sont aussi prêts à inventer les structures nécessaires pour parvenir à leurs fins. La formation de coopératives, de collectifs et même la mise sur pied de compagnies sont autant de possibilités envisagées par ces créateurs.

D'un point de vue identitaire, ces derniers ne sont pas des porteurs de drapeau. Pour eux, faire du théâtre en français en Ontario, peu importe la forme et les moyens employés, constitue un geste identitaire. Point. Leurs horizons s'étendent au-delà de la province. Par exemple, les uns veulent se frotter au répertoire théâtral international, d'autres ont le goût de travailler avec des artistes en provenance d'autres communautés francophones et acadiennes du pays, tandis que certains ont le goût d'explorer diverses facettes de l'art théâtral, préférablement les moins traditionnels.

Il y a aussi un désir manifeste de la part d'artistes issus des communautés ethnoculturelles de trouver leur voix au sein du milieu théâtral en explorant leur propre culture et en la projetant, dans certains cas, dans la réalité du Canada du XXIe siècle. Il s'agit là d'une tendance artistique qui s'affirme de plus en plus au sein des communautés ethnoculturelles du Canada anglais et qui est sur le point de faire surface en Ontario français, y compris en théâtre.

L'activité théâtrale en Ontario français ne se limite pas seulement au secteur professionnel. Il y a une vingtaine de troupes communautaires actives un peu partout en Ontario.

Même si la tendance quant au choix de pièces penche nettement vers la comédie légère d'origine québécoise ou américaine, certaines troupes ont produit des créations, ont fait appel à des auteurs professionnels qui leur ont pondu des textes à saveur locale ou ont recours au répertoire franco-ontarien.

Pour ce qui est du théâtre en milieu scolaire, sa popularité continue de croître malgré le fait qu'il soit devenu une activité parascolaire dans plusieurs écoles. Ainsi, Théâtre Action a organisé la septième édition de son Festival franco-ontarien de théâtre en milieu scolaire qui a eu lieu à l'Université d'Ottawa du 22 au 25 avril 2004. Il s'agit de notre plus gros Festival à ce jour, avec vingt-six écoles secondaires participantes et quelque 483 élèves, enseignants, artistes et organisateurs. Des quatorze spectacles qui y seront présentés, huit d'entre eux seront des créations originales.

Nous avons documenté récemment les répercussions du Festival sur les jeunes. C'est un secret de polichinelle qu'on entend plus d'anglais parlé dans les corridors des écoles secondaires franco-ontariennes que de français. Eh bien, pendant le Festival, les jeunes sont tenus d'employer la langue de Molière. L'expérience que leur procure le Festival est à ce point intense qu'une fois qu'ils sont de retour chez eux, les festivaliers continuent d'échanger entre eux en français plusieurs semaines après l'événement. Ou du moins jusqu'à ce que la réalité locale les rattrape.

Le théâtre est véritablement le mode d'expression artistique favori des Franco-Ontariens. Un francophone sur cinq assiste régulièrement à des spectacles de théâtre, ce qui se compare avantageusement à la moyenne nationale qui se situe à un peu moins de vingt-deux pour cent.

L'écrivain libanais Amin Maalouf affirme que « l'identité n'est pas donnée une fois pour toute, elle se construit et se transforme tout au long de l'existence » (citations du monde). L'évolution du théâtre franco-ontarien en est la preuve. Merci.

NOTES

1. Théâtre français de Toronto, Théâtre du Nouvel-Ontario (Sudbury), Théâtre du Trillium (Ottawa), Théâtre de la Vieille 17 (Ottawa), Compagnie Vox Théâtre (Ottawa), Théâtre la Catapulte (Ottawa), Théâtre La Tangente (Toronto), Corpus (Toronto).
2. Aujourd'hui appelé le Théâtre français de Toronto.
3. En 1969, l'ouverture du Centre national des Arts à Ottawa permet à des productions montréalaises d'être présentées dans la capitale canadienne.
4. En 1988, la Corvée devient le Théâtre du Trillium.
5. Le Cabano est devenu la Compagnie Vox Théâtre.
6. Jean-Marc Dalpé, *Le chien*, 2ᵉ édition, Sudbury, Éditions Prise de parole, 1990. Prix littéraire du Gouverneur général 1988.

BIBLIOGRAPHIE

BEAUCHAMP, Hélène, et Joël BEDDOWS, *Les théâtres professionnels du Canada francophone – Entre mémoire et rupture*, Ottawa, Le Nordir, 2001.

Citations du monde (www.citationsdumonde.com).

DALPÉ, Jean-Marc, *Le chien*, Sudbury, Éditions Prise de parole, 1990.

GAUDREAU, Guy (dir.), *Le théâtre du Nouvel-Ontario – 20 ans*, Sudbury, Édition TNO, 1991.

HILL STRATÉGIES RECHERCHE INC., *La fréquentation des arts de la scène au Canada et dans les provinces*, Ottawa, Hill Stratégies Recherche Inc., 2003.

THÉÂTRE ACTION ET LE GROUPE-CONSEIL BAASTEL, *La force du théâtre – Étude sur l'impact socioéconomique et culturel de l'activité théâtrale en Ontario français 2002-2003, Secteur scolaire et secteur professionnel*, 2003.

SE DIRE... MAIS COMMENT ET POURQUOI ? RÉFLEXIONS SUR LES MARQUEURS D'IDENTITÉ EN ONTARIO FRANÇAIS

Julie Boissonneault
Université Laurentienne

L e colloque « Mémoire et fragmentation. L'évolution de la problématique identitaire en Ontario français » tenu par le Centre de recherche en civilisation canadienne-française de l'Université d'Ottawa a permis de discuter de la question de l'identité en Ontario français. Partant, on reconnaît un lieu – l'Ontario français – et le fait que la cohésion identitaire – si cohésion il y a – relève de forces politiques, économiques et socioculturelles. Des intervenantes et des intervenants des milieux artistique, politique et de l'éducation y ont présenté leurs perspectives. C'est dans le cadre du secteur de l'éducation que se situent les propos qui suivent.

Le thème du colloque jette les bases de la réflexion en proposant d'aborder la question de l'identité sous l'angle de la mémoire – la souvenance, les images, ce qui était et ce à quoi on cherche à greffer l'avenir – et de la fragmentation – ce qui est dispersion et diversité. Ces deux concepts clés sont lourds de conséquences puisque c'est à partir d'eux que se dessine la problématique et que c'est autour d'eux qu'orbite la question identitaire, notamment celle de l'appellation des « francophones » de l'Ontario : comment se « disent »-ils et qui fait partie de ce groupe ? Dans le présent texte, mes réflexions s'inscrivent dans la problématique du colloque, à savoir : que signifie l'identité franco-ontarienne pour ceux et celles qui s'en réclament et comment est-elle comprise par eux ?

Mes propos traitent de la diversité des appellations pour se dire lorsqu'on est locuteur de langue française et qu'on habite en Ontario. Je tente plus précisément de cerner pourquoi et comment les diverses appellations se construisent. Le font-elles en fonction de la langue ? Du lieu ? Cherchent-elles à souligner l'appartenance ou la différenciation ? Je pars de la prémisse que les langues, entre autres, ont toujours servi de critère pour marquer la différence ou l'appartenance, soit de façon évidente, soit de façon sous-entendue, et qu'elles continuent à le faire. La langue française est-elle toujours un vecteur de cette différenciation ou de cette appartenance en Ontario français ? Et qu'en est-il de la référence à un lieu, qu'il soit pancanadien, provincial ou régional ? Ces questions devraient aider à mieux comprendre les choix faits par les jeunes du postsecondaire ontarien. C'est donc de l'appellation de l'identité, du « comment » on se dit, qu'il sera question.

Pour illustrer certaines des forces qui agissent sur l'identité, sur la mémoire et sur la fragmentation, je parlerai du milieu universitaire et collégial dans le Nord ontarien en m'inspirant d'abord d'une étude menée en 1990 sur la représentation des étudiantes et des étudiants de leur identité socioculturelle, puis de la représentation qu'ils véhiculent dans leurs discours en 2004. Malgré la spécificité du milieu et du territoire nord-ontariens, ces observations ont sans doute des liens avec l'ensemble de l'Ontario français.

Qu'est-ce que l'identité et comment la dit-on ?

Parler d'identité, c'est parler de quoi au juste ? L'identité est individuelle puisqu'elle appartient à celui ou à celle qui s'en réclame, mais elle se construit face à la société en ce qu'elle signe l'appartenance ou la différenciation d'une personne à un ou à plusieurs groupes.

> Identity (…) is a social construct, grounded in social interaction in the activities and situations which arise as a product of the relationship of a social group to its social and physical environment. It is a product of shared social knowledge, and a reflection of co-membership. (Heller, 1987 : 783).

L'identité étant le lieu de rencontre entre l'individu et la société (Erfurt, 1999), il n'y a donc pas d'identité dans l'isolement (Benoist, 1980). Affirmer *une* identité, c'est dire ce qui nous distingue de l'autre. Affirmer *son* identité, c'est également dire ce que nous partageons. Peut-on parler *d'une* identité franco-ontarienne ? Cela dépend de ce que comprend ce concept qui peut être interprété à la fois comme englobant ou comme divisant. L'une des questions clés posées par les intervenantes et les intervenants du colloque est justement de savoir ce qu'il reste de l'ancienne homogénéité relative des Franco-Ontariens. D'emblée, elle suppose une homogénéité antérieure par la forme ou par le fond des « francophones » ontariens : telle est la mémoire. Elle sous-tend également que cette homogénéité est éclatée : telle est la fragmentation.

Ceux qui partagent une identité culturelle ont besoin de se raccrocher à une source, à une référence d'identification, c'est-à-dire l'explication de soi-même. Cependant, cette source n'est pas nécessairement engendrée par le groupe qui l'adopte. Elle peut être l'appât lancé par un autre groupe. Mes études antérieures (Boissonneault, 1990, 1996) sur cette question se sont placées sous l'égide de la langue en tant que valeur d'identification culturelle et structurelle. Force m'est de poser la question : la langue est-elle encore une valeur qui marque l'identité en Ontario ? Marque-t-elle l'appartenance à un groupe et la différenciation à l'égard de l'autre ou des autres ? Si le groupe est pluriel, est-il naturel que les identités et, par ricochet, les marqueurs de cette identité, le soient tout autant ? Parler de pluralisme identitaire ou d'identités plurielles sonne-t-il le glas de la cohésion ?

Parler de l'Ontario français présuppose en quelque sorte une réponse à ces questions. Selon Anne Gilbert (1999), l'Ontario français constitue un espace éclaté et en parler permet d'accentuer son unité et sa cohérence. Alors à quoi s'identifie-t-on ? À la langue ? À la région ? Comment l'exprime-t-on ? Les « francophones » ontariens se disent-ils Canadiens, Canadiens français, Franco-Ontariens, francophones, bilingues ? Voilà autant de possibilités pour dénoter la démarcation et l'appartenance.

La langue, vecteur d'identification

La langue demeure centrale à l'identité parce que la communication, sous toutes ses formes, est au cœur de la socialisation. Bien que plusieurs aient traité de la « centralité de la langue » dans la définition identitaire, d'autres voient dans l'équation « langue – identité » une certaine contradiction. Tout dépend du symbolisme qu'on lui attribue et du dynamisme qu'on y voit. En Ontario français, la langue est empreinte de symbolisme, elle est porteuse d'une histoire. Les symboles, comme on le sait bien, ont souvent « la vie dure ». Gaétan Gervais (2003) qualifie l'Ontario français d'épiphénomène et allègue à cet effet que

> tout dans l'histoire franco-ontarienne semble s'expliquer soit par le cadre

culturel que constitue l'Amérique française, notamment ses rapports avec les majorités anglaises du continent, soit par l'encadrement économique nord-américain qui a toujours déterminé les conditions du développement matériel de la communauté (p. 193).

Monica Heller (1994) renchérit en qualifiant la langue d'élément central de la construction identitaire, du maintien de la culture et de la dynamique sociale en Ontario.

La langue a toujours été un élément central de la construction de l'identité franco-ontarienne ainsi que de la mobilisation politique des Franco-Ontariens, d'autant plus que la religion et le concept de « race » ont commencé à perdre de leur importance à travers le Canada français au courant des années 1960 (Choquette, 1977, 1987 ; Handler, 1988 ; Welch, 1988 ; Hobsbawn, 1990) (p. 156).

Les langues sont porteuses, et ce, de bien des façons, de nos identités – identités plurielles, cela va de soi : sur le plan professionnel, sexuel, religieux, social. Toutes ces identités se définissent par le regard que l'on pose sur soi et que posent d'autres sur nous. Il importe donc de tenir compte de l'hétérogénéité des minorités elles-mêmes : la minorité franco-ontarienne présente à elle seule des visages variés en ce qui a trait aux différents milieux d'ancrage. Les langues marquent notre différenciation et notre appartenance. Par elles, nous véhiculons notre vision du monde, nous exprimons ce que nous savons, nous en venons à dire qui nous sommes : en nous disant, nous proposons alors notre regard au regard des autres. C'est au regard des autres que nous (re)construisons ces identités, selon les situations et les contextes dans lesquels nous nous trouvons.

Les langues sont porteuses de nos identités sur le plan linguistique : leurs constructions morphosyntaxiques, lexicales, phonétiques nous trahissent, nous délimitent et nous définissent. Elles sont d'abord nôtres bien avant d'être partagées. Notre compétence langagière nous définit à nos yeux : pour le mieux ou pour le pire. De là découle toute la problématique de la qualité de la langue : adoption d'une norme non stigmatisée, adoption d'une variété de langue qui se distingue, usage d'un français moderne qui répond à nos besoins actuels.

Les langues sont porteuses de nos identités sur le plan symbolique : elles sont souvent – de façon consciente ou moins consciente – l'élément par lequel nous définissons et disons qui nous sommes. Choisir de se dire d'une façon ou choisir de ne pas se dire, choisir une langue particulière pour le dire ou en choisir une autre, choisir de se dire d'une certaine façon dans une situation donnée, mais autrement dans une autre, voilà autant de vecteurs qui signalent les identités et en établissent les repères.

C'est donc dire que la langue est bien plus qu'un simple code de communication. « Parler ne consiste pas à faire usage des sons, mais à mettre en relations les hommes, par les valeurs qui s'en dégagent [Ducrot, 1972]. Cet énoncé prend une valeur particulière en contexte minoritaire où la mise en relations des humains et le choix des valeurs culturelles ne vont pas de soi. » (Cazabon, 1997 : 495).

Marqueurs d'identité

Dans les années 1990, j'avais été frappée par la volonté inconditionnelle des étudiantes et des étudiants à poursuivre leurs études collégiales et universitaires dans un contexte bilingue et par leur insistance à se définir comme étant bilingues. Une étude auprès de 174 étudiantes et étudiants de langue maternelle française, âgés de 18 à 24 ans, poursuivant des études au niveau collégial et universitaire dans le Nord ontarien, avait révélé que 74 p. 100 d'entre eux se définissaient par le vocable « bilingue », les 26 p. 100 autres s'affichant soit comme « Franco-Ontariens », soit comme « francophones » ou par des variations sur ces vocables. Chez les étudiantes et les étudiants qui s'identifiaient par le bilinguisme, la langue française n'était que la façon de vivre ou d'afficher leur « bilingualité ». Mais le bilinguisme n'est pas une langue. Peut-on dire qu'il s'agit d'une valeur ? (Boissonneault, 1990, 1996)

Confrontés aux vocables « Canadiens, Canadiens français, Franco-Ontariens, francophones et bilingues », les étudiantes et les étudiants se sont prononcés et ont expliqué en partie leur choix. D'abord, à peu près tous ont jugé important de se distinguer, de se différencier. C'est pourquoi très peu se sont dits « Canadiens », appellation jugée trop large et utilisée seulement à l'extérieur du pays. L'expression « Canadien français » ne leur dit rien, sinon qu'il s'agit à leurs yeux de quelque chose de vieilli, d'un vocable archaïque. C'est, du moins, l'image qu'ils s'en font. Certains se sont dits francophones, mais que veut dire, en fait, être francophone, sinon être locuteur de langue française. Comme le dit si bien Normand Renaud dans un billet livré à la radio CBON de Radio-Canada le 30 août 1995 :

> [Ç]a veut dire quoi, être francophone ? Ça veut dire qu'on parle français, c'est tout, rien de plus. Il y a des francophones en Angleterre, en Polynésie, au Texas. Francophone, ce n'est pas un mot qui nomme une communauté spécifique avec son passé, sa culture, ses intérêts communs. Être francophone, c'est comme être blond ou bougon ou fumeur : c'est une caractéristique isolée. Ce n'est pas une identité, non plus une appartenance (2002 : 19)

Dans l'ensemble, les étudiantes et les étudiants perçoivent cette distinction, le vide de cette appellation. Ils ont choisi et choisissent toujours de se dire essentiellement soit « Franco-Ontariens », soit « bilingues », comme le présente Stéphanie Saint-Pierre, rédactrice en chef du journal étudiant de l'Université Laurentienne, *L'Orignal déchaîné*, qui fait le même constat dans son éditorial de mars 2004. Qualifiant le terme « francophone » de vide de sens, comme un terme qui « traite de langue mais pas de culture » (p. 5), elle souligne toutefois qu'il a l'heur de ne pas être connoté comme le sont les deux appellations qui se disputent la table d'honneur : Franco-Ontarien et bilingue. Dans ces deux cas, bien que la langue soit retenue comme vecteur d'identification, les enjeux ne sont pas les mêmes.

Le concept même de l'Ontario français et de l'appellation « franco-ontarienne » fait appel à la fois à une structure – l'Ontario – et à une langue – le français. Parler de l'Ontario français et du fait franco-ontarien, c'est à la fois afficher une identité structurale qui se définit par un espace et une identité conceptuelle qui se définit par la valeur qu'est la langue (Juteau-Lee et Lapointe, 1980). La langue différencie ainsi la personne, alors que la structure précise le territoire dans lequel cette même personne évolue, et la combinaison des deux signe son appartenance au regard des autres. Il s'agit donc d'un marqueur à la fois de différenciation et d'appartenance. On peut voir dans cette identité linguistique structurale, les fruits des politiques d'aménagement linguistique (Boyer, 1996) qu'a connus la francophonie canadienne et, plus précisément, l'émergence de l'identité québécoise et l'affaiblissement de l'identité canadienne-française.

Le vocable « franco-ontarien » suscite cependant un certain malaise chez les étudiants en raison de la polysémie et de la connotation du concept. Ce malaise est partagé par d'autres au sein de l'Ontario français. Le terme revêt d'abord l'idée d'une ascendance ancestrale à laquelle plusieurs ne s'identifient pas. Saint-Pierre (2004) soulève bien cette polysémie conceptuelle, telle qu'elle est perçue par la population étudiante, à savoir qui est Franco-Ontarien : ceux de souche, ceux d'adoption ou ceux de résidence ? Aux yeux de plusieurs, être Franco-Ontarien, c'est avoir à se battre pour ce que l'on est. Il y a donc incertitude et malaise quant à la dynamique de ce qu'est être Franco-Ontarien.

Pour ce qui est de se dire bilingue, c'est une chose, mais s'identifier et se présenter comme bilingue, c'en est une autre. C'est certainement une marque de différenciation, bien que personne ne s'identifie comme unilingue. Se dire bilingue indique davantage une compétence langagière, alors que se dire franco-ontarien indique qui l'on est. Il y a donc lieu de se demander si se prévaloir de l'appellation « bilingue » pour définir son appartenance ne vient pas en fait brouiller les repères sociolinguistiques. Il s'agit peut-être d'une identification qui se veut stratégique de la part de ceux qui s'en prévalent. Est-ce une façon plus ou moins consciente d'éviter la controverse, à la fois sur les plans linguistique, culturel et structurel ? Ou est-ce plutôt le reflet d'une étape transitoire de l'acculturation linguistique vers le groupe dominant ? Dans sa présentation au colloque, François Paré parle d'identité « évacuée » : est-ce le cas ? Évacue-t-on la mémoire et le conflit ? Pour répondre à ces questions, il nous faudrait mieux connaître la représentation qu'entretiennent les « francophones » à l'égard des langues en jeu et du bilinguisme. Les minoritaires embrassent souvent plusieurs positions face à leur identité et selon les circonstances. Plusieurs n'arrivent pas à se définir puisqu'ils vivent constamment la confrontation et la contestation de l'autre groupe, ce qui crée l'angoisse et le doute. Le minoritaire vit alors profondément les valorisations et les dévalorisations qui lui sont attribuées par le groupe majoritaire.

> Francophones et anglophones se retrouvent « dans des espaces qui s'entrecroisent, voire se rencontrent à la faveur des institutions dites *bilingues* […]. Entre les deux, les frontières sont de plus en plus floues, si bien que l'espace franco-ontarien est de plus en plus ouvert sur celui de la majorité » (Gilbert, 1999 : 62-63).

Diane Gérin-Lajoie (2003), dans son étude intitulée *Parcours identitaires de jeunes francophones en milieu minoritaire* et dans son texte présenté lors du colloque, souligne le même phénomène d'identification « bilingue » chez les étudiantes et les étudiants du secondaire du Sud et de l'Est de la province. Le bilinguisme, devenu identité, englobe à la fois toutes les possibilités de vivre sa francophonie et d'en faire partie tout en se démarquant de ceux qui n'y appartiennent pas d'une façon ou d'une autre. Mais à vouloir trop dire, ne finit-on pas par ne rien dire ?

Or, la langue nous identifie du fait même de la parler. Elle nous identifie davantage lorsqu'on y fait appel pour se dire. De surcroît, une précision structurale nous situe dans un lieu géographique et nous différencie de ceux avec qui nous partageons la même langue ou le même territoire. La référence linguistique comme vecteur d'identification relève, on l'a vu, du symbolisme et du dynamisme qu'on lui attribue. Les étudiants qui se disent Franco-Ontariens semblent d'ailleurs reconnaître à l'Ontario français un dynamisme, ce que ne font pas ceux qui préfèrent l'appellation « bilingue ». Il y a lieu de se questionner à cet égard, en tant qu'éducateur et en tant que membre actif de la communauté franco-ontarienne puisque le cheminement des institutions artistiques et culturelles franco-ontariennes n'est pas à négliger. La vitalité de ces dernières, comme l'ont bien fait valoir les intervenants de la table artistique, atteste un dynamisme croissant, un enracinement structural et une plus grande ouverture aux autres.

On sent ainsi chez les étudiantes et les étudiants qui ont choisi d'étudier en français le besoin de se différencier par une appellation, par un vocable qui n'est pas empreint d'une histoire où ils ne se reconnaissent pas. En fait, il importe de revenir au diagnostic sombre posé en guise de synthèse à la fin du colloque. Est-il juste d'être pessimiste quant à l'avenir de la francophonie ontarienne ? Tous conviennent de la difficulté de comment « se dire ». La question a peut-être lieu d'être posée différemment. Pourquoi les jeunes du système scolaire et universitaire se sentent-ils exclus de la franco-ontariennité ou du moins de l'image qui en est véhiculée ? Le choix du ou des vocables pour se dire souligne peut-être l'absence de références socioculturelles auxquelles ils pourraient s'identifier. Sans pour autant adhérer à leur appellation, on pourrait y voir un besoin pour une reconnotation ou une reformulation, somme toute une reconstruction partagée qui tienne compte des différents visages de l'Ontario français.

BIBLIOGRAPHIE

BENOIST, Jean, « L'anthropologue et l'identité culturelle », dans Alain Baudot, Jean-Claude Jaubert et Ronald Sabourin (dir.), *Identité culturelle et francophonie dans les Amériques*, actes du colloque (III) tenu au Collège Glendon de l'Université York à Toronto du 2 au 5 juin 1976, Québec, Centre international de recherche sur le bilinguisme, 1980, p. 14-20.

BOISSONNEAULT, Julie, « L'identité culturelle des étudiants du postsecondaire bilingue du Nord-Est ontarien ». Thèse de maîtrise, Toronto, Institut d'études pédagogiques de l'Ontario, Université de Toronto, 1990.

BOISSONNEAULT, Julie, « Bilingue/francophone, Franco-Ontarien/Canadien français : choix des marques d'identification chez les étudiants francophones », *Revue du Nouvel-Ontario*, no 20, 1996, p. 173-192.

BOYER, Henri, (dir.), *Sociolinguistique. Territoire et objets*, Lausanne, Delachaux et Niestlé, 1996.

CAZABON, Benoît, « L'enseignement en français langue maternelle en situations de minorité », *Revue des sciences de l'éducation*, vol. 23, no 3, 1997, p. 483-508.

CAZABON, Benoît, « Des marqueurs linguistiques de l'identité culturelle », *Revue du Nouvel-Ontario*, no 20, 1996, p. 217-256.

ERFURT, Jurgen, « Le changement de l'identité linguistique chez les Franco-Ontariens. Résultats d'une étude de cas », dans Normand Labrie et Gilles Forlot (dir.), *L'enjeu de la langue en Ontario français*, Sudbury, Éditions Prise de parole, 1999, p. 59-77.

FISHMAN, Joshua, « Quelques concepts fondamentaux de la sociolinguistique », dans Marcel De Grève et Frans Van Passel (dir.), *Sociolinguistique, langue et culture*, Belgique, Éditions Labor, 1971, p. 35-49.

GÉRIN-LAJOIE, Diane, *Parcours identitaires de jeunes francophones en milieu minoritaire*, Sudbury, Éditions Prise de parole, 2003.

GERVAIS, Gaétan, *Des gens de résolution. Le passage du « Canada français » à l'« Ontario français »*, Sudbury, Éditions Prise de parole, 2003.

GILBERT, Anne, « Les espaces de la francophonie ontarienne », dans Joseph Yvon Thériault (dir.), *Francophonies minoritaires au Canada. L'état des lieux*, Moncton, Éditions d'Acadie, 1999, p. 55-75.

HELLER, Monica, « Language and Identity », dans Ulrich Ammon, Norbert Dittmar et Klaus Mattheier (dir.), *Sociolinguistics – An International Handbook of the Science of Language and Society*, Berlin/New York, Walter de Gruyter, t. I, 1987, p. 780-784.

HELLER, Monica, « La sociolinguistique et l'éducation franco-ontarienne », *Sociologie et sociétés*, vol. 26, no 1, 1994, p. 155-166.

JUTEAU-LEE, Danielle, et Jean LAPOINTE, « Identité culturelle et identité structurelle dans l'Ontario francophone : analyse d'une transition », dans Alain Baudot, Jean-Claude Jaubert et Ronald Sabourin (dir.), *Identité culturelle et francophonie dans les Amériques*, actes du colloque (III) tenu au Collège Glendon de l'Université York à Toronto du 2 au 5 juin 1976, Québec, Centre international de recherche sur le bilinguisme, 1980, p. 60-71.

RENAUD, Normand, « Le Canada-Français, ça existe », *De face et de billet. Une chronique d'humeur franco-ontarienne*, Sudbury, Éditions Prise de parole, 2002, p. 17-19.
SAINT-PIERRE, Stéphanie, « Questions de langue… de culture… et d'identité ? » *L'Orignal déchaîné*, éditorial du 10 mars 2004, p. 2, 5.

LA PROBLÉMATIQUE IDENTITAIRE ET L'ÉCOLE DE LANGUE FRANÇAISE EN ONTARIO

Diane Gérin-Lajoie
Université de Toronto

Lorsqu'on examine les pratiques sociales dans la francophonie ontarienne, on constate une succession de changements importants qui surviennent tout au cours du XXᵉ siècle. On est en effet passé d'une communauté francophone homogène sur le plan de la langue et de la culture françaises à une communauté francophone éclatée, dont les pratiques langagières et culturelles sont de plus en plus diversifiées et dans un état de mouvance perpétuelle.

Le phénomène de l'urbanisation a obligé plus d'un francophone en Ontario à quitter sa petite communauté rurale pour aller travailler et vivre dans un milieu fortement teinté de l'influence de la majorité anglophone (Welch, 1991). Conséquemment, les frontières linguistiques ont débordé davantage dans la sphère publique, soit sur le marché du travail et dans le secteur des services. La sphère privée, le milieu familial en particulier, a également subi des transformations importantes puisque de plus en plus de francophones se sont engagés dans des pratiques sociales et linguistiques où le contact avec la majorité anglophone est devenu plus fréquent dans leur vie privée. Par exemple, un nombre croissant de francophones de l'Ontario se retrouvent en situation de mariage exogame, où l'un des conjoints est unilingue anglophone, où la langue d'usage à la maison devient souvent l'anglais. Plusieurs études statistiques ont d'ailleurs tenté de montrer une relation directe entre le phénomène des mariages exogames et le taux élevé d'assimilation à la majorité anglophone chez les francophones de l'Ontario. (Bernard, 1998 ; Castonguay, 1999, 2001). Cependant, un autre discours qui a cours depuis quelques années sur la bilinguisation des francophones qui vivent en contexte minoritaire se veut moins alarmiste (Gérin-Lajoie, 2003 ; Heller, 1999 ; Laflamme, 2001 ; Langlois, 2000). Par exemple, une étude ethnographique que j'ai menée récemment auprès d'un groupe de jeunes francophones qui fréquentent l'école secondaire de langue française en Ontario a montré que même si ces jeunes se réclament d'une identité bilingue, cela ne signifie pas qu'ils rejettent la langue et la culture françaises pour autant. En effet, pour certains d'entre eux, le sens d'appartenance à la francophonie demeure très fort (Gérin-Lajoie, 2003).

Une hétérogénéité grandissante au sein de la francophonie de l'Ontario découle également du fait que la province reçoit un nombre grandissant d'immigrants et d'immigrantes qui viennent joindre les rangs de la communauté francophone. Ces nouveaux membres contribuent ainsi à la vitalité de la communauté de langue française, surtout dans les régions de Toronto et d'Ottawa. En effet, comme le phénomène de l'immigration est d'abord un phénomène urbain, il ne faut pas se surprendre de retrouver les nouveaux arrivants et arrivantes notamment dans ces deux agglomérations urbaines ontariennes. Dans le *Recensement canadien de 1996*, 28 825 individus ont dit appartenir à une minorité raciale. Ces individus constituent 22,5 p. 100 de la population francophone de Toronto, alors que 8,9 p. 100 des francophones de la région d'Ottawa appartiennent à une minorité raciale (Office des affaires francophones, 1999).

Le tissu social a donc changé de façon significative au fil des ans, ce qui nous place en présence non plus d'une communauté unique, mais plutôt de multiples communautés d'appartenance. Dans cette nouvelle conjoncture, les francophones de l'Ontario sont donc appelés à se redéfinir, tant au sein de la francophonie canadienne qu'au sein de la francophonie mondiale. Dans ce contexte, que devient le rôle de l'école de langue française dans un milieu tel que l'Ontario, où le rapport à l'identité est constamment remis en question ?

L'école d'aujourd'hui

Par le passé, l'institution scolaire francophone située en milieu minoritaire avait le mandat, en plus de transmettre des connaissances et de socialiser les élèves, de veiller à la reproduction de la langue et de la culture françaises. Les élèves qui la fréquentaient venaient de foyers exclusivement francophones, où la langue d'usage était le français et où la vie quotidienne se déroulait en français. Pendant longtemps également, l'école s'était vue doter d'un rôle politique important dans la communauté, puisque c'est souvent par elle que les francophones revendiquaient leurs droits (Heller, 1994 ; Gérin-Lajoie, 1996). L'école représentait donc, avec la famille et l'Église, une institution dont le rôle était alors défini à partir de la réalité historique du moment.

L'école d'aujourd'hui, pour sa part, évolue dans un contexte social bien différent. Entre autres, la clientèle scolaire a changé. Les élèves qui fréquentent l'école minoritaire de langue française se diversifient autant sur le plan linguistique que culturel. Depuis 1982, selon l'article 23 de la Charte canadienne des droits et libertés, les minorités de langues officielles au Canada (c'est-à-dire, les francophones à l'extérieur du Québec et les anglophones au Québec) ont des droits garantis en ce qui a trait à la langue d'instruction pour leurs enfants dans la province ou le territoire qu'elles habitent. Les enfants ont donc le droit de se faire instruire dans la langue de la minorité de langue officielle. On appelle ces élèves les « ayants droit ». Pour être reconnus comme ayants droit, ceux-ci doivent répondre à des critères précis[1]. Selon ces critères, les élèves ne sont cependant pas obligés de parler ou de comprendre le français lors de leur entrée à l'école. Conséquemment, ces ayants droit arrivent à l'école avec diverses compétences langagières. Certains élèves ne parlent ni ne comprennent le français, alors que d'autres le parlent et le comprennent parfaitement.

Le groupe des ayants droit se divise ainsi en deux groupes : celui des élèves franco-dominants, c'est-à-dire ceux qui possèdent une bonne maîtrise de la langue française, et celui des élèves anglo-dominants, c'est-à-dire ceux qui parlent peu ou pas du tout le français pour diverses raisons. Un autre groupe d'élèves est aussi présent dans les écoles de langue française : il s'agit de ceux dont les parents sont d'origine non canadienne, qui ne répondent donc pas aux critères de l'article 23 de la Charte, et de ceux dont les parents anglophones désirent les inscrire à une école de langue française[2]. Dans ces cas, les élèves sont admis à l'école de langue française par un comité d'admission, composé d'un représentant ou d'une représentante du conseil scolaire, du directeur ou de la directrice de l'école où l'enfant veut s'inscrire et d'un enseignant ou d'une enseignante qui travaille à cette même école. Il est à noter cependant que, dans le cas des élèves dont les parents sont d'origine autre que canadienne, ces derniers ont de façon générale une très bonne maîtrise du français lorsqu'ils ont commencé leur scolarité dans le pays d'origine. Dans le cas des élèves anglophones, ce n'est pas toujours le cas.

Nous ne pouvons donc plus parler de l'école comme étant le point de rassemblement d'une communauté qui partage sans contredit les mêmes intérêts, puisque dans bien des cas, les membres de cette communauté ne partagent ni la même langue ni la même culture. Force est de constater que l'école compose avec des élèves qui ont souvent peu en commun avec la francophonie telle qu'elle est souvent conçue en Ontario, c'est-à-dire une francophonie qui s'inscrit dans une réalité que je qualifierais de « folklorique », qui ne tient pas compte de la nouvelle réalité pluraliste de la société francophone urbaine.

Un fait est cependant certain : il est essentiel de reconnaître la très forte influence de la majorité anglo-dominante sur les jeunes qui fréquentent les écoles françaises en Ontario, même sur les élèves d'origines ethniques diverses pour qui l'anglais constitue souvent une troisième langue. Dans bien des cas, les élèves vivent la très grande partie de leur vie en anglais. Par conséquent, leur rapport à la langue se trouve souvent en contradiction avec la philosophie qui sous-tend le discours officiel de l'école en ce qui a trait à l'appartenance de groupe, à la francophonie.

En effet, ces élèves ne se considèrent pas toujours comme uniquement francophones. Dans bien des cas, ils déclarent plutôt posséder une identité bilingue, où le français et une autre langue cohabitent, cette autre langue étant cependant la plupart du temps l'anglais. Ce phénomène se remarque, entre autres, chez les élèves du niveau secondaire (Heller, 1999 ; Boissonneault, 1996 ; Gérin-Lajoie, 1994, 2003). Cette notion d'identité bilingue, soit dit en passant, en alarme d'ailleurs plus d'un. Les résultats d'études quantitatives sur le sujet ont tendance à associer le phénomène de la bilinguisation chez les jeunes à une assimilation lente mais certaine au groupe anglophone majoritaire (Bernard, 1998 ; Castonguay, 1999).

L'identité bilingue : une nouvelle réalité ?

Le concept d'identité bilingue vaut la peine qu'on s'y attarde un peu ici, si l'on veut examiner sérieusement la problématique identitaire dans le contexte scolaire de langue française en milieu minoritaire. Ce nouveau type de rapport à l'identité est très présent dans le discours des jeunes des écoles de langue française en Ontario. Quand on les interroge sur leur positionnement identitaire, il n'est pas rare effectivement que ces derniers déclarent posséder une identité bilingue[3]. Qu'est-ce que cela signifie au juste posséder une identité bilingue ? Est-ce un nouvel état identitaire où l'individu arrive à définir un rapport à la langue et à la culture qui reconnaît à l'identité un caractère de mouvance, ou l'identité bilingue ne constitue-t-elle pas simplement un pas vers l'assimilation au groupe anglophone majoritaire, comme plusieurs semblent le croire ?

Une étude ethnographique récemment publiée que j'ai effectuée auprès d'un groupe de jeunes qui fréquentent l'école secondaire de langue française en Ontario et qui a porté sur la question du processus de construction identitaire m'amène à me ranger du côté de la première alternative, à savoir celle de considérer l'identité bilingue comme une sorte de nouvel état identitaire (Gérin-Lajoie, 2003)[4]. Les résultats de cette étude arrivent à la conclusion qu'en effet plusieurs facteurs viennent influencer la façon dont les jeunes établissent leur rapport à l'identité et qu'il devient essentiel, dans ces conditions, de nuancer la façon d'interpréter la notion d'identité bilingue. J'ajouterais également que d'après les données recueillies, ce rapport particulier à l'identité ne signifie pas pour autant que ces jeunes ne possèdent aucun sens d'appartenance à la francophonie. Cette étude, échelonnée sur trois ans, a permis de constater que le sens accordé à la notion d'identité bilingue varie d'un jeune à l'autre et que pour certains d'entre eux, leur rapport à la francophonie demeure néanmoins fort (et dans certains cas, même très fort), malgré le fait que les pratiques langagières de ces adolescents et adolescentes montrent une préférence souvent très nette pour l'anglais.

Il n'y a cependant pas que les élèves qui sont appelés à vivre à la frontière de deux langues et de deux cultures (et parfois même trois). Plusieurs membres du personnel enseignant des écoles de langue française se retrouvent dans cette même situation, spécialement les enseignants et les enseignantes qui ont eux-mêmes grandi dans un milieu francophone minoritaire. En effet, les enseignants et les enseignantes nouvellement formés dans les deux institutions universitaires ontariennes qui ont le mandat de préparer le personnel enseignant pour les écoles de langue française viennent généralement de milieux où les deux langues officielles cohabitent et où, bien souvent, l'anglais est la langue dominante.

Prenons l'exemple d'une enseignante que je nommerai Rebecca[5]. La jeune enseignante participe présentement à une étude ethnographique que je mène sur l'identité enseignante. Dans la vingtaine, elle est née dans une famille francophone de l'Est de l'Ontario et elle a grandi dans un milieu social majoritairement francophone. Elle a fait toutes ses études en français. Elle a par ailleurs privilégié le mode de vie majoritaire anglophone depuis qu'elle est toute petite. Rebecca est, en effet, plus à l'aise en anglais qu'en français lorsqu'elle vaque à ses activités quotidiennes. Elle a choisi de devenir enseignante dans le système scolaire de langue française parce que, selon elle, il y avait un plus grand nombre d'emplois disponibles dans ce secteur particulier. Elle s'est trouvée un poste immédiatement après avoir terminé sa formation initiale. Elle enseigne depuis septembre 2000. Elle est mariée à un anglophone et la langue de communication utilisée entre eux est l'anglais. Lors d'une entrevue, la jeune femme a mentionné que lorsque le couple aura des enfants, les deux langues seront alors utilisées dans le contexte familial et non pas uniquement l'anglais, comme c'est le cas présentement. Rebecca insiste sur le fait que ses enfants devront lui parler en français. De plus, leurs enfants iront à l'école de langue française, comme elle l'a fait elle-même. Cependant, Rebecca ne « vit » pas véritablement en français au point que le plus grand défi dans son travail, c'est de recommencer à parler en français lorsqu'elle revient à l'école en septembre[6]…

Mon propos n'est pas ici de vous présenter une analyse détaillée de la situation de la jeune enseignante, mais plutôt de me servir de cet exemple pour tenter de montrer que les changements que connaît l'école minoritaire de langue française ne se limitent pas à la clientèle scolaire, mais également à celle du personnel enseignant. Il est en effet possible de penser que les enseignants et les enseignantes, qui ont grandi en milieu francophone minoritaire et qui ont vécu et vivent encore dans un milieu où les frontières linguistiques se traversent facilement, entretiennent un rapport à la langue et à la culture peut-être davantage semblable à celui entretenu par les élèves, qu'à celui entretenu par le personnel francophone issu d'un milieu majoritaire, ou par un personnel enseignant plus âgé pour qui il s'est avéré possible de vivre sa vie en très grande partie en français[7]. Si des changements se sont effectivement amorcés parmi le personnel enseignant, la façon de concevoir son rôle d'agent de reproduction linguistique et culturelle ne correspond peut-être plus exactement à celui attendu par le ministère de l'Éducation. Comment, dans ces nouvelles conditions sociales, l'école minoritaire de langue française arrivera-t-elle à remplir sa mission, celle de contribuer au maintien de la langue et de la culture françaises, si elle ne tient pas compte des changements au sein même de sa communauté d'intérêt[8] ?

L'éducation minoritaire en langue française à l'heure des identités éclatées

Il faut donc repenser l'école de langue française en Ontario afin de mieux répondre aux besoins des membres de sa communauté d'intérêt. Présentement, l'école est fortement influencée par deux réalités : celle de la majorité anglophone, mais aussi celle de la majorité francophone du Québec. Cette influence se manifeste de diverses façons et elle a pour conséquence de rendre le mandat des écoles de langue française en Ontario difficilement réalisable pour ce qui est de leur contribution au maintien de la langue et de la culture françaises et au développement d'une francophonie forte.

En ce qui concerne la première réalité, il me semble que, de nos jours, l'école ne peut plus ignorer le fait que les élèves francophones cohabitent avec la majorité anglophone. Ce que j'entends par là, c'est que l'école ne peut plus prétendre évoluer dans un milieu francophone majoritaire à l'intérieur de ses murs, où l'influence de l'extérieur ne s'y ferait pas sentir. D'abord, dans sa structure actuelle, l'école de langue française en Ontario – et en fait, c'est le cas partout au Canada, sauf au Québec et au Nouveau-Brunswick – est toujours calquée sur l'école de langue anglaise. À quelques exceptions près, les décisions prises par le gouvernement sur tout ce qui touche l'éducation en Ontario reflètent les besoins et les volontés de la majorité anglophone. Dans ce sens, les francophones en Ontario sont encore à la remorque des anglophones dans ce domaine, étant donné que les politiques scolaires et les programmes d'études sont pensés par et pour les anglophones d'abord, même si les francophones sont représentés aux comités ministériels[9].

Deuxièmement, au sein même de ses murs, l'école ne peut pas continuer à agir comme si elle travaillait uniquement avec une clientèle francophone, puisque ce n'est plus toujours le cas. Comme il a été mentionné plus haut, non seulement la très grande majorité des élèves sont-ils fortement influencés par l'anglais dans leur vie quotidienne, mais un nombre de plus en plus important de jeunes sont d'origine autre que canadienne ou québécoise. Cette nouvelle réalité fait donc en sorte que le tissu social de l'école change. Présentement, les attentes de l'école envers les élèves sont grandes. Parce que le milieu scolaire est de langue et de culture françaises, on s'attend à ce que les élèves qui le fréquentent agissent en francophones, donc qu'ils parlent français et qu'ils s'associent à la culture française : en d'autres mots, que les élèves affichent une forte appartenance à la francophonie. Or, la clientèle des écoles n'étant plus homogène sur le plan de la langue et de la culture, l'école doit composer avec une réalité difficile, tant pour elle que pour le personnel et pour les élèves, puisque le sens d'appartenance au groupe n'est pas le même pour tous.

Malgré cette nouvelle réalité scolaire, le personnel des écoles s'attend toujours à ce que les élèves passent automatiquement du monde anglophone au monde francophone lorsqu'ils arrivent à l'école le matin, bref, qu'ils deviennent des petits francophones parce qu'ils se trouvent dans un espace francophone. Pour certains élèves, cela représente un défi pratiquement insurmontable puisque l'école constitue le seul milieu où ils sont exposés à la langue et à la culture françaises. Je pense ici aux élèves anglo-dominants. Pour ces derniers, l'usage de l'anglais ne se limite pas à la sphère publique, puisque la langue anglaise fait aussi partie intégrante de leur vie familiale. Dans ces conditions, c'est peut-être beaucoup leur demander que de changer complètement leur façon d'agir. Même les élèves pour qui la langue d'usage à la maison est le français doivent faire des efforts pour s'ajuster lorsqu'ils arrivent à l'école, étant donné que la majeure partie de leur vie sociale en dehors du foyer se passe en anglais, particulièrement dans le groupe d'amis et d'amies. Ce passage d'un état à l'autre n'est donc pas chose facile à faire non plus pour ces élèves. Comme une jeune participante, que je nommerai Annie, me l'a fait remarquer lors d'une entrevue dans le cadre de mon étude sur les adolescents et les adolescentes et leur rapport à l'identité, il peut s'avérer plutôt difficile de se plier de façon automatique aux règlements linguistiques de l'école, puisque tout juste avant d'en franchir les portes, les jeunes se trouvent dans un monde où l'anglais domine, que ce soit dans l'autobus, le métro, ou même dans bien des cas, à la maison. Même Annie, qui vit en français dans son milieu familial, qui participent à plusieurs activités en langue française et qui montre un solide sens d'appartenance à la francophonie, considère qu'il est difficile de passer d'un état à l'autre lorsqu'elle arrive à l'école, puisque son univers quotidien est forgé des deux réalités. Pour les élèves d'origine autre que canadienne, on peut même parler de trois réalités distinctes, puisque souvent la langue d'usage à la maison n'est ni le français ni l'anglais. Je dois avouer que le commentaire d'Annie a été pour moi des plus révélateurs et m'a beaucoup fait réfléchir sur la réalité de l'école minoritaire de langue française. En ce qui concerne les élèves, je suis arrivée à la conclusion que ces jeunes qui vivent à la frontière de deux langues et de deux cultures ont ainsi bien du mérite, considérant la réalité complexe dans laquelle ils sont appelés à vivre de façon quotidienne.

En deuxième lieu, il me semble essentiel de reconnaître l'influence de la majorité francophone – québécoise en particulier – dans le fonctionnement de l'école de langue française en Ontario. Cette influence, qui n'est pas nécessairement néfaste en soi, doit cependant être reconnue et on doit en délimiter les paramètres afin d'en devenir maître. En effet, on ne peut pas prétendre que la réalité d'une école de langue française à Toronto sera la même que celle d'une école à Montréal, même si cette dernière se situe dans un secteur fortement pluriethnique. Il reste qu'au Québec, la langue et la culture françaises font partie de la sphère publique et ne se limitent pas, comme c'est souvent le cas en Ontario, à la sphère privée, c'est-à-dire au milieu familial.

Pourtant, lorsqu'on examine la réalité de l'école de langue française en Ontario, on constate que cette influence est partout. Par exemple, dans le cas du matériel scolaire, le personnel enseignant fait souvent remarquer que les manuels dont ils se servent avec les élèves sont souvent des produits du Québec et qu'ils ne reflètent pas toujours la réalité du milieu franco-ontarien (Gérin-Lajoie et Wilson, 1997). Les images illustrent très souvent la réalité québécoise (comme le drapeau québécois), avec laquelle les élèves ne sont pas toujours familiers. Plusieurs enseignants ou enseignantes qui travaillent dans les écoles en Ontario proviennent du Québec. Si celles-ci n'ont pas enseigné au Québec, elles y ont fait leurs stages d'enseignement et ont fréquenté l'école québécoise, à titre d'élèves. La représentation que ces enseignants et enseignantes se font de l'école et les attentes qu'ils ou elles ont quant au rendement et au comportement des élèves se fondent souvent sur leurs propres expériences vécues dans un milieu social majoritairement francophone.

Cette dernière remarque m'amène à parler du besoin pour le personnel enseignant d'être mieux préparé à la nouvelle réalité de la salle de classe. Bien sûr, je parle ici des enseignants et des enseignantes qui viennent d'un milieu francophone majoritaire. Mais cette remarque ne s'adresse pas uniquement à ces derniers, mais également aux enseignants et aux enseignantes qui sont formés en Ontario et qui, dans la majorité des cas, ont grandi dans un milieu francophone minoritaire. Lorsqu'on examine les programmes de formation initiale offerts en Ontario pour le personnel des écoles de langue française, on se rend compte qu'ils ne diffèrent pas beaucoup de ceux du milieu francophone majoritaire ou du milieu anglophone. La problématique de l'enseignement en milieu francophone minoritaire n'y est pas vraiment traitée, et on laisse souvent au milieu de l'enseignement le soin de préparer les nouveaux enseignants et enseignantes à cette réalité. Il semble cependant que peu est accompli dans ce domaine particulier par les conseils scolaires de langue française (Gérin-Lajoie, 1993, 2001).

Je crois sincèrement que l'école minoritaire de langue française doit être repensée dans le contexte de la réalité ontarienne d'aujourd'hui. L'école de langue française en Ontario ne peut plus fonctionner comme si elle se trouvait en milieu francophone majoritaire, car ce n'est pas le cas. Même s'il est essentiel qu'à l'intérieur de ses murs, elle se donne un caractère francophone et qu'elle conserve son mandat de contribuer au maintien de la langue et de la culture françaises, l'école d'aujourd'hui doit tenir compte du fait qu'elle a affaire à une clientèle scolaire très hétérogène sur le plan linguistique et culturel. De plus, l'école se doit de reconnaître que la réalité anglo-dominante possède une grande influence sur les pratiques sociales qui ont cours à l'école.

Conclusion

Il est clair que l'identité linguistique et culturelle se trouve au cœur même des préoccupations des écoles minoritaires de langue française et que sa mission linguistique (et jusqu'à un certain point, culturelle) n'est pas nouvelle. Ajoutons à cela que le rapport à l'identité et le développement d'un sens d'appartenance à la francophonie font partie du discours officiel de l'État[10]. Cependant, il faut aussi reconnaître que l'école de langue française en Ontario doit relever un défi de taille en composant avec une clientèle qui possède des besoins diversifiés en matière de compétences langagières et culturelles et qui, surtout, vit une réalité sociale souvent différente de celle de l'école. L'école s'est longtemps définie comme un agent de reproduction linguistique et culturelle important en milieu francophone minoritaire. De nos jours, on ne peut plus toujours parler en termes d'agent de reproduction, puisque dans bien des cas, l'école agit plutôt à titre d'agent de production de la langue et de la culture minoritaires. Le discours officiel ne peut donc plus véhiculer l'idée d'une clientèle scolaire homogène sur le plan de la langue et de la culture en qualifiant les élèves de « francophones », puisque tel n'est pas le cas.

De plus, l'école minoritaire de langue française doit se repositionner et réfléchir à son rôle auprès des communautés qu'elle sert. Par exemple, est-il juste d'attendre de l'école qu'elle fera le travail de la famille en ce qui concerne la transmission de la langue et de la culture minoritaires ? Peu importe le positionnement qui découlera d'une réflexion approfondie de son rôle, l'école devra se faire beaucoup plus inclusive qu'elle n'a réussi à le faire jusqu'à présent.

NOTES

1. Est considéré comme un ayant droit, tout enfant dont les parents sont des citoyens canadiens. De plus, un des parents doit 1) avoir comme première langue apprise et encore comprise celle de la minorité officielle de la province, ou 2) avoir fréquenté une école primaire dans la langue de la minorité et résider dans une province où la langue d'instruction est celle de la minorité ou 3) avoir un enfant qui a reçu ou reçoit son éducation dans la langue de la minorité.
2. Même si en principe, les anglophones n'ont pas droit à l'école de langue française selon l'article 23 de la Charte, il arrive parfois qu'on admette ces élèves afin d'avoir un effectif scolaire suffisant pour justifier l'ouverture d'une école. Cela s'est vu dans la région de Toronto et de celle du Sud-Ouest de l'Ontario.
3. Au cours de recherches que j'ai menées depuis une dizaine d'années dans certaines écoles secondaires en Ontario, la notion d'identité bilingue a toujours semblé très présente dans le discours des jeunes sur leur rapport à la langue.
4. Des séjours répétés dans les deux écoles principales où s'est déroulée l'étude ont permis d'effectuer un total de 110 journées d'observation et de 115 entrevues, la collecte de ces données s'étant effectuée entre 1997 et 2000. Pour de plus amples informations, je suggère de consulter l'ouvrage intitulé *Parcours identitaires de jeunes francophones en milieu minoritaire* qui a été publié aux Éditions Prise de parole en 2003.
5. Cet exemple est tiré d'une étude ethnographique présentement en cours où j'essaie de mieux comprendre quel est l'impact de la rencontre des identités personnelle et professionnelle des enseignants et des enseignantes sur la façon dont ces derniers comprennent leur rôle d'agents de reproduction linguistique auprès des élèves. Cette étude de trois ans est subventionnée par le Conseil de recherches en sciences humaines du Canada.
6. Cette remarque est des plus intéressantes, étant donné qu'elle est plutôt faite, de façon générale, par les enseignants et les enseignantes en parlant de leurs élèves lors de la rentrée scolaire.
7. Dans l'étude que je mène présentement auprès des enseignantes, certaines des données suggèrent des pistes d'analyse intéressantes sur cette question.
8. Ce terme est emprunté à Bryk et Driscoll (1988). J'entends par communauté d'intérêt, la communauté externe, c'est-à-dire, le groupe d'individus qui partage des intérêts communs, que ces individus vivent ou non dans le quartier de l'école. Dans le cas des écoles minoritaires de langue française, ce terme s'applique bien, étant donné que la clientèle scolaire vient de partout et ne se limite pas à un espace géographique précis.
9. La politique d'aménagement linguistique qui sera mise en vigueur prochainement dans les écoles de langue française en Ontario constitue ici l'exception, de même que quelques programmes qui traitent spécifiquement de la réalité francophone – comme le programme-cadre de français, par exemple.
10. Par exemple, dans cette nouvelle politique d'aménagement linguistique élaborée expressément pour les écoles de langue française en Ontario, on parle à présent en termes de « construction identitaire » et du rôle de l'école dans ce processus. L'utilisation d'une telle notion dans une politique ministérielle dénote ainsi de son importance dans le discours officiel de l'État sur la place de l'école en milieu francophone minoritaire.

BIBLIOGRAPHIE

BERNARD, Roger, *Le Canada français : entre mythe et utopie*, Hearst, Le Nordir, 1998.

BOISSONNEAULT, Julie, « Bilingue/francophone, Franco-Ontarien/Canadien français : choix des marques d'identification chez les étudiants francophones », *Revue du Nouvel-Ontario*, n° 20, 1996, p. 173-193.

BRYK, Anthony S. et, Mary Erina DRISCOLL, *The High School as Community: Contextual Influences and Consequences for Students and Teachers*, Chicago, University of Chicago, National Centre on Effective Secondary Schools, 1988.

CASTONGUAY, Charles, « Évolution démographique des Franco-Ontariens entre 1971 et 1991, suivi d'un aperçu du recensement de 1996 », dans Normand Labrie et Gilles Forlot (dir.), *L'enjeu de la langue en Ontario français*, Sudbury, Éditions Prise de parole, 1999, p. 15-33.

CASTONGUAY, Charles, « Démographie comparée des minorités de langue officielle », *Francophonies d'Amérique*, n° 12, 2001, p. 25-36.

GÉRIN-LAJOIE, Diane, « Les programmes d'initiation à l'enseignement en milieu francophone minoritaire », *The Canadian Modern Language Review/La Revue canadienne des langues vivantes*, vol. 49, n° 4, 1993, p. 799-814.

GÉRIN-LAJOIE, Diane, *L'école secondaire de Pain Court : une étude de cas (Étude nationale du Projet des écoles exemplaires)*, Toronto, Association canadienne d'éducation, 1994.

GÉRIN-LAJOIE, Diane, « L'école minoritaire de langue française et son rôle dans la communauté », *The Alberta Journal of Educational Research*, vol. 42, n° 3, 1996, p. 267-279.

GÉRIN-LAJOIE, Diane, « Les défis de l'enseignement en milieu francophone minoritaire : le cas de l'Ontario, *Éducation et Francophonie*, vol. 29, n° 1, 2001. Revue en ligne www.acelf.ca/revue/XXIX-1/index.html.

GÉRIN-LAJOIE, Diane, *Parcours identitaires de jeunes francophones en milieu minoritaire*, Sudbury, Éditions Prise de parole, 2003.

GÉRIN-LAJOIE, Diane, et Denise WILSON, *Le perfectionnement professionnel du personnel enseignant en contexte francophone minoritaire*. Subvention globale – ministère de l'Éducation de l'Ontario, OISE/UT, Toronto, 1997.

HELLER, Monica, « La sociolinguistique et l'éducation franco-ontarienne », *Sociologie et sociétés*. vol. 26, n° 1, p. 155-166, 1994.

HELLER, Monica, *Linguistic Minorities and Modernity: a Sociolinguistic Ethnography*, New York, Longman, 1999.

LAFLAMME, Simon, « Alternance linguistique et postmodernité : le cas des jeunes francophones en contexte minoritaire », *Francophonies d'Amérique*, n° 12, 2001, p. 105-112.

LANGLOIS, André, « Évolution démolinguistique de la francophonie hors-Québec », *Recherches sociographiques*, Québec, Département de sociologie de l'Université Laval, 2000.

OFFICE DES AFFAIRES FRANCOPHONES DE L'ONTARIO, *Les francophones en Ontario : profil statistique*, Toronto, Gouvernement de l'Ontario, 1999.

STATISTIQUE CANADA, *Recensement canadien de 1996*, Ottawa, Gouvernement du Canada, 1996.

WELCH, David, « Les luttes pour les écoles secondaires franco-ontariennes », *Revue du Nouvel-Ontario*, n°s 13-14, 1991, p. 109-131.